LA RÉDACTION DES TEXTES ADMINISTRATIFS ET NORMATIFS EN GUINÉE

Hassane II DIALLO

LA RÉDACTION DES TEXTES ADMINISTRATIFS ET NORMATIFS EN GUINÉE

Préface de Maître Malick COULIBALY

L'Harmattan
Guinée

5-7, rue de l'École-Polytechnique, 75005 Paris
http://www.editions-harmattan.fr
ISBN : 978-2-336-51358-4
EAN : 9782336513584

- **À la mémoire de mes très chers parents,**

Vous avez été les premiers guides de ma vie, mes premiers enseignants, ceux qui m'ont inculqué les valeurs du travail, de l'intégrité et du devoir accompli. Votre amour, vos sacrifices et votre sagesse continuent de m'inspirer tous les jours.

Ce livre est le fruit de votre héritage moral et intellectuel. Puisse-t-il être un humble témoignage de ma gratitude éternelle et de l'amour profond que je vous porte.

Reposez en paix, vos enseignements vivent en moi.

- **À ma chère épouse, Hadja Djénabou Kébé SOUARÉ, et à nos enfants, Aïssata Lamarana DIALLO et Mamadou Saliou DIALLO,**

Vous êtes ma plus grande source de force, de motivation et d'équilibre. À toi ma chère épouse, dont le soutien infaillible et l'amour indéfectible m'accompagnent à chaque instant. À vous, mes chers enfants, qui êtes ma plus grande fierté et mon plus grand espoir.

Ce livre est aussi le vôtre, car sans votre patience, votre compréhension et votre présence bienveillante, il n'aurait jamais vu le jour. Qu'il soit le témoignage de mon amour et de ma reconnaissance infinie.

- **À mes amis d'enfance de Banora,**

Nos souvenirs communs, gravés dans le temps, restent une source inépuisable de force et d'inspiration. C'est dans notre beau village que j'ai appris, en plus de la foi, les valeurs traditionnelles d'honnêteté, de sincérité, de respect et de persévérance, qui m'ont guidé tout au long de mon parcours.

Que ce livre soit un humble témoignage de mon attachement à nos racines et de ma reconnaissance envers cette belle communauté qui a largement contribué à faire de moi l'homme que je suis aujourd'hui.

Avec toute mon amitié et ma profonde gratitude.

- **À mes maîtres et formateurs,**

Vous avez été les artisans de mon apprentissage, les guides éclairés qui ont façonné ma pensée et mon parcours. Grâce à votre savoir, votre rigueur et votre bienveillance, j'ai appris l'importance de l'excellence, de la discipline et du dévouement.

Ce livre est, en partie, le fruit de vos enseignements. Qu'il soit un humble témoignage de ma profonde gratitude et de mon respect pour l'inestimable héritage intellectuel que m'aviez transmis.

Avec ma reconnaissance sincère et mon admiration.

- **À mes chers amis et sympathisants,**

L'amitié, ainsi que la sympathie, est une richesse inestimable, qui traverse le temps et les épreuves.

Vous avez d'une manière ou d'une autre marqué mon parcours et contribué à mon évolution.

Votre soutien, vos encouragements et votre bienveillance ont toujours été une source de motivation pour moi.

Que ce livre soit le reflet de cette belle complicité et un modeste témoignage de mon estime et de ma gratitude envers vous.

Avec toute mon amitié.

- **À mes chers collègues,**

Travailler à vos côtés a été une source d'enrichissement et de motivation. Vos échanges, votre professionnalisme et votre engagement ont nourri ma réflexion pour renforcer ma détermination à contribuer au renforcement des capacités dans notre secteur.

Que ce livre soit un modeste témoignage de mon respect et de ma reconnaissance pour ces moments de collaboration et d'apprentissage partagés.

Avec toute mon estime et toute ma considération.

SOMMAIRE

PRÉFACE

Lorsque mon estimé aîné, Hassane II DIALLO, m'a sollicité pour préfacer cet ouvrage, j'ai été saisi d'un questionnement dévastateur : Pourquoi moi ? Sachant l'humilité débordante de mon ancien collaborateur, je ne tardai guère à trouver la réponse : je fus un témoin privilégié de ses efforts acharnés pour l'élaboration des textes de qualité.

L'ouvrage de Monsieur DIALLO me rappelle une scène de soutenance de thèse : Un professeur d'université, membre du jury de soutenance, avait anéanti une thèse de doctorat en deux petites phrases : *« Monsieur, dans votre thèse, il y a de bonnes choses et de nouvelles choses. Mais malheureusement, les bonnes choses ne sont pas nouvelles, et les nouvelles choses ne sont pas bonnes. »* À la fin de la première phrase, le visage de l'impétrant s'est majestueusement illuminé. Au bout de la seconde, il s'est affreusement assombri.

À l'antipode de la thèse anéantie, l'ouvrage de Monsieur DIALLO contient de bonnes choses et de nouvelles choses. Fort heureusement, les bonnes choses sont nouvelles, et les nouvelles choses sont bonnes.

À titre d'illustration, le rappel minutieux des règles communes de rédaction des écrits administratifs et des projets de textes législatifs et réglementaires est propre à parfaire le savoir et le savoir-faire de ceux qui tiennent la plume de l'Administration.

Une autre bonne et nouvelle chose est bien évidemment la description méticuleuse des règles particulières de présentation et de rédaction des textes administratifs, législatifs et réglementaires, qui dresse les sillons du savoir-être du rédacteur de tels textes.

De même, les remarques pertinentes formulées, ainsi que les conseils avisés prodigués, font de l'œuvre un véritable bréviaire pour les commis de l'État.

En outre, le cursus de l'auteur et les hautes fonctions administratives et judiciaires qu'il a assumées en Guinée lui confèrent une légitimité incontestable d'aborder ce sujet d'une importance toute singulière.

L'utilité de cet ouvrage transparaît à l'aune de cette vanité bien à propos de Napoléon Bonaparte présentant le Code civil à l'impératrice, Joséphine : *« Ma vraie gloire n'est pas d'avoir gagné quarante batailles ; Waterloo effacera le souvenir de tant de victoires ; ce que rien n'effacera, ce qui vivra éternellement, c'est mon code civil ».* Le Code civil napoléonien a surtout brillé par sa qualité rédactionnelle exceptionnelle.

L'importance de l'œuvre apparaît également en filigrane à travers le rappel de cette virgule mal placée qui priva un condamné de la grâce et précipita son exécution : *« Libérez, pas tuer ! », « Libérez pas, tuez ! »*

En définitive, ce livre mérite bien notre temps et notre énergie, surtout qu'il contribuera, sans nul doute, à consolider, voire à bousculer, nombre de nos certitudes.

Je vous souhaite bien du plaisir !

Maître Malick COULIBALY,
Docteur en droit privé,
Avocat au Barreau du Mali,
Consultant international Justice/Droits humains
Ancien ministre de la Justice du Mali
Élu en 2018 comme le fonctionnaire malien le plus intègre.

INTRODUCTION

« Ceux qui écrivent comme ils parlent, quoiqu'ils parlent très bien, écrivent mal » [1]. Autrement dit — et il en va de la dignité de l'État qu'ils incarnent —, les pouvoirs publics ont le devoir de s'exprimer correctement tant du point de vue grammatical que du point de vue de la précision, pour éviter les désagréments, voire les préjudices irréparables, pouvant résulter de l'utilisation de mots inappropriés ou de simples erreurs de ponctuation.

Ils doivent également s'exprimer correctement tant du point de vue de la clarté que du point de vue de la courtoisie, pour éviter les frustrations pouvant aller jusqu'à une rupture de dialogue entre les parties prenantes, encore qu'ils doivent être compris de tous et qu'ils sont, à la fois, au service de l'État et des administrés.

Cependant, aujourd'hui en Guinée, la pratique révèle l'inexistence d'un cadre normatif de référence pour l'élaboration des textes administratifs et normatifs, malgré une prolifération d'écrits, de plus en plus complexes, émanant des pouvoirs publics. Il n'existe pas, non plus, de document officiel relatif à la féminisation des noms de métier, fonction, grade ou titre, même si celle-ci est déjà entrée dans les mœurs.

La conséquence en est la diversité dans le style de l'Administration, étant entendu que ce style est, le plus souvent, marqué par la transgression délibérée ou par ignorance des règles d'orthographe et de syntaxe, l'usage abusif des majuscules, l'emploi de formes fautives et de termes vulgaires ou populistes, des redondances, des ponctuations défectueuses et autres incohérences ou insuffisances. C'est ce qui explique d'ailleurs le recours, très souvent, à l'expertise externe ou au mimétisme notamment pour l'élaboration de projets de code ou de lois spéciales.

À l'évidence, ce laisser-aller, qui dénote un manque de cohérence dans le style de l'Administration, est de nature à donner une mauvaise image du pays en matière rédactionnelle. À cela s'ajoutent les défis d'accessibilité et d'intelligibilité des textes administratifs et normatifs,

---

[1] Extrait du discours de réception de Georges-Louis Leclerc, comte de Buffon, à l'Académie française, cité par Meïssa DIAKHATÉ in *La rédaction administrative au Sénégal*, 2e édition, Credila, Dakar, 2017, p. 24.

du reste, incontournables pour garantir la sécurité linguistiq juridique ainsi que le maintien de la concorde sociale.

Le présent ouvrage entend justement contribuer au renforcement des capacités rédactionnelles, notamment des intervenants, à un quelconque titre, dans le processus d'élaboration, d'adoption et d'interprétation des textes administratifs et normatifs. Sont ainsi principalement concernés les magistrats, les greffiers, les avocats, les huissiers de justice, les notaires, les parlementaires, les administrateurs à tous les niveaux et les étudiants.

Dans cette perspective, il souligne la démarche méthodologique appropriée par des rappels théoriques tirés des règles d'orthographe, de grammaire et de syntaxe, de la légistique et du droit comparé en cette ère de mondialisation, ainsi que par des conseils pratiques et des exemples ou contre-exemples, tout en prenant en compte les spécificités du pays.

En d'autres termes, il entend aider à l'élaboration et à la mise en œuvre d'arrêts de la Cour suprême et de textes administratifs, constitutionnels, législatifs et réglementaires clairs, précis et juridiquement solides. En même temps, il rappelle les voies de droit qui s'ouvrent aux requérants potentiels pour les contester, le type d'arguments qu'ils pourraient faire valoir et la manière dont le juge pourrait y répondre. Il rappelle également les modalités d'entrée en vigueur et les effets de ces textes, ainsi que leur modalité de sortie de vigueur non contentieuse.

Bref, il est articulé autour des trois titres ci-après :

- Titre I : Les règles communes de rédaction des écrits de l'Administration et des textes normatifs ;

- Titre II : Les règles particulières de présentation et de rédaction des écrits de l'Administration ;

- Titre III : Les règles particulières de présentation et de rédaction des textes normatifs.

TITRE I :

LES RÈGLES COMMUNES DE RÉDACTION DES ÉCRITS DE L'ADMINISTRATION ET DES TEXTES NORMATIFS

Ce titre comprend les deux chapitres ci-après :

— CHAPITRE I : LES PRINCIPALES RÈGLES TYPOGRAPHIQUES ;

— CHAPITRE II : LE BON USAGE DU FRANÇAIS.

CHAPITRE I

LES PRINCIPALES RÈGLES TYPOGRAPHIQUES

Une présentation graphique de qualité des textes administratifs et normatifs suppose de la part du rédacteur, notamment le respect de la charte typographique nationale, le bon emploi des signes de ponctuation, des abréviations et de l'italique ainsi que la maîtrise des règles relatives à l'énumération, au trait d'union et à l'écriture des nombres.

SECTION 1 : LA CHARTE TYPOGRAPHIQUE NATIONALE

Là où elle existe, la charte typographique des écrits de l'Administration et des textes législatifs et règlementaires vise l'ensemble des règles fondamentales d'utilisation des signes graphiques qui représentent l'identité typographique nationale.

Elle définit notamment les polices de caractères et les attributs typographiques à utiliser par les agents publics.

Exemple :

— Type de police : Century Gothic ;
— Taille de police : 12 ;
— Style de police : normal ;
— Interligne : 1,15 ;
— Mode : Justifié.

En outre, le style de police des mots latins, des titres d'ouvrages et des journaux, des créations commerciales et des mots et expressions en langue étrangère est présenté en italique.

Toutefois, en Guinée, le type de police officielle, qui regrouperait les polices Century Gothic Regular, Century Gothic Italic, Century Gothic Bold et Century Gothic Bold Italic, ne semble avoir aucune base juridique.

SECTION 2 : LES SIGNES DE PONCTUATION

Les signes de ponctuation sont essentiels pour une bonne structuration et l'intelligibilité des phrases en ce qu'ils précisent leur sens, tout en fixant les rapports entre les propositions et les idées. Il en existe différentes catégories avec des modes d'utilisation bien précis qu'il convient de maîtriser. Il en est de même des signes graphiques.

Paragraphe 1 : Les différentes catégories de signes de ponctuation et leur mode d'utilisation

Comme déjà appris à l'école primaire, les signes de ponctuation sont des signes graphiques qui ont pour mission de transcrire les intonations de l'oral et de donner du rythme aux phrases. Bien utilisés, ils permettent d'éviter les incertitudes sur le sens des phrases utilisées notamment dans les textes administratifs et normatifs.

On distingue deux catégories de signes de ponctuation : les signes de ponctuation principaux et les signes de ponctuation accessoires.

I. - LES SIGNES DE PONCTUATION PRINCIPAUX

Ce sont : la virgule, le point-virgule, les deux points, le point, le point d'interrogation, le point d'exclamation et les points de suspension.

A. — La virgule (,)

La virgule est un signe de ponctuation ayant la forme d'un petit trait courbé vers la gauche, placé à droite et au bas d'un mot pour séparer les membres d'une phrase et qui permet de marquer une courte pause dans l'oral. C'est un séparateur qu'on utilise pour permettre au lecteur de respirer et donner du rythme dans la phrase.

1° L'utilisation de la virgule

La virgule est utilisée pour séparer :

- ✓ plusieurs adjectifs qui se rapportent au même substantif ou plusieurs substantifs se rapportant au même sujet ;
- ✓ les sujets d'un même verbe ;
- ✓ les verbes qui se rapportent au même sujet ;
- ✓ plusieurs participes qui se rapportent au même auxiliaire ;
- ✓ plusieurs infinitifs qui sont à la suite du même verbe.

Exemples :

- *« Je ne sais où je vais, je ne sais où je suis »* (Racine).
- *« Tout grondait, le tonnerre, les vents, les flots, les arbres, les montagnes »* (Barthélémy).

2° L'altération du sens d'une phrase en raison de la présence ou de l'absence de virgule(s)

La présence ou l'absence de virgule(s) peut altérer le sens d'une phrase, parfois jusqu'à exprimer son sens contraire. Autrement dit, avec une virgule, tout peut basculer.

Exemples :

➢ L'expression « *Les pays membres de la Zone monétaire de l'Afrique de l'Ouest, qui respectent les critères de convergence, peuvent accéder à la monnaie unique* » (avec deux virgules marquant une proposition intercalée) signifie que tous les pays membres de la Zone monétaire de l'Afrique de l'Ouest peuvent accéder à la monnaie unique, parce qu'ils respectent les critères de convergence.

En revanche, l'expression « *Les pays membres de la Zone monétaire de l'Afrique de l'Ouest qui respectent les critères de convergence peuvent accéder à la monnaie unique* » (sans virgule) signifie que seuls les pays qui respectent les critères de convergence peuvent accéder à la monnaie unique.

➢ De même, l'expression « *Les citoyens, qui sont disciplinés, respectent les biens publics* » (avec deux virgules) signifie que tous les citoyens respectent les biens publics, parce qu'ils sont disciplinés.

En revanche, l'expression « *Les citoyens qui sont disciplinés respectent les biens publics* » (sans virgule) signifie que seuls les citoyens disciplinés respectent les biens publics, contrairement aux autres.

➢ L'expression « *Non à exécuter* » (sans aucune virgule) signifie que l'intéressé n'est pas à exécuter.

En revanche, l'expression « Non, à exécuter » (avec une virgule) signifie que l'intéressé est à exécuter, c'est-à-dire que la simple virgule prescrit de faire passer de vie à trépas.

➢ L'expression « *Mamadou n'est pas mort, comme on l'a dit* » (avec une virgule) signifie que Mamadou n'est pas mort, ainsi qu'on le prétend.

En revanche, l'expression « *Mamadou n'est pas mort comme on l'a dit* » (sans aucune virgule) signifie que Mamadou est bien mort, mais pas de la façon dont on l'a dit.

➢ L'expression « *Hamidou n'est plus atteint par une maladie incurable* » (sans virgule) signifie qu'il est guéri, parce que n'étant plus atteint par une maladie incurable.

En revanche, l'expression « *Hamidou n'est plus, atteint par une maladie incurable* » (avec une virgule) signifie qu'il est mort, étant emporté par une maladie incurable.

3° Les cas où il n'y a pas de virgule

On écrit sans la virgule :

✓ **toute proposition simple qui n'excède pas la portée commune de la respiration**. Exemple : « *Il est plus honteux de se défier de ses amis que d'en être trompé* » (La Rochefoucauld).

✓ **les parties semblables d'une proposition unies par *et, ni, ou*.** Exemple : « *Destiné à régner, il faut que tu sois **ou** le plus juste **ou** le plus coupable des hommes* » (Thomas).

✓ **quand la conjonction « et » unit deux propositions coordonnées qui sont, par le sens, opposées l'une à l'autre**, on place toujours la virgule (ou en tout cas la ponctuation) avant la conjonction.

Exemples :

- « *La jeunesse change ses goûts par l'ardeur du sang. Et la vieillesse conserve les siens par l'accoutumance* » (La Rochefoucauld).
- « *L'Univers m'embarrasse, et je ne puis songer que cette horloge existe et n'a point d'horloger* » (Voltaire). (L'Univers est complexe comme une horloge ; l'horloge a été créée par un horloger ; donc, l'Univers a un Créateur).

Il n'y a également pas de virgule :

— Dans l'introduction **du discours indirect.**

Exemples :

✓ *Safiatou dit qu'elle ne pourra pas honorer sa promesse.*

✓ *Madame Kadé BARRY prie Dieu que rien de mauvais n'arrive à sa fille vivant aux États-Unis.*

— Dans une phrase respectant **l'ordre sujet + verbe + complément.**

Exemples :

✓ *Le document a été transmis tardivement.*

✓ *Sa sœur est arrivée à minuit.*

— Dans les cas **d'interversion du verbe et du sujet** précédée d'adverbes, de locutions conjonctives, de compléments circonstanciels de temps ou de lieu.

Exemples :

✓ *Peut-être est-il arrivé trop tard.*

✓ *En janvier a lieu la rentrée judiciaire.*

✓ *C'est là où se déroulaient autrefois les compétitions artistiques.*

4° Les cas où la virgule est obligatoire

La virgule est obligatoire en cas de séparation d'éléments de même valeur ou de même fonction, qu'il s'agisse de sujets, d'épithètes ou d'attributs.

Exemples :

— **Sujets :**

✓ *Mamadou, Hamidou, Safiatou, sont de bons élèves.*

Il est à noter que le dernier sujet du verbe n'étant pas précédé de la conjonction de coordination *et/ou*, la règle classique veut qu'on mette une virgule entre lui et le verbe, d'autant plus que celui-ci ne se rapporte pas à lui plus particulièrement qu'à ceux qui le précèdent.

— **Épithètes :**

✓ *Mon père a fait un voyage nécessaire, utile, agréable.*

✓ *L'étranger avait un visage pâle, étiré, fatigué.*

— **Attributs :**

✓ *Cet enfant est aimable, obéissant, poli, appliqué, régulier ;*

✓ *Les chats sont propres, intelligents, réservés.*

La virgule est également obligatoire pour la séparation ou l'isolement de propositions.

➢ **Pour la séparation de deux propositions simples.** Exemple : *L'enfant jette une pierre, lance une flèche ;*

➢ **Pour la séparation de deux propositions principales.** Exemple : *La mère riait de bon cœur, l'enfant pleurait à chaudes larmes ;*

➢ **Pour l'isolement d'une proposition intercalée (incise).** Exemple : *Tel est, dit-il, le prix de votre arrogance.*

Il est à noter que **la proposition relative explicative** n'apporte aucun élément indispensable à la compréhension de la phrase. Elle doit donc être isolée de la principale par des virgules, à la manière d'une incise.

Exemple : *Les enfants, que l'on aperçoit au loin, jouent au cache-cache.*

En revanche, **la proposition relative déterminative** apporte une précision indispensable à la compréhension de la phrase. Il ne faut donc jamais mettre de virgule dans une telle proposition.

Exemples :

- *Les faits que relate cette victime sont bien réels.*
- *L'enfant qui pleure attire tout de suite l'attention.*

5° La place de la virgule en présence du complément circonstanciel

Le complément circonstanciel exprime les circonstances dans lesquelles s'accomplit l'action. Sa position au sein de la phrase varie beaucoup ; d'où la nécessité de mettre parfois une virgule. Si le complément circonstanciel est placé :

✓ **après le verbe et le complément ou après le verbe et l'attribut**, il ne faut pas mettre de virgule. Exemple : *Madame Maïmouna SOUARÉ évoquait ses souvenirs d'enfance avec une joie teintée de mélancolie ;*

✓ **en tête de proposition,** la virgule est obligatoire. Exemple : *Avec une joie teintée de mélancolie, Madame Maïmouna SOUARÉ évoquait ses souvenirs d'enfance ;*

✓ **entre le sujet et le verbe**, il faut mettre une virgule. Exemple : *Madame Maïmouna SOUARÉ, avec une joie teintée de mélancolie, évoquait ses souvenirs d'enfance ;*

✓ **entre le verbe et le complément d'objet ou entre le verbe et l'attribut,** on ne met pas de virgule, sauf pour éviter une situation équivoque ou si on veut obtenir un effet de style.

Exemples :

- *Madame Maïmouna SOUARÉ évoquait ses souvenirs d'enfance avec une joie teintée de mélancolie ;*
- *Madame Maïmouna SOUARÉ évoquait, avec une joie teintée de mélancolie, ses souvenirs d'enfance.*

Le complément circonstanciel de temps ou de lieu, placé en tête de phrase, exige la virgule.

Exemples :

✓ *En 1958, la République de Guinée acquit son indépendance.*

✓ *Dans cette forêt, il y a une multitude de plantes médicinales.*

Par contre, il n'y a pas de virgule en cas d'inversion. Dans ce cas, on écrit :

- *La République de Guinée acquit son indépendance en 1958.*
- *Il y a une multitude de plantes médicinales dans cette forêt.*

6° La place de la virgule en présence de conjonction de coordination ou autres mots de liaison d'éléments de même statut

Les conjonctions de coordination et autre mot de liaison d'éléments de même statut sont des mots invariables qui unissent des éléments de même statut, c'est-à-dire des phrases ou des sous-phrases ou, à l'intérieur d'une phrase, des éléments de même fonction. Il s'agit des mots ci-après : mais, or, ni, donc, ainsi, aussi, car, cependant, néanmoins, pourtant, en effet, enfin, et, ou, sinon, soit [...] soit.

En début de phrase, **ainsi** est suivi d'une virgule.

Exemple : *Ainsi, il faut aller vite.*

Cependant, il n'y a pas de virgule en cas d'inversion du sujet et du verbe.

Exemple : A*ussi jugea-t-il préférable de nous dire toute la vérité.*

La virgule précède **aussi**, quand ce mot a le sens de « par conséquent », « de ce fait ».

Exemple : *Safiatou perdit le bus, aussi rentra-t-elle à pied.*

La virgule précède la conjonction **car.**

Exemple : *Je la crois vraiment fâchée contre moi, car elle m'a dépassé plusieurs fois sans me saluer.*

En début de phrase, les mots **cependant, néanmoins, pourtant,** sont toujours suivis d'une virgule.

La conjonction **donc**, en début de phrase, exprime une conséquence et doit être suivie d'une virgule.

Exemple : *Yetté BAH a été condamné tant devant le tribunal de première instance que devant la cour d'appel, et son pourvoi en cassation a été rejeté.* ***Donc****, il faut bien reconnaître sa culpabilité.*

« **En effet** » est toujours suivi ou précédé d'une virgule.

Exemples :

- *En effet, je n'ai pas d'autre choix.*
- *Je n'ai pas, en effet, d'autre choix.*
- *Je n'ai pas d'autre choix, en effet.*

Quand « **enfin** » a le sens de *« pour finir », « en définitive » « en conclusion »,* il est suivi d'une virgule.

Exemple : *Enfin, il arrêta de se lamenter.*

La conjonction de coordination « **et** » n'est pas précédée d'une virgule, sauf dans les cas indiqués ci-dessous.

En principe, dans une énumération, il n'y a pas de virgule entre les deux derniers éléments, unis par la conjonction « **et** ». Cependant, la virgule est de mise si « et » précède plus de deux énumérations.

Exemple : *Et le ciel, et la terre, et la mer luisaient sous le soleil.*

Si « et » unit deux propositions qui n'ont pas le même sujet, la virgule permet d'éviter tout malentendu.

Exemple : *Je suis le roi, le maître absolu, et les sujets me vénèrent.*

Lorsque la conjonction « et » exprime l'insistance ou qu'elle introduit une proposition incise, la virgule est obligatoire, étant donné que la phrase doit être compréhensible si l'on retire la proposition incise.

Exemples :

- *Il est possible, et même certain, que Pathé TRAORÉ puisse retourner bientôt dans son village natal.*
- *Je viendrai à l'audience témoigner et, quelles qu'en soient les conséquences, proclamerai la vérité, rien que la vérité et toute la vérité.*

Lorsque la conjonction « et » a valeur d'opposition, il faut mettre une virgule.

Exemple : *Il faut agir, et non parler.*

Lorsque la conjonction « et » a le sens d'« alors », « de ce fait », la virgule est obligatoire.

Exemple : *Il n'arrivait pas à se reposer, et le peu de temps de repos qu'il prenait depuis mardi passé ne parvenait pas à le revigorer.*

La conjonction « **mais** », utilisée en début de phrase, est suivie d'une virgule qui marque un temps de réflexion, une hésitation.

Exemple : *Mais, est-ce que cela signifie qu'il faut abandonner la lutte ?*

À l'intérieur d'une phrase, la conjonction « mais » est précédée d'une virgule lorsqu'elle a valeur de restriction ou d'opposition, sauf dans un texte bref sans changement de sujet.

Exemples :

- *Cet acteur a joué beaucoup de films, mais il n'a jamais été récompensé.*
- *Il faut réfléchir avant d'agir, mais agir plutôt que de ne rien faire.*

La conjonction **« ni »**, utilisée avec le sens de disjonction, est précédée d'une virgule.

Exemple : *Ne parlez pas de vos faiblesses à vos ennemis, ni de vos talents à vos amis.*

En outre, on ne met pas de virgule avec la construction **« ni [...] ni »** qui relie deux mots ou groupe de mots de même valeur grammaticale (verbes, adjectifs, noms, adverbes).

Exemple : *Il n'a ni argent ni repos.*

Mais si la conjonction « ni » intervient plus de deux fois, la virgule est obligatoire.

Exemple : *Rien n'influençait ce juge, ni la puissance, ni l'argent, ni les relations.*

La conjonction **« or »**, en début de phrase, n'est pas suivie de virgule, sauf en cas de proposition incise.

Exemples :

- *Or il vit arriver la foule de grévistes.*
- *Or, à ce moment précis, il vit arriver la foule de grévistes.*

La conjonction **« ou »** n'est pas précédée de virgule, sauf dans les cas suivants :

— Pour séparer plusieurs séquences amenées par elle ou par « ou bien ». Exemple : *Les amis nous abandonnent par lassitude, ou par intérêt, ou par notre faute ;*

— Si elle a valeur d'opposition. Exemple : *Les soldats gagneront la guerre, ou (ou bien) ils périront ;*

— Quand elle a le sens de « c'est-à-dire ». Exemple : *Alpha Yaya DIALLO, ou Roi du Labé, régnait sur tout le Fouta Djallon.*

La conjonction **« sinon »,** qui introduit une exception, une restriction, une réponse anticipée, est toujours précédée d'une virgule.

Exemple : *Son passage n'a rien laissé, sinon des regrets.*

Dans les constructions **« soit [...] soit »**, le deuxième « soit » est toujours précédé d'une virgule.

Exemple : *Il voyagera soit lundi, soit mardi.*

7° La place de la virgule en présence de conjonction de subordination

Les conjonctions de subordination sont celles qui relient l'une à l'autre deux propositions dont l'une dépend de l'autre, et elles sont le plus souvent construites avec « que ».

En général, une virgule précède les conjonctions de subordination ayant **une valeur explicative**.

Exemple : *Je le crois toujours, parce qu'il ne ment pratiquement jamais.*

Devant une conjonction qui introduit **une subordonnée de conséquence** (de sorte que, de telle manière que, si bien que, etc.), on place d'ordinaire une virgule.

Exemple : *J'ai fait réparer la voiture, si bien que nous pouvons partir en vacances comme prévu.*

Les conjonctions de subordination **à valeur temporelle** (tandis que, alors que, etc.) ne sont précédées d'une virgule que lorsqu'elles possèdent une nuance d'opposition.

Exemple : *Cet étudiant a des connaissances très poussées, tandis que son père ignore même les choses les plus élémentaires.*

Quand il n'y a pas d'élision entre les conjonctions de subordination introduites par « que » et le mot qui suit, l'emploi de la virgule est obligatoire.

Exemple : *Bien que, en fait, il soit un ami, nous ne pouvons pas trop compter sur lui.*

Cependant, en cas d'élision, il n'y a pas de virgule.

Exemple : *Bien qu'en fait il soit un ami, nous ne pouvons pas trop compter sur lui.*

8° La place de la virgule en présence de mots en apostrophe ou d'appositions

La virgule sert à isoler les mots en apostrophe et les appositions.

Exemples :

- *Non, menteur, ce n'est pas la vérité qui sort de ta bouche.*
- *Kéba MBAYE, éminent magistrat sénégalais, fut Président de la Cour internationale de Justice de La Haye.*

9° La place de la virgule en cas d'ellipse

En cas **d'ellipse**, c'est-à-dire lorsqu'un mot ou un groupe de mots figurant dans la première partie de la phrase est supprimé dans la partie suivante, tout en étant sous-entendu, on met une virgule pour marquer cette ellipse.

Exemples :

- *Ça constitue plus qu'un délit, un crime.*
- *Ces enfants sont paresseux, leurs parents irresponsables.*

10° La place de la virgule en présence du participe présent

En présence de plusieurs verbes conjugués en début de phrase au participe présent, la virgule est de rigueur.

Exemple : *Suant, soufflant, haletant, l'athlète terminait difficilement sa course.*

11° La place de la virgule en présence du gérondif

Lorsque le gérondif (« en » + participe présent) est placé en début de phrase, la virgule est de mise.
Exemple : *En partant, je lui ai dit de saluer son père de ma part.*

12° Autres emplois de la virgule

- Si les différents termes unis par « et », « ni », « ou », sont d'une certaine étendue, alors on les sépare au moyen de la virgule ; il en est de même lorsque « et », « ni », « ou », sont répétés.

Exemple : « *Tout reconnaît ses lois, ou brigue son appui.* » (Boileau)

- Toute proposition, dans laquelle le pronom démonstratif « ce » suivi d'une des formes du verbe « être » représente un ou plusieurs termes précédemment énoncés, doit être précédée de la virgule.

Exemple : « *Le plus riche des hommes,* ***c'est*** *l'économe ; le plus pauvre,* ***c'est*** *l'avare.* » (Chamfort)

- La virgule se place toujours avant un verbe séparé de son sujet par une proposition incise explicative déterminative.

Exemple : « *Le temps, qui fortifie les amitiés, affaiblit l'amour.* » (La Bruyère)

- La virgule se place encore, dans les phrases inverses, entre le sujet et le complément modificatif qui le précède. C'est un élément qui apporte un changement, une précision au sens d'un constituant ou d'une proposition comme l'apposition et l'adjectif.

Exemple : « *Maître de lui-même****,*** *l'homme sage l'est des événements ; content de son état, il ne veut être que comme il a toujours été ; se suffisant à lui-même****,*** *il n'a qu'un faible besoin des autres, et il ne peut leur être à charge ; occupé continuellement à exercer les facultés de son âme****,*** *il perfectionne son entendement, etc.* » (Buffon)

- La virgule doit toujours se mettre après un sujet dont le verbe est sous-entendu.

Exemple : « *Le ciel est dans ses yeux, et l'enfer****,*** *dans son cœur.* » (Racine)

- L'emploi de la virgule est de rigueur avant une proposition elliptique commençant par « *et* », « *mais* ».

Exemples :

➢ *« Il occupait leur trône, et craignait leur présence.»* (Corneille)

➢ *« Je fis beaucoup alors, et ferais encor plus.»* (Corneille)

• **La virgule se place encore avant le second membre de toute comparaison.**

Exemple : « *Il vaut mieux s'exposer à l'ingratitude, que de manquer aux misérables.* » (La Bruyère)

• On met entre deux virgules toute expression ou toute proposition qu'on peut supprimer ou changer de place sans dénaturer le sens de la phrase ; tels sont les mots employés par apposition et par apostrophe, les compléments circonstanciels, les propositions interjetées et les propositions incises explicatives.

Exemple : *« Le temps, qui change tout, change aussi nos humeurs. »* (Boileau)

• La virgule s'emploie entre deux propositions de peu d'étendue, unies par l'une des conjonctions « *mais* », « *car* ».

Exemple : « *Il y a de bons mariages, mais il n'y en a point de délicieux.* » (La Rochefoucauld)

• Il faut mettre la virgule après tout membre de phrase qui en attend nécessairement un autre.

Exemple : *Maître absolu des deux empires, Théodose rendit celui d'Occident à Valentinien, qui ne le garda pas longtemps.*

• On place toujours entre deux virgules ces propositions incises (quand elles sont au milieu de la phrase) : *dis-je, dit-il, répondit-il, répliqua-t-il*, etc. Ces mêmes propositions sont précédées d'une virgule quand elles terminent une phrase ou un membre de phrase.

Exemples :

➢ *Le récit de mes malheurs, dit-il, serait trop long.*

➢ *Il est absent aujourd'hui, répliqua-t-il.*

13° Quelques conseils pour éviter les virgules inutiles

• Utiliser la virgule pour séparer les éléments d'une liste ou d'une énumération. Exemple : *Conakry, Kindia, Coyah, Forécariah, Dubréka, Fria et Boffa sont des villes de la Basse-Guinée.*

• Lorsque vous avez une phrase complexe avec plusieurs propositions, assurez-vous que chaque virgule est nécessaire. Évitez d'en mettre trop. Exemple : *Après avoir mangé, je suis allé me promener.*

- Ne mettez pas de virgule avant les conjonctions de coordination (et, mais, ou, donc, car, ni, or), sauf si les éléments coordonnés sont brefs. Exemple : *Il ne pleut pas, mais je reste à la maison.*
- Évitez de mettre une virgule après "et" ou "ou" lorsqu'ils sont utilisés pour lier des éléments. Exemple : *Elle aime le chocolat et les mangues.*
- Ne mettez pas de virgule avant un pronom relatif (qui, que, dont, où). Exemple : *La maison où j'habite est grande.*

B. — Le point-virgule (;)

Le point-virgule marque une pause plus longue que la virgule.
Il s'emploie pour :

✓ **ressortir la symétrie de deux propositions.** Exemples :

➢ *Tamba allait à Paris ; Boubacar à Londres.* (Ici, la symétrie, c'est que les deux personnes se dirigent, chacune, vers une ville. Le point-virgule permet l'ellipse du verbe conjugué « allait ») ;

➢ *On peut faire un plein usage de sa liberté ; on ne peut entraver celle des autres.* (Ici, la symétrie, c'est l'usage de la liberté. Le point-virgule permet d'en signaler les limites) ;

✓ **séparer, à l'intérieur d'une même phrase, des propositions indépendantes qui développent une même idée**, afin de permettre une meilleure compréhension. Exemple : *Moustapha DIENG était un chef tyrannique, sanguinaire et peu enclin au dialogue ; d'ailleurs, beaucoup de personnes ne le pardonnent pas à sa progéniture* ;

✓ **unir des phrases grammaticalement complètes, mais logiquement associées ;** Exemple : *La mort de cet écrivain, si prolifique et apprécié dans de nombreux pays, a surpris ses lecteurs ; ces derniers déplorent que son dernier roman reste inachevé à jamais ;*

✓ **ponctuer une répétition ou une énumération.** Exemple : *Mon intervention s'articulera autour de deux parties :*

➢ *une première partie, descriptive, est consacrée à l'analyse des données, des causes et des conséquences du phénomène de la corruption ;*

➢ *une seconde partie, opérationnelle, est consacrée à la stratégie et aux moyens de lutte contre ce fléau.*

✓ **séparer des propositions assez longues et exprimant des avis opposés.**

Exemple : *Certains participants proposèrent le départ du directeur d'entreprise ; d'autres insistèrent qu'il soit traduit en justice.*

Le point-virgule peut être utilisé lorsqu'une phrase est suivie d'une autre phrase qui commence par un adverbe.

Exemple : *L'assemblée n'avait pas jugé nécessaire de traiter cette question ; vraisemblablement, ses membres manquaient de courage.*

C. — Les deux points (:)

Les deux points s'utilisent pour **introduire le discours direct et la citation (des paroles rapportées).**

Exemples :

✓ *Tout le monde s'interrogeait : « Pourquoi une telle barbarie de la part d'éléments des forces de l'ordre à l'égard de manifestants pacifiques ? »*

✓ *Arrivé au bord de la falaise, il s'écria : « Ciel, je suis perdu ! »*

Les deux points s'utilisent également pour annoncer **une explication ou précision (relation de cause ou de conséquence).**

Exemples :

➢ *Il y a une double raison à l'absentéisme de cet élève : la complaisance des autorités de l'école et l'irresponsabilité de ses parents.*

➢ *Ce crime a été perpétré dans les circonstances suivantes : [...]*

➢ *Cette crise a eu pour conséquence la recrudescence de trois fléaux : la délinquance, le chômage et la pauvreté.*

Les deux points s'utilisent aussi pour annoncer une **énumération** qui explicite des propos précédents.

Exemples :

✓ *Les principaux cours d'eau de la Guinée sont : le Niger, le Sénégal, le Nunez, le Rio Pongo, le Bafing, le Milo, le Konkouré, la Falémé, le Diani, le Tinkisso, le Niandan et le Bakoye.*

✓ *Les trois premiers de la course sont : Amadou, Hamidou et Paul.*

La répétition des deux points dans une même phrase est déconseillée. Toutefois, on admet la répétition des deux points quand les premiers servent à présenter une citation, alors que les seconds sont contenus dans la citation elle-même.

Exemple : *Parlant à ses élèves, l'instituteur dit ceci : « Je ne tolèrerai aucune des fautes suivantes : le chômage, le retard injustifié, l'impolitesse et le refus d'apprendre les leçons ».*

D. — Le point (.)

Le point indique la fin d'une phrase.

Il sert à indiquer une abréviation. Lorsque la phrase se termine par un mot qui comporte un point abréviatif, il ne faut pas mettre un point final.

Exemple : *Étaient présentes à la cérémonie d'éminentes personnalités : leaders politiques, magistrats, députés, avocats, écrivains, etc.*

Excepté les titres d'œuvres (films, livres, etc.), une phrase nominale, ou sans verbe, se termine par un point.

Exemples :

- *L'enfant noir (roman de CAMARA Laye)*
- *Voici une très belle histoire.*

E. — Le point d'interrogation (?)

Le point d'interrogation se place à la fin d'une phrase qui pose une question. Exemple : *Quel est le pays le plus vaste d'Afrique ?*

Dans **une interrogation indirecte,** on utilise le point et non pas le point d'interrogation.

Exemples :

- *Je me demande s'il a réussi son examen.*
- *Dites-moi pourquoi je ne dois pas réagir.*

Placé entre parenthèses (?), le point d'interrogation marque l'incertitude. Exemple : Monsieur Moumini CONDÉ est né le 4 avril (?) 1953 à Banora, préfecture de Dinguiraye.

F. — Le point d'exclamation (!)

Le point d'exclamation permet d'exprimer **la surprise, l'exaspération, l'admiration, un ordre** ou tout **autre sentiment fort** et se place à la fin **d'une phrase exclamative.** Il s'emploie également **après l'interjection** ou **le mot qui marque l'exclamation.**

Exemples :

- *Quelle belle surprise vous me faites là !*
- *Hélas ! vous ne le reverrez pas avant longtemps.*

NB : Lorsque le point d'exclamation marque une interjection (« Hélas », par exemple), il n'est pas suivi de majuscule, sauf s'il s'agit d'un nom propre.

Pour les interjections, le point d'exclamation se place après celles-ci et doit être répété à la fin de la phrase.

Exemple : *Eh bien ! quelle bonne nouvelle !*

Si l'interjection est **répétée**, le point d'exclamation se place après la dernière.

Exemple : *Ah, ah !*

NB : On ne met pas de point d'exclamation après *ô.*

Indiqué seul, entre parenthèses, le point d'exclamation exprime un certain doute.

Exemple : *En 1950, Conakry comptait déjà 500 000 (!) habitants.*

G. — Les points de suspension (...)

On utilise les trois points de suspension pour indiquer que **la phrase est interrompue.** Il s'agit notamment des cas suivants :

- **La phrase commencée est abandonnée.** Exemple : *Attends que je* [...] *Il va me rendre fou !*
- Les points de suspension indiquent **une hésitation** en cours de phrase. Exemple : *Elle est* [...] *partie hier matin.*
- Ils sous-entendent **la suite d'une énumération, une référence, une complicité** avec celui à qui on s'adresse, un effet d'attente. Exemples : *Vous me comprenez* [...] / *Un jour, je ferai le tour de la Guinée* [...]

Entre crochets, les points de suspension indiquent **une coupure dans une citation.**

Exemple : « *Il vous est accordé un délai supplémentaire [...] pour régler votre dette* », *affirme-t-il.*

Les points de suspension sont toujours au nombre de trois. Ils ne sont jamais précédés d'une virgule ou d'un point-virgule.

Ils peuvent se placer au début, à l'intérieur et à la fin d'une phrase.

Ils ne doivent jamais être placés après une virgule ou un point-virgule.

On ne met pas de virgule après le dernier mot d'une phrase, s'il est suivi de points de suspension.

Les points de suspension entraînent la disparition du point final, s'ils sont utilisés à la fin d'une phrase.

Ils peuvent se substituer **à un nom que l'on ne veut pas citer en entier** ; on les fait alors précéder de la première lettre de ce nom.

Exemple : *Quand il était en activité, Monsieur S... était véritablement un juge véreux.*

NB : Le nom que l'on ne veut pas citer peut également être remplacé par **X** ou **Y** (en majuscule) ; dans ce cas, cette lettre n'est pas suivie de points de suspension.

Exemple **:** « *Madame X a traduit son conjoint en justice* ».

Quand les points de suspension remplacent **la totalité d'un mot**, ils sont précédés et suivis d'un espacement.

Exemple : « *La clinique [...] travaille à plein temps* ».

Quand les points de suspension sont placés **en début de phrase**, ils sont suivis d'un espacement.

Exemple : « *[...] Avant cet incendie, cette boutique était remplie de marchandises* ».

II. — Les signes de ponctuation accessoires

Ce sont : les guillemets, le tiret, les crochets, les parenthèses et la barre oblique.

A. — Les guillemets (« »)

Les guillemets sont une invention de Guillaume, dit Guillemet, en 1525.

On distingue les guillemets français (« »), les guillemets anglais (‘’ ‘’) et les guillemets allemands („’’). Il faut donc, sauf exception, veiller à toujours employer les guillemets qui se rapportent à la langue utilisée.

Les guillemets permettent **d'encadrer les paroles ou écrits** de quelqu'un ou de faire une citation.

Ils servent **à isoler un ou plusieurs mots utilisés dans un contexte inhabituel,** que l'on désire souligner ou nuancer et qu'on ne le(s) prend pas à son compte. Il en est de même pour les mots étrangers ou argotiques.

Exemples :

- *L'enfant racontait avoir vu un « buffe » et « une » caïman au Jardin zoologique.*
- *Après une séance de natation, je me sens « cool ».*

NB : Lorsqu'on cite un texte, il faut le respecter rigoureusement. Mais dans le cas où on souhaite l'écourter, il faut ajouter des points de suspension entre crochets.

Exemple : « *Tout fait quelconque de l'homme qui cause à autrui un dommage [...]* »

Dans un dialogue, on place un tiret à chaque prise de parole, sauf pour la première.

Exemple : À son arrivée à la clinique, une secrétaire lui demanda :

« Avez-vous un rendez-vous ?

- *Oui, à 9h 30.*
- *Parfait, asseyez-vous, s'il vous plaît. »*

Un texte entre guillemets indique qu'il s'agit d'une **citation**. Le guillemet ouvrant précède le début de la citation, et le guillemet fermant en indique la fin.

Si la citation constitue une partie de la phrase, le texte cité commence par un guillemet ouvrant suivi d'une minuscule, sauf pour les noms propres, et se termine par un guillemet fermant qui est éventuellement suivi d'un signe de ponctuation.

Exemple : *Le témoin du crime affirme avoir vu « un homme mince, élancé, de teint clair, barbu, avec un képi », sans autres précisions.*

Quand place-t-on le point à l'intérieur ou à l'extérieur des guillemets ?

— On place le point à l'intérieur des guillemets, lorsqu'on cite une phrase entière, sinon, on le place après les guillemets.

Exemples :

- *« Le médecin est venu avant-hier. »*
- *« Le vigile a précisé qu'il était arrivé hier ».*

Si le texte cité contient plusieurs phrases, partielles et complètes, et que la dernière phrase est complète, le point final se met uniquement après le guillemet fermant.

Exemple : *L'orateur cita une partie du rapport d'expert faisant allusion au « besoin impérieux de subventions pour le secteur. Celui-ci ne pourra pas survivre sans aides financières ».*

Si la citation est complète et indépendante, elle commence par un guillemet ouvrant suivi d'une majuscule et se termine par un point final, un point d'interrogation, un point d'exclamation ou des points de suspension placé(s) avant le guillemet fermant. Après ce guillemet fermant, il n'y a pas de point final à ajouter, car celui-ci est sous-entendu. Autrement dit, lorsque la citation se termine par une ponctuation (point-virgule ou point), celle-ci n'est pas doublée après le guillemet fermant.

Exemple : *L'enseignant dit à haute voix à ses élèves : « Mes enfants, je suis heureux de vous annoncer que l'année scolaire va se terminer bientôt. »*

NB : La même citation placée en début de phrase ne prend jamais de point final avant le guillemet fermant ; elle est plutôt suivie d'une virgule.

Elle s'écrira alors : « *Mes enfants, je suis heureux de vous annoncer que l'année scolaire va se terminer bientôt* », *dit l'enseignant à haute voix à ses élèves.*

Si la citation se termine par un point d'interrogation, un point d'exclamation ou des points de suspension, ces signes de ponctuation se mettent avant le guillemet fermant, parce qu'ils font partie intégrante de la citation. Le guillemet fermant est alors suivi d'une virgule. Autrement dit, il y a une double ponctuation lorsque la seconde est différente de celle qui est utilisée avant le guillemet fermant.

Exemple : *« Mes enfants, savez-vous que l'année scolaire va se terminer bientôt ? », demande l'enseignant de sa voix grave aux élèves.*

En revanche, si ces signes de ponctuation terminent la phrase générale, ils sont placés après le guillemet fermant.

Exemple : *Pourquoi l'enseignant demande-t-il de sa voix grave aux élèves « Mes enfants, savez-vous que l'année scolaire va se terminer bientôt ? » ?*

NB : Ne semble-t-il pas paradoxal que dans ce dernier exemple, le point d'interrogation placé avant le guillemet fermant puisse être répété après ce guillemet, alors que dans le cas d'une citation complète et indépendante, ainsi que cela a été souligné plus haut, le signe de ponctuation (point final, point d'interrogation, point d'exclamation ou points de suspension) placé avant le guillemet fermant n'est pas à répéter après ce guillemet, au motif qu'il est sous-entendu ?

En tout état de cause, en ce qui concerne les textes administratifs et normatifs, lorsqu'un alinéa se termine par une ponctuation (point-virgule ou point), celle-ci n'est pas doublée après le guillemet fermant.

Les incises à l'intérieur d'une citation (*dit-il*, répondit-il, *etc.)* ne sont pas entourées de guillemets, mais placées entre virgules.

Exemple : « *Oui,* avoua-t-il, *je n'aurais pas dû en parler.* »

NB : Il est possible de distinguer les différentes parties du texte par un changement de symbole typographique (citation en italique, et incise en caractères romains).

Les guillemets dans les guillemets. À l'intérieur d'une citation, il se peut qu'un ou plusieurs mots soient mis entre guillemets. Dans ce cas, il faut utiliser les guillemets anglais (“ ”) pour bien les distinguer des guillemets français (« ») et ne pas mettre d'espace avant et après ce(s) mot(s). Avant le guillemet anglais fermant peuvent figurer un point d’interrogation, un point d’exclamation ou des points de suspension.

Exemple : *« L’expression **’’déresponsabilisation du citoyen ’’** convient tout à fait pour décrire la situation actuelle, le citoyen moyen pensant, le plus souvent sous l’effet de discours populistes d’hommes politiques, qu’il a droit à tout et tout de suite sans avoir aucune obligation en contrepartie »,* affirme le Pr Babacar KANTÉ, expert de l’Organisation internationale de la Francophonie et de l’Union européenne[2].

B. — Le tiret (—)

Le tiret n’est pas à confondre avec le trait d’union. Il est plus long que celui-ci.

Normalement, le premier mot placé entre tirets ne commence jamais par une majuscule, sauf s’il s’agit d’un nom propre.

Les tirets servent **à isoler ou à mettre en relief une partie du texte**, plus que ne le feraient des virgules.

Exemple : *Les prochaines élections — législatives et communales — auront lieu dans deux ans.*

Le second tiret peut être suivi, s’il y a lieu, d’une virgule.

Exemple : I*l était intelligent — certes —, mais ses propos manquaient de souplesse.*

Le tiret peut aussi être employé seul ; le second tiret disparaît alors en fin de phrase, et aucun signe de ponctuation ne précède ou ne suit le tiret.

Exemple : *Son comportement était fort suspect — mais qu’avait-il donc à cacher ?*

Les tirets servent également **à remplacer des virgules, surtout si elles sont nombreuses dans la phrase**, facilitant ainsi la compréhension du texte.

Exemple : *Mamadou, Amadou, Salifou, Bouréma, Henry — tous venus voir Sagnane à son domicile, à l’occasion de son anniversaire — lui apportèrent de nombreux cadeaux.*

---

[2] Extrait de son exposé sur *le contrôle de constitutionnalité des lois* dans le cadre du *Séminaire de renforcement de capacités sur les questions relatives aux contentieux constitutionnel et référendaire,* organisé par la Cour suprême de Guinée avec l’appui technique et financier de l’OIF et de l’Union européenne (24-27 juin 2024, Coyah – Hôtel Maison-Blanche, République de Guinée).

Dans un inventaire ou une liste, par exemple, le tiret **indique la répétition** et évite donc de réécrire un même mot plusieurs fois à la suite.

Exemple : *Cette armoire contient :*
— 4 cartouches d'encre rouge ;
— 2 - bleue ;
— 5 bobines jaunes n° 6 ;
— 1 bobine rouge n° 3 ;
— 6 - - n° 2.

C — Les crochets [...]

Les crochets, tout comme les parenthèses, peuvent servir à isoler un ou plusieurs mots **pour expliciter le texte qui précède.**

Exemple **:** *Ensuite, à la surprise générale, il [*le président du conseil*] suspendit la séance sans fournir d'explication.*

À l'intérieur d'un texte qui se trouve déjà entre parenthèses, les crochets servent **à isoler des indications ou à apporter des précisions**, ouvrant ainsi une parenthèse dans la parenthèse.

Exemple : *Il n'est pas étonnant de voir la Haute-Guinée (une région qui comprend six préfectures* [Kankan, Dinguiraye, Dabola, Faranah, Kérouané et Siguiri*] avec Kankan comme chef-lieu) bien classée dans cette statistique.*

NB : Si le texte est en caractères romains, le passage entre crochets doit figurer en italique et vice-versa.

Des points de suspension à l'intérieur des crochets indiquent que **le texte a subi une coupure.**

Exemple **:** *Ce raisonnement [...] se réfère à la loi sur la lutte contre la corruption.*

Les crochets permettent au rédacteur de commenter un point précis du texte ou de signaler une faute d'orthographe, de grammaire, de vocabulaire, de syntaxe ou de sens. Dans ce dernier cas, on utilise le mot latin « *sic* », écrit en italique et entre crochets. Ce mot, qui signifie « ainsi », indique qu'on a reproduit le texte tel quel.

Exemple : *Il avait oublié de préciser ses cordonnées [sic].*

En **linguistique**, les symboles de l'alphabet phonétique international sont mis entre crochets.

Exemples : oiseau *[uwazo] / ciseaux [sizo].*

D — Les parenthèses ()

Les parenthèses contiennent des informations auxquelles on ne désire pas consacrer une phrase et que l'on insère dans le passage concerné.

La parenthèse ouvrante ne doit pas être précédée d'une virgule ou d'un point-virgule.

À l'intérieur de parenthèses peuvent figurer des signes de ponctuation.

Si le texte entre parenthèses est une partie de la phrase, il n'y a pas de ponctuation avant la parenthèse ouvrante, mais il peut y avoir une ponctuation avant la parenthèse fermante (point d'interrogation, point d'exclamation ou points de suspension). Le premier mot après la parenthèse ouvrante s'écrit avec une minuscule, sauf s'il s'agit d'un nom propre.

Exemple : *Il a visité plusieurs pays africains (dont la Guinée !), ce qui lui a permis de mieux connaître les populations ouest-africaines.*

Si le texte entre parenthèses est une phrase complète, il faut mettre un signe de ponctuation (point final, point d'interrogation, point d'exclamation ou points de suspension) avant la parenthèse ouvrante et après la parenthèse fermante. Dans ce cas, le premier mot placé après la parenthèse ouvrante prend toujours une majuscule.

Exemple : *Le gardien de la maison n'avait pas senti la présence du cambrioleur. (Il faut reconnaître qu'il s'était profondément endormi.)*

Les parenthèses sont utilisées pour **exprimer la flexion d'un mot en genre et/ou en nombre.**

Exemple : *La (les) personne(s) qui aurait (en) t des informations sur le fugitif est (sont) priée(s) de prendre contact avec la police ou la gendarmerie.*

Les parenthèses sont aussi utilisées pour **isoler notamment une précision** se rapportant à la partie précédente du texte.

Exemple : *Il est grand (d'esprit), jeune et riche.*

Les parenthèses s'utilisent pour entourer **l'appel de note.** Celui-ci a pour objet de fournir des informations complémentaires ou d'indiquer la référence d'une citation.

L'appel de note se présente, en principe, sous forme de chiffre en position surélevée (exposant) et se situe sans espace soit après le mot auquel il se réfère, soit avant le signe de ponctuation indiquant la fin de la phrase (point final, point d'interrogation, point d'exclamation).

Exemple : *Prochainement, nous évoquerons en détail cet incident* (1).

Toutefois, les parenthèses ne sont pas obligatoirement utilisées pour l'appel de note.

Exemple : *Prochainement, nous évoquerons en détail cet incident*[1].

Dans le cas d'une citation, l'appel de note se place après le guillemet fermant et avant la ponctuation.

Exemple : *« Ce que l'on conçoit bien s'énonce clairement. Et les mots pour le dire arrivent aisément »* [2].

La numérotation de l'appel de note se fait de façon croissante du début à la fin du texte ou du document, sans répétition du nombre mis en exposant.

Deux ou plusieurs appels de note ne peuvent être utilisés pour un même mot ou une même phrase ; un seul suffit.

Si l'appel de note est précédé de points suspension, il faut ajouter un signe de ponctuation finale.

L'appel de note renvoie toujours à **une note en bas de page**.

La note en bas de page est donc signalée dans un texte à l'aide d'un appel de note, généralement situé en fin de phrase et qui renvoie à la note correspondante au bas de la page.

Elle est utilisée pour référencer une source (livre, article, site web, etc.) qui sera listée dans la bibliographie, ainsi que pour apporter des précisions sur le contenu d'une phrase sans alourdir le corps du texte (contexte, éléments bibliographiques, chronologie, etc.)

La note en bas de page permet d'indiquer la source d'un travail et d'en assurer l'intégrité intellectuelle. En informatique, elle est créée à partir du logiciel Word dans l'onglet « *Références* » en cliquant sur « *Insérer une note de bas de page* » ; puis, on écrit la référence.

E— La barre oblique (/)

La barre oblique remplace une conjonction de coordination, en particulier dans les expressions elliptiques comme « enseignement/apprentissage ».

Lorsqu'une grandeur est **le quotient de deux autres grandeurs**, on sépare les symboles par une barre oblique, signe de division.

Exemple : km/h (kilomètres par heure).

Pour **l'année scolaire et la campagne agricole**, on met une barre oblique et non pas un trait d'union comme c'est cas des années des périodes.

Exemples :

- L'année scolaire 2020/2021 ;

- La campagne agricole 2023/2024.

Paragraphe 2 : Les signes graphiques

Ce sont notamment les accents, l'astérisque, l'apostrophe, la cédille et le trait d'union.

Tout rédacteur doit veiller au bon emploi de ces signes. À cet effet, il doit notamment distinguer **les accents** (*accent aigu, accent grave, accent circonflexe, tréma*), puisque ceux-ci correspondent à des exigences lexicales et grammaticales.

L'accentuation dont la maîtrise permet de savoir **qu'on n'écrit pas**, par exemple, « au-dela, celà, à priori, à postériori, à fortiori, régistre, réglement, pélérinage », **mais plutôt** « au-delà, cela, *a priori*, *a posteriori*, *a fortiori,* registre, règlement, pèlerinage ».

On munit d'accent les mots empruntés à la langue latine ou à d'autres langues, lorsqu'ils n'ont pas valeur de citation. Exemples : *critérium, décrescendo, désidérata, diésel, exéquatur, mémento, mémorandum, référendum, révolver, satisfécit, sénior*.

Le tréma indique qu'une lettre « *u* » doit être prononcée, comme voyelle ou comme semi-voyelle, séparément avec la lettre précédente « *g* » ; il est placé sur la voyelle qui doit être prononcée. Exemples : *aigüe, ambigüe, ambigüité, exigüe, exigüité, cigüe, contigüe, gageüre*.

L'astérisque est un symbole typographique représenté par un petit caractère en forme d'étoile et souvent utilisé pour **indiquer une note de bas de page, renvoyer à une explication en bas de page, marquer un élément important dans un texte ou pour signaler une référence.**

Dans le corps du texte, l'astérisque est placé en exposant après le mot ou la phrase qu'il met en évidence pour dire qu'il s'agit d'une forme non attestée, hypothétique ou inexistante.

L'apostrophe, la cédille, le trait d'union sont également d'indispensables symboles pour bien écrire certains mots.

SECTION 3 : LES ABRÉVIATIONS

Les abréviations ne doivent être utilisées qu'après avoir été explicitées, quand bien même elles sont d'un usage courant.

Exemples : *La taxe sur la valeur ajoutée (TVA), l'Union africaine (UA).*

Cependant, elles ne peuvent être utilisées à l'égard des noms patronymiques, mais sont permises à l'égard des noms de sociétés et d'autres personnes morales. Exemple : *la Société de visite technique automobile (SIVITA).*

Section 4 : L'utilisation de l'italique

Les mots à mettre en évidence s'écrivent en caractères italiques dans un texte en romain et, à l'inverse, en romain dans un texte en italique.

L'italique s'utilise dans les cas suivants :

✓ **Les locutions latines non francisées** (elles ne comportent pas d'accent). Exemples : *ad vitam aeternam, a priori.*

NB : Les termes francisés par l'usage s'écrivent en caractères romains et prennent des accents et la marque du pluriel. Exemples : *mémorandums, médias, ultimatums, mémentos* ;

✓ **La numérotation latine.** Exemples : *bis* (2), *ter* (3), *quater* (4), *decies* (10) ;

✓ **Les noms propres de navires, d'aéronefs.** Exemples : le paquebot *France*, la fusée *Soyouz,* la compagnie *Air Afrique* ;

✓ **Les préfaces, postfaces, avis d'éditeur et autres parties** d'un ouvrage qui ne sont pas de la main de l'auteur ;

✓ Les titres **d'ouvrages littéraires, artistiques, scientifiques ou juridiques, les journaux, revues, magazines, périodiques et autres publications.**

✓ Les titres de **toutes les œuvres d'art** (artistiques, littéraires, musicales). Exemple : *La descente de croix*, de Rubens ;

✓ **Les noms étrangers** considérés comme n'appartenant pas au vocabulaire français usuel, ordinaire, connu de tous. Il en est ainsi des néologismes, des noms populaires ou argotiques, des dénominations latines savantes et des mots nouvellement ou rarement empruntés aux langues étrangères. Exemple : Ce monsieur est un véritable « *outlaw* » (hors la loi) ;

✓ La mise en évidence. Exemple : Le radical du verbe « *prédéterminer* » est « *pré* ».

Section 5 : Les signes de ponctuation et les symboles en matière de saisie informatique

En matière de saisie informatique, les règles typographiques à observer pour les signes de ponctuation et les symboles sont les suivantes :

— **Pour les signes de ponctuation formés d'un seul caractère**, en l'occurrence virgule et point : pas d'espace avant, une espace après ;

— **Pour les signes de ponctuation formés de deux caractères**, à savoir point-virgule, point d'interrogation, point d'exclamation, deux points : une espace avant, une espace après ;

— **Pour les guillemets et parenthèses :** pas d'espace entre les guillemets et parenthèses et les mots qu'ils renferment ; mais une espace avant de les ouvrir et une espace après les avoir fermés ;

— **Pour l'apostrophe :** pas d'espace ni avant ni après, puisqu'elle tient la place d'une lettre ;

— **Pour le trait d'union ou le tiret :** pas d'espace entre le trait d'union et les mots reliés par lui. Il remplace quelquefois les parenthèses et les guillemets ; en ce cas, il s'emploie comme eux, c'est-à-dire sans espace entre les tirets et les mots qu'ils renferment ;

— Lorsqu'un membre de phrase est entre guillemets, saisir l'apostrophe avant l'ouverture des guillemets, le mot qui précède pouvant être : **qu', l', d', qu' « .... »** ;

— **Pour les crochets :** une espace avant et une espace après.

Quant aux **symboles,** ceux-ci s'écrivent de la manière suivante :

- **Pour l'addition (+), la soustraction (-), la multiplication (x), la division (:) et égal à (=) :** une espace avant et une espace après ;
- **Pour la barre de fraction ou barre oblique (/)** : pas d'espace ni avant ni après ;
- **Pour le paragraphe (§)** : une espace avant et une espace après ;
- **Pour le signe degré (°)** : pas d'espace avant, mais une espace après. Ce signe sert également à représenter les adverbes numériques, tels que premièrement (1°), deuxièmement (2°) et troisièmement (3°) ;
- **Pour le signe pourcentage (%)** : une espace avant et une espace après ;
- **Pour le signe esperluette (&) :** : une espace avant et une espace après.

SECTION 6 : L'ÉNUMÉRATION

L'énumération est introduite par deux points, qu'elle utilise ou non le retour à la ligne.

Dans l'énumération n'utilisant pas le retour à la ligne, les mots qui en font l'objet viennent après les points et sont séparés d'une virgule, sauf le dernier mot qui se termine par un point.

Exemple : « *Étaient invitées à la cérémonie d'investiture du Président de la République d'éminentes personnalités : chefs d'État ou de gouvernement, représentants des organisations internationales, Ambassadeurs, professeurs d'université, Premiers présidents et procureurs généraux de hautes juridictions nationales, experts, etc.* ».

Outre qu'elle est introduite par deux points, l'énumération utilisant le retour à la ligne s'opère comme suit :

✓ Chaque élément est précédé d'un tiret ;

✓ Chaque élément commence par une minuscule ;

✓ Chaque élément se termine par un point-virgule, sauf le dernier qui se termine par un point.

Exemple :

« *Le relief de la Guinée laisse apparaître bien de choses pittoresques :*

« — *des forêts immenses ;*

« — *des vallées verdoyantes ;*

« — *un réseau hydrographique dense ;*

« — *de grandes chutes de cours d'eau* ».

Toutefois, **lorsque les éléments énumérés constituent des phrases entières,** on peut remplacer la minuscule par une majuscule, et le point-virgule par un point.

Exemple : « *Lorsqu'une consignation est acquittée en cas de relaxe du prévenu ou de classement sans suite de la contravention, il est fait application des dispositions suivantes :*

✓ *Si la consignation n'est pas suivie d'une requête en exonération, elle est considérée comme valant paiement de l'amende forfaitaire.*

✓ *Si l'officier du ministère public classe sans suite la contravention, il notifie sa décision à l'auteur de la requête en exonération.*

✓ *Si l'officier du ministère public considère que la requête en exonération est irrecevable, l'avis qu'il est tenu d'adresser au requérant indique les motifs de sa décision.* »

SECTION 7 : LE TRAIT D'UNION

Le trait d'union n'est pas un signe de ponctuation, mais plutôt un signe de rattachement plus intime entre deux ou plusieurs mots.

Lorsque le préfixe **« non » est suivi d'un nom,** le trait d'union est de rigueur. Exemples : non-lieu ; non-salarié ; non-croyant ; non-alignement ; non-conformité.

Lorsque le préfixe **« non » est suivi d'un adjectif ou d'un adverbe,** il n'y a pas de trait d'union. Exemples : non avenu, non écrit, personne non salariée.

Les préfixes **« pré »** et **« post » sont toujours accolés au nom** auquel ils s'ajoutent. Exemples : préretraite, postopératoire.

Pour **les années et les périodes complètes**, soit du 1er janvier au 31 décembre 2024, on met un trait d'union et non pas une barre oblique comme c'est le cas de l'année scolaire et de la campagne agricole.

Exemples :

- Les années 2020-2021 ;
- La période 2000-2014.

Si le premier mot se termine par un « **o** » **et en cas de hiatus,** le trait d'union est obligatoire.

Exemple : électro-osmose

Le trait d'union est également obligatoire si le second mot commence par une **voyelle** ou **un** « **h** » **muet**.

Exemples :

- contre-appel ;
- contre-haut.

Dans **une proposition introduite par un adjectif démonstratif**, « là » se lie par un trait d'union au substantif ou l'adjectif numéral substantivé qui le précède immédiatement.

Exemples :

- cet enfant-là ;
- ces trois-là.

NB : On écrit : « ce charmant enfant là » (sans trait d'union).

Dans **les autres cas de figure**, il n'y a pas de trait d'union.

Exemples :

- d'ici là ;
- là où ;
- par là même.

Les **noms composés français ou francisés de pays, les noms de régions composés avec « extrême », « moyen » et « proche »** et les **noms de villes anglaises, espagnoles**, etc., s'écrivent avec un trait d'union.

Exemples : *les États-Unis, la Nouvelle-Irlande, la Nouvelle-Guinée, l'Extrême-Orient, le Moyen-Orient, le Proche-Orient.*

À propos **du singulier et du pluriel des noms composés comportant un trait d'union,** il convient de noter que les noms composés d'un verbe et d'un nom suivent la règle des mots simples, et

prennent la marque du pluriel seulement quand ils sont au pluriel ; cette marque est portée sur le second élément.

Exemples :

- un abat-jour, des abat-jours ;
- un garde-meuble, des garde-meubles ;
- un pèse-lettre, des pèse-lettres ;
- un cure-dent, des cure-dents.

Il en est de même des noms composés d'une préposition et d'un nom.

Exemples :

- ✓ un après-midi, des après-midis ;
- ✓ un sans-abri, des sans-abris.

Cependant, lorsque l'élément nominal prend une majuscule ou lorsqu'il est précédé d'un article au singulier, il ne prend pas la marque du pluriel.

Exemples :

- un trompe-l'œil, des trompe-l'œil ;
- un trompe-la-mort, des trompe-la-mort.

SECTION 8 : LES NOMBRES

Les nombres s'écrivent en chiffres ou en lettres.

Paragraphe 1 : Les chiffres

On distingue les chiffres arabes et les chiffres romains.

I. — LES CHIFFRES ARABES

A. — Généralités

Les chiffres arabes (1, 2, 3, 4, 5, etc.) s'écrivent dans les tableaux et les textes scientifiques, artistiques ou techniques.

Les nombres s'écrivent en chiffres dans les textes administratifs et commerciaux lorsqu'il s'agit notamment d'une adresse, d'une date, de l'heure, de l'âge, d'un poids, d'une mesure, d'un pourcentage, d'une somme d'argent, d'une pagination, d'un numéro de paraphe, d'article ou d'enregistrement, d'un chapitre, d'un numéro d'article de texte législatif ou règlementaire, d'un volume, d'un numéro matricule ou de l'année civile.

Les nombres inférieurs à cent, de 17 à 99 inclus, s'écrivent avec un trait d'union. Exemples : *dix-sept, dix-huit, quarante-huit, soixante-dix, quatre-vingt-cinq, quatre-vingt-dix-neuf.*

Ils s'écrivent en toutes lettres dans les textes littéraires, juridiques et poétiques.

Il est conseillé de ne pas commencer une phrase par un nombre écrit en chiffres.

Si on cite dans une même phrase deux nombres et que l'un devrait normalement s'écrire en chiffres et l'autre en lettres, on peut les écrire tous les deux soit en chiffres, soit en lettres, pour des raisons d'uniformité.

Les chiffres arabes s'écrivent avec une espace tous les trois caractères, sauf pour l'indication des années, du code postal, des pages ou paragraphes d'un livre. En plus, on ne met pas de point entre les caractères.

Exemple : *12 000 000* d'habitants (et non pas 12.000.000 ou 12000000).

Pour séparer la partie entière de la partie décimale d'un nombre, on utilise la virgule en français, contrairement à l'anglais qui utilise un point.

Exemple : *67, 80*

Les décimales sont groupées en un seul bloc. Exemple : 45, 5462

B. — Les adresses

Les numéros relatifs à **une adresse physique** ne s'écrivent jamais en toutes lettres. Ils se mettent toujours en début de ligne et sont notamment suivis du numéro de *rue, avenue, boulevard,* dont ils sont séparés par une virgule.

Exemple : *2, bd Telly DIALLO.*

Si le nombre fait partie intégrante d'un nom **de rue, de place** ou autre, il s'écrit en toutes lettres.

Exemple : *rue des Quatre Vents.*

Mais dans les petites villes ou gros villages où il n'y a pas encore de lotissement, les maisons peuvent être désignées par un numéro courant ; le numéro se placera alors après le mot « *maison* ».

Exemple : *Maison 34*

C. — La date

Dans une **correspondance**, il y a lieu d'écrire la date en indiquant le nom de la ville suivi d'une virgule, de l'article défini, du jour du calendrier, du mois en toutes lettres et de l'année.

Exemples :

- *Conakry, le 6 juin 2023 (jamais de 0 devant le jour du calendrier ; on n'écrit donc pas 06) ;*
- *Kankan, le 1er avril 2022 (et non pas 1 avril)*

L'année doit toujours être indiquée en entier.

Exemple : *Conakry, le 15 mars 2024 (et non pas 24).*

Dans les **articles de presse**, les **communiqués**, les **cartes d'invitation**, etc., le mois s'écrit en toutes lettres. On ne met pas de virgule entre le jour de la semaine et le jour du calendrier.

Exemples :

- *Samedi 12 août 2023, un grave accident de la circulation est survenu très tôt le matin dans la banlieue de Conakry.*
- *La cérémonie aura lieu le 5 décembre 2024 en présence du procureur général près la cour d'appel.*
- *La fête se déroulera les 12 et 13 mai 2025.*
- *L'inauguration du centre culturel est prévue pour lundi 7 octobre.*

D. — L'heure

Dans les textes littéraires, on écrit **l'heure** en toutes lettres.

Exemples :

- *Il est vingt heures ;*
- *Il est huit heures et demie.*

Cependant, le recours aux chiffres est permis quand la notation comporte des minutes ou quand il s'agit d'indiquer des heures d'ouverture ou de fermeture d'un magasin. Dans ce cas-là, on utilise la lettre « *h* » comme abréviation de « *heure* » avec espacement avant et après « *h* ».

Exemples :

- *Il est 2 heures, heure locale.*
- *Le magasin est ouvert de 8 h à 18 h 5 (et non pas : de 8 h 00 à 18 h 05).*

Les expressions figées concernant l'heure s'écrivent toujours en toutes lettres.

Exemples :

- *Il est minuit pile.*
- *Je suis attendu à vingt heures battantes.*
- *Il est quatre heures sonnées.*

E. — Les années civiles

Les années civiles s'écrivent en entier. Exemples : *en 2024 ; de 2011 à 2019.* En lettres, elles s'écrivent avec deux « l » à « mil ». *Exemple : l'an deux mille dix-neuf.* L'ancienne formule qui voulait que « mil », dans ce cas, s'écrive avec un seul « l » est tombée en désuétude.

Quand on fait référence à **une décennie** ou à **une date historique** du **XXᵉ siècle**, on se limite aux deux derniers chiffres, et il n'y a pas d'apostrophe avant les deux chiffres.

Exemples : *« les années 70 »* ou *« les années 1970 »* ou *« les années soixante-dix ».*

Les périodes s'écrivent avec un trait d'union.

Exemple : le programme 2023-2024.

Les années-campagnes et **les années scolaires** s'écrivent avec une barre oblique.

Exemples :

- l'année scolaire 2021/2022 ;
- la campagne agricole 2000/2001.

F. — Les sommes d'argent et les indications budgétaires

On écrit les sommes d'argent en totalité en chiffres.

Toutefois, en présence d'importantes sommes d'argent et d'indications budgétaires, il est préférable de faire recours à *« million », « milliard ».*

Exemple : Cette société a *6 milliards de francs guinéens de chiffre d'affaires.*

Pour faciliter la lecture et la compréhension des indications budgétaires, il est recommandé de rester au niveau de l'unité appropriée jusqu'à trois décimales après la virgule et de descendre à l'unité inférieure au-delà de trois décimales.

Exemples :

- 2,345 milliards (et non pas : 2345 millions) ;
- 2345,6 millions (et non pas : 2,3456 milliards).

Il n'y a pas de point dans les nombres, les unités monétaires et les unités de mesure.

Exemple : 1 000 000 GNF.

G. — Les nombres précédant des unités de mesure ou évaluant une population

On écrit les nombres précédant des unités de mesure ou évaluant une population en chiffres.

Exemples : *280 tonnes d'arachides / 125 000 habitants.*

H. — Les autres nombres

Pour les nombres qui ne constituent pas des sommes d'argent, qui ne précèdent pas des unités de mesure ou qui n'évaluent pas une population, tels que durée et âge, il convient d'écrire en lettres.

Exemples : dix membres, *vingt mois, quinze ans.*

Toutefois, l'usage des chiffres est obligatoire dans les tableaux. Il est même utile pour aboutir à une présentation cohérente de données diverses au sein d'un même texte, en cas d'expressions fractionnées ou de nombres dépassant la centaine. Exemples :

- *5 ans 7 mois 9 jours 20 heures ;*
- *356 élèves.*

II. — LES CHIFFRES ROMAINS

A. — Le mode de calcul

Les chiffres romains se composent des sept signes suivants : I = 1 ; V = 5 ; X = 10 ; L = 50 ; C = 100 ; D = 500 ; M = 1 000.

Les chiffres identiques s'additionnent.

Exemples :

- *III (I + I + I, soit 1 + 1 + 1) = 3*
- *XX (X + X, soit 10 + 10) = 20*

NB : Les chiffres V (5), L (50) et D (500) ne sont jamais doublés. Dix s'écrit X (et non pas : VV). Cent s'écrit C (et non pas : LL), et mille s'écrit M (et non pas : DD).

Un même chiffre n'est pas répété plus de trois fois.

Un chiffre placé à droite d'un autre plus grand s'additionne à celui-ci.

Exemples :

- *LX (L + X, soit 50 + 10) = 60*
- *MDCLXVII (M + D + C + L +X + V + 2, soit 1 000 + 500 + 100 + 50 + 10 + 5 + 2) = 1 667*

Un chiffre placé à gauche d'un autre plus grand se soustrait à celui-ci.

Exemples :

- *CM (M – C, soit 1 000 – 100) = 900*
- *XC (C – X, soit 100 – 10) = 90*

NB : Un seul chiffre est soustrait de celui de droite.

Un chiffre placé entre deux chiffres plus grands se soustrait de celui de droite.

Exemples :

- *DCXL (D + C + L - X, soit 500 + 100 + 50 – 10) = 640*
(et non pas : 500 + 100 + 10 + 50 = 660)
- *LXIX (L + X + X – I, soit 50 + 10 + 10 – 1) = 69*
(et non pas : 50 + 10 + 1 + 10 = 71)

B. — L'utilisation des chiffres romains

L'utilisation des chiffres romains est de rigueur dans les cas ci-après :

- Les nombres qui suivent le **nom d'un souverain ou d'un pape.** Exemples **:** *le roi Hassan II, le pape Jean Paul II ;*
- Les indications de **siècles**. Exemple : *XXIe siècle ;*
- Les numéros **d'arrondissements.** Exemple : *le IIIe arrondissement ;*
- Les numéros de **congrès, salons, foires, olympiades.** Exemples : *la Ve Foire internationale de Conakry, le Xe Salon du livre ;*
- Les numéros **de régimes politiques, de dynasties**. Exemples : la IVe République française, la XIIe dynastie égyptienne ;
- Les numéros des **armées et** des **régions militaires,** des **flottes navales et aériennes**. Exemples : la IIe armée, la IVe région militaire, la IIe flotte aérienne ;

NB : Toutes les **autres subdivisions moins importantes** s'écrivent en chiffres arabes. Exemples : la 3e compagnie, le 4e bataillon ;

- Les années du **calendrier républicain.** Exemple : les soldats de l'an II.

Paragraphe 2 : L'écriture des nombres en lettres

Dans **les textes littéraires, poétiques, comptables et juridiques**, les nombres s'écrivent en toutes lettres, lorsqu'il s'agit de lever toute équivoque.

CHAPITRE II

LE BON USAGE DU FRANÇAIS

Une bonne rédaction des écrits de l'Administration et des textes normatifs suppose, avant tout, une bonne maîtrise de la langue française, notamment les points suivants : les caractères d'écriture, les connecteurs logiques, le bon usage des majuscules, les règles de féminisation des noms de métier, de fonctions, grade ou titre, quelques règles de grammaire, la nécessaire accentuation des majuscules, les principales difficultés de la langue française liées à certains mots et expressions, le mode d'écriture et la signification de certaines locutions latines, ainsi que quelques formes fautives à éviter.

SECTION 1 : LES CARACTÈRES D'ÉCRITURE

Le corps des textes administratifs et normatifs est toujours écrit en caractères romains.

Toutefois, les locutions ou numérotations latines vérifiées comme telles, les titres d'ouvrages, de journaux et les noms de bateaux sont présentés en italique.

Les numérotations latines (*bis, ter, quater* [...]) sont présentées en italique, sauf lorsqu'elles s'insèrent dans des numérotations déjà en italique, en tête d'articles rédigés ou insérés.

Exemple : *Article 3 bis.*

Les guillemets et les parenthèses s'écrivent avec le même caractère que le texte qu'ils encadrent : en romain si le texte est en romain ; en italique s'il est en italique.

Dans les textes rédigés en français, les guillemets sont français (« ») et non anglais (‘' ‘'), sauf s'il s'agit d'une citation dans une autre citation[3].

---

[3] Voir également ci-dessus la rubrique consacrée aux signes de ponctuation accessoires.

Les annonces de texte sont, chacune, suivie de deux points.

Exemples :

- ➢ *L'amende : « 20 000 GNF » est remplacée par l'amende : « 30 000 GNF » ;*
- ➢ *La date : « 5 mars 2024 » est remplacée par la date : « 31 mars 2024 ».*

Toutefois, on ne met ni point ni guillemets dans les expressions telles que :

- ✓ *L'amende de 20 000 GNF est remplacée par l'amende de 30 000 GNF ;*
- ✓ *La date du 5 mars 2024 est remplacée par la date du 31 mars 2024.*

Autrement dit, on n'écrit pas : *l'amende de « 20 000 GNF » ou la date du « 5 mars 2024 ».*

SECTION 2 : LES CONNECTEURS LOGIQUES

Les connecteurs logiques, encore appelés « mots de transition » ou « mots de liaison » et au Canada « marqueurs de relation », sont des mots ou locutions qui permettent de lier deux éléments d'une phrase ou deux phrases distinctes.

Ils peuvent être des conjonctions de coordination (et, mais, or, car […]), des conjonctions de subordination (parce que, de même que, ainsi que […]), des adverbes (premièrement, ensuite, cependant, finalement), des locutions adverbiales (en d'autres termes, c'est pourquoi, en définitive […]), des prépositions ou des prépositions + un groupe nominal (pour, en effet, grâce à, dans le but de […])

Ils servent à nuancer des propos, articuler des idées et structurer les discours en apportant des liens logiques au sein d'une même phrase ou entre des phrases.

Exemple : « *Je suis arrivé en retard à la cérémonie,* ***car*** *il y avait beaucoup d'embouteillages.* » Dans cette phrase, le connecteur logique « car » permet de créer un rapport de causalité entre les deux propositions formant la phrase. Pourquoi suis-je en retard ? — Parce qu'il y avait des embouteillages.

Cela dit, on distingue les principaux connecteurs logiques et les connecteurs logiques ayant un caractère particulier.

Paragraphe 1 : Les principaux connecteurs logiques

Selon les types de relation qu'ils marquent, les connecteurs logiques pourraient être classés conformément au tableau suivant.

TYPES DE RELATION	CONNECTEURS LOGIQUES
Addition, gradation	aussi (Utilisé en début de phrase, « aussi » exprime la conséquence au lieu de l'addition), d'ailleurs, de même, de plus, de surcroît, d'une part […] d'autre part, également, en outre, et, mais encore, non seulement […], mais sans compter que, par ailleurs, non seulement […], mais encore, puis, quant à, surtout, en plus de, d'autant plus que, puis, ainsi que, ensuite […] Exemple : *Il est gentil, attentionné, sportif.* ***En plus****, il est beau !*
Alternative	ou, soit […] soit, tantôt […] tantôt, ou […] ou, ou bien, seulement […], mais encore, l'un […] l'autre, d'un côté […] de l'autre côté, d'une part […] d'autre part […] Exemple : *Vaincre* ***ou*** *périr* !
But	à cet effet, à cette fin, afin de, de sorte que, en vue de, pour, pour que, dans le but de, dans l'intention de, avec l'idée de, dans l'espoir de […] Exemple : Madame *Sarata BALDÉ travaille dur et économise de l'argent* ***afin que*** *son fils puisse entrer à l'université.*
Cause	à cause de, car (ce mot n'est placé en début de phrase), comme, dans la mesure où, d'autant plus que, du fait que, en effet, en raison de, étant donné que, faute de, grâce à, non que, par, parce que, par suite de, puisque, sous prétexte que […] Exemple : *L'enfant pleure* ***parce que*** *son équipe préférée a perdu le match.*
Comparaison	à la façon de, à l'image de, ainsi que, aussi […] que, autant […] que, comme, conformément à, contrairement à, de même que + verbe à l'indicatif ou au conditionnel, moins […] que, plutôt […] que, tel que […]

	Exemple : *Il est rusé **comme** Leuk, le lièvre.*
Concession	bien que + subjonctif, certes … mais, pourtant, néanmoins, en dépit de + nom, quoique + subjonctif, malgré, même si, peut-être ou sans doute + inversion du sujet, en dépit de cela, quand même, au contraire, en fait, tout bien considéré, en réalité, n'empêche que, pour autant que, quoi qu'il en soit […] Exemple : ***Certes** vous êtes en droit de réclamer votre argent, **mais** je pense qu'il faut attendre quelques jours.*
Conclusion	à cette fin, ainsi, après tout, au fond, au total, au terme de l'analyse, aussi, dans ces conditions, en bref, en conclusion, en définitive, en dernier lieu, en dernière analyse, enfin, en guise de conclusion, en résumé, en somme, finalement, pour ces motifs, pour conclure, pour terminer, par ces motifs, somme toute, tout bien considéré, tout compte fait […] Exemple : *Au début, mon neveu pensait avoir raté l'examen, mais **finalement**, il l'a réussi.*
Conséquence	Ainsi (en début de phrase), au point que, c'est pourquoi, de façon à, de façon que, de là, de manière que, de sorte que, dès lors, d'où (+ nom), donc, en conséquence, par conséquent, par suite, si bien que, tellement + adjectif + que, à tel point que, de sorte que + subjonctif, aussi, partant, alors, conséquemment, en sorte que, de cette façon, de là, assez pour que […] Exemple : *Ce film faisait **tellement** peur **que** j'ai crié dans la salle sans le savoir.*
Disjonction	à moins que, excepté, hormis, ni, ou, sauf, sauf si, soit […] soit, mis à part […] Exemple : ***Excepté** ce point de désaccord, ce contrat aurait été signé depuis longtemps.*
Explication	à savoir, savoir, c'est-à-dire, car, soit, en effet, effectivement, de ce fait, c'est pourquoi, par conséquent, en conséquence, pour toutes ces

	raisons, aussi + inversion, ainsi, en revanche, du reste, étant donné que, puisque [...] Exemple : *Elle cause beaucoup de soucis à ses parents.* ***En effet****, elle manque de maturité.*
Généralisation	à tous égards, de façon générale, d'une manière générale, en tout cas, en tout état de cause [...] Exemple : ***D'une manière générale****, il y a eu plus de peur que de mal.*
Hypothèse, condition, supposition	• à condition que, pour peu que, pourvu que, à supposer que (+ subjonctif) ; • au cas où, quand bien même (+ conditionnel) ; • selon que (+ indicatif) ; • si (+ indicatif). Toutefois, lorsque la phrase introduite par « si » est conjuguée au passé, on utilise le conditionnel dans la proposition principale ; • à moins que, en admettant que, pour que, en supposant que, dans l'hypothèse où, à supposer que, dans le cas où, probablement, sans doute, si, apparemment, peut-être, éventuellement, en cas de [...] Exemples : ➢ *Prends un parapluie,* ***au cas où*** *il pleuvrait.* ➢ ***À supposer que*** *le temps le permette, nous irons ensemble à la plage demain soir.*
Illustration	avant tout, ainsi, notamment, en outre, entre autres, en particulier, c'est ainsi que, c'est le cas de, par exemple, à titre illustratif, comme [...] Exemple : *La Guinée est un beau pays.* ***À titre illustratif****, on y trouve des forêts denses, de nombreux cours d'eau, de la savane, des montagnes, des plaines, des collines et des plateaux, tous verdoyants, avec des populations réputées pour leur hospitalité.*
Liaison	alors, ainsi, aussi, d'ailleurs, en fait, en effet, de surcroît, de même, également, puis, ensuite, de plus [...]

	Exemple : *Vous dites que vous l'aimez.* ***Alors****, montrez-le.*
Opposition, restriction, concession	alors que, tandis que (ces deux locutions sont aussi valables pour exprimer la simultanéité), à l'inverse, au contraire, en revanche, quel (le) (+ verbe être + nom), cependant, toutefois, néanmoins, mais, pour sa part, or, pourtant, d'un autre côté, en dépit de, malgré, au lieu de, excepté, sauf, hormis, quoique, mis à part, ne […] que, en dehors de, à défaut de, uniquement, simplement, à l'exception de […] Exemple : *Le dessert était délicieux.* ***En revanche****, le café était imbuvable.*
Reformulation	en d'autres termes, autrement dit, c'est-à-dire […] Exemple : *Le présent guide prévoit une procédure type de contrôle et d'inspection de chaque catégorie de juridictions.* ***Autrement dit****, il se présente comme un outil fondamental d'autorégulation de l'appareil judiciaire.*
Structuration d'un discours, progression, classification, énumération	• D'abord/ensuite/puis/enfin ; • En premier lieu/en deuxième lieu/en dernier lieu ou en définitive ; • En premier lieu/en second lieu ; • Premièrement/deuxièmement, troisièmement ; • D'une part […] / d'autre part […] ; • Pour conclure […] ; • Dans un premier temps […] / dans un second temps […] Exemple : *Coupez* ***d'abord*** *le chocolat en petits morceaux. Versez* ***ensuite*** *300 g de farine dans un saladier.* ***Puis****, mélangez la farine avec du sel et de la levure.* ***Enfin****, mettez la plaque au four.*
Restriction	cependant, néanmoins, or, pourtant, toutefois […] Exemple : *Le temps est beau.* ***Cependant****, il faut rouler prudemment.*

Simultanéité	alors que, en même temps, tandis que [...] Exemple : « ***Tandis que*** *coups de poing trottaient,* *« Et que nos champions songeaient à se défendre,* *« Arrive un troisième Larron* *« Qui saisit Maître Aliboron. » (La Fontaine)*
Temporalité	quand, lorsque, comme, avant que, après que, alors que, dès lors que, tandis que, depuis que, en même temps que, pendant que, au moment où, pendant ce temps, dans le même temps, au fur et à mesure que, jusqu'à ce que, à présent, dans le passé, à l'avenir, au début, à la fin, après coup, depuis, jusqu'à présent, désormais [...] Exemple : ***Quand*** *il pleut, il faut prendre un parapluie ou s'abriter.*

Paragraphe 2 : Les connecteurs logiques particuliers

Certains connecteurs logiques présentent une certaine ressemblance, mais il ne faut pas les confondre. Tel est notamment le cas de : au moins/du moins, certainement/certes, en effet/en fait, enfin/finalement, par ailleurs/d'ailleurs, pourtant/cependant, néanmoins.

I. — Au moins/du moins

« Au moins » est concret. Il signifie « **au minimum** ».

Exemple : *Le montant de la facture s'élèvera au moins à 50 000 000 de francs guinéens.*

« Du moins » sert à atténuer ce qui précède.

Exemple : *Bakari n'est pas allé aujourd'hui à l'école, car il est malade. C'est, du moins, ce qu'a dit son père.*

II. — CERTAINEMENT/CERTES

« **Certainement** » signifie « *sûrement* ». Il est inséré dans la phrase.

Exemple : *Il va certainement réussir son examen, car il a beaucoup travaillé.*

« **Certes** » (langue soutenue) signifie « *il est vrai que* » et sert à concéder un élément. Il est suivi d'un terme exprimant l'opposition/la concession. « *Certes [...], mais* » en est la construction la plus fréquente.

Exemple : *Certes, les travaux ont été longs, mais le résultat en valait la peine.*

III. — En effet/en fait

« **En effet** » est souvent utilisé à l'écrit et permet d'expliquer plus précisément, de développer directement ce qui a été dit dans la phrase précédente. Il répond à la question « Pourquoi ? ».

Exemple : *Ce bélier m'a vraiment coûté cher. En effet, je l'ai acheté à 2 000 000 de francs guinéens.*

À l'écrit, ***« en fait »*** signifie « *en réalité* ».

Exemple : *Le maçon m'a rassuré que les travaux ne dureraient que deux mois. Mais en fait, ils ont duré quatre mois.*

NB : Ces mots ne sont pas à confondre avec « *de ce fait* », qui exprime la conséquence, tout comme « *c'est pourquoi* », « *par conséquent* ».

IV. — Enfin/finalement

À l'écrit, « **enfin** » permet de terminer une énumération ; il signifie « *pour finir* ».

Exemple : *Dans le cadre du transport en Guinée, nous parlerons d'abord des transports aériens, puis des transports terrestres, et enfin nous ferons une comparaison entre les deux.*

« **Finalement** », quant à lui, n'est pas neutre. Il signifie « *en fin de compte* », « *tout bien considéré* ». Il peut exprimer un retournement de situation.

Exemple : *Au début, je pensais que j'avais échoué à mon bac, mais finalement, je l'ai réussi.*

NB : Dans les écrits scientifiques, c'est « *enfin* » qu'il faut utiliser et non « *finalement* ».

V. — Par ailleurs/d'ailleurs

« **Par ailleurs** » est neutre et permet simplement d'ajouter une idée nouvelle. Il signifie « *d'autre part* », « *en outre* », « de plus », « *au-delà du sujet* ».

« **D'ailleurs** » n'est pas neutre. Il vient renforcer l'idée donnée juste avant. Il signifie à peu près *« du reste »*.

Exemple : *Il est vrai qu'il aime jouer au ballon. D'ailleurs, c'est assez normal puisque son père était un célèbre footballeur.*

NB : Pour les écrits scientifiques, il est préférable de ne pas utiliser le mot « d'ailleurs ».

VI. — POURTANT/CEPENDANT, NÉANMOINS

Contrairement aux mots « *cependant* » et « *néanmoins* », le mot **« pourtant »** n'est pas neutre pour l'opposition/concession. Il souligne, en effet, qu'une relation entre deux faits n'est pas logique.

Exemple : *Il se présente au concours de médecine. Pourtant, il s'évanouit à la vue du sang.*

SECTION 3 : LE BON USAGE DES MAJUSCULES

L'Académie française pose clairement les règles générales relatives à l'emploi de la majuscule en indiquant à quel moment on l'utilise et les caractéristiques des noms particuliers auxquels on l'applique. Mais auparavant, il convient de faire un constat.

Paragraphe 1 : Constat

« Les majuscules constituent un signe orthographique souvent utilisé sans discernement, parfois au goût du rédacteur. Or, les majuscules permettent de marquer des nuances, elles expriment des idées, mais aussi, elles constituent une marque du protocole que l'on peut ignorer [...] »[4].

Cependant, *« [leur] inflation [...] semble être une des caractéristiques de notre temps. On en met partout, à tout propos et naturellement hors de propos [...]. Toute une série de vocables se voient subitement ennoblis, déifiés, élevés à une dignité que rien ne semble justifier [...] »*[5].

Cela est d'autant plus vrai que très souvent, dans les documents officiels, des autorités administratives, politiques ou religieuses se désignent elles-mêmes notamment par les mots « *nous* », « *notre* » (pluriel de majesté), ignorant ainsi que la majuscule sert principalement à distinguer et non à honorer ou à ennoblir, et que son emploi est soumis à des règles strictes.

---

[4] Yolande Ferrandis cité par Meïssa DIAKHATÉ, op. cit., p. 86.

[5] Jacques Gandouin, cité par Meïssa DIAKHATÉ, ibid., p. 100.

Paragraphe 2 : Règle générale d'utilisation de la majuscule

Selon l'Académie française, on utilise la majuscule au début d'une phrase, après un point, un point d'exclamation, un point d'interrogation, des points de suspension ; ces derniers ne sont, toutefois, pas suivis de majuscule, s'ils sont utilisés à l'intérieur d'une phrase.

On utilise également la majuscule au début des noms propres et des acronymes. Les sigles s'écrivent avec des majuscules.

De même, on utilise la majuscule au début d'un alinéa ne commençant pas par un tiret, d'une note en bas de page et de chaque vers ou verset en poésie ou lorsqu'il s'agit d'un titre.

En outre, si un mot, qui est habituellement un nom commun et qui s'écrit donc normalement avec une minuscule, peut aussi prendre une majuscule, il acquiert ainsi une signification bien particulière. On parle dans ce cas de **« nom propre par occasion »** (par opposition aux « noms propres par essence ») et de **« majuscule de signification »**.

Exemples :

- l'État (territoire + population + gouvernement) ;
- l'Église (institution, ensemble du clergé et de ses fidèles) ;
- la Bourse (lieu du marché financier);
- l'Histoire (évolution globale de l'humanité) ;
- la Révolution (au sens absolu : la Révolution bolchévique) ;
- la Résistance (mouvement qui s'opposait à l'occupation nazie pendant la Seconde Guerre mondiale).

Paragraphe 3 : Quelques noms particuliers s'écrivant avec une majuscule

En application des règles générales édictées par l'Académie française à propos de l'emploi de la majuscule et de la minuscule, il convient d'écrire conformément aux indications ci-dessous.

I. — Les mots « Administration » et « État »

Selon qu'ils sont écrits avec une majuscule ou une minuscule, les concepts « Administration » et « État » ont, chacun, des sens différents.

C'est ainsi que le mot « Administration » (avec ''A'' majuscule) fait référence au point de vue organique et vise l'ensemble des organes qualifiés d'administratifs, alors que le mot « administration » (avec ''a'' minuscule) fait référence au point de vue fonctionnel et vise l'administration (des biens, par exemple) en tant qu'ensemble d'activités.

Des raisons de convenances administratives font également que le mot « État » (avec ''E'' majuscule) désigne une personne morale de droit public, constituée d'un territoire et d'une population soumis à un pouvoir politique et que le même mot (avec ''e'' minuscule) renvoie à la notion de statut, de situation juridique ou d'état civil.

II. — Les adeptes d'une religion, d'un mouvement politique, d'une doctrine ou École philosophique, de mouvements littéraires ou artistiques

Ceux-ci s'écrivent avec une minuscule.

Exemples : *les musulmans, les catholiques, les juifs* (mais ce dernier mot s'écrit avec une majuscule quand il désigne une personne descendant de l'ancien peuple d'Israël), *les maoïstes, les trotskistes, les marxistes, les centristes.*

III. — L'adjectif qualificatif intimement lié au nom et faisant corps avec lui

L'adjectif qualificatif s'écrit avec une lettre majuscule quand il est intimement lié au nom et fait corps avec lui ; il est alors rattaché à ce nom par un trait d'union.

Exemples : *la Grande-Bretagne, les États-Unis d'Amérique, le Cap-Vert, les Nouvelles-Hébrides, le Saint-Père, la Guinée-Forestière, la Moyenne-Guinée, la Basse-Guinée, la Haute-Guinée, la Maison-Blanche.*

Toutefois, dans l'expression « Saint-Père », l'adjectif qualificatif s'écrit avec une lettre minuscule lorsqu'il désigne le saint lui-même : *saint Pierre, saint Paul*, sans trait d'union, en plus.

IV. — L'adjectif qualificatif relatif à un terme géographique

L'adjectif qualificatif prend seul la majuscule quand il qualifie un terme géographique auquel il n'est pas rattaché par un trait d'union.

Exemples : *l'océan Atlantique, la mer Méditerranée ;* mais employé isolément, « océan » prend une majuscule *: il traverse l'Océan.*

V. — Les noms de lieux

Pour les noms de lieux, en particulier, l'article défini contenu dans ceux-ci obéit aux mêmes règles d'accord, de morphologie et d'élision que celui des noms communs. Ainsi, on écrit « du Havre » et non « de Le Havre », par exemple.

VI. — Des noms servant à désigner les grades

Les noms servant à désigner les grades s'écrivent toujours en lettres minuscules. Exemples : le général Lansana CONTÉ, le général de Gaule, le colonel Muhammar Kadhafi.

VII. — Les noms servant à désigner des fonctions

Les noms servant à désigner les fonctions s'écrivent toujours en lettres minuscules.

Exemples : *conseiller, juge, ministre, premier président, avocat général, président, procureur général, procureur de la République, préfet, gouverneur, haut-commissaire. Mais on écrit : « le Haut-Commissariat des Nations unies pour les réfugiés ».*

Toutefois, ''*Président de la République*'' et ''*Premier ministre*'' commencent par une lettre majuscule.

De même, quand on s'adresse à une personne par écrit, le terme de civilité est écrit en entier et avec une majuscule.

Exemples : *Monsieur, Madame, Mademoiselle, Monseigneur, Maître, Docteur.*

Dans une correspondance, on utilise la majuscule de courtoisie ou de déférence dont l'absence pourrait étonner le destinataire, surtout s'il s'agit d'un supérieur hiérarchique.

Exemples : Monsieur le Premier Ministre, Monsieur le Ministre, Monsieur le Directeur national des Travaux publics.

VIII. — Les organismes administratifs ou juridictionnels et autres organismes publics

A.— Règle générale

Lorsqu'une institution administrative, juridictionnelle ou un autre organisme public est unique dans le pays, la majuscule est obligatoire pour le premier mot, l'adjectif éventuel qui le précède et les noms propres qui le suivent.

Exemples :

— *le Gouvernement,*
— *la Cour suprême,*
— *l'Assemblée nationale,*
— *le Parlement,*
— *l'Institution nationale indépendante des droits de l'homme,*
— *la Cour constitutionnelle,*
— *le Journal officiel de la République,*
— *la Cour des comptes,*
— *la Cour de cassation française,*
— *la Haute Cour de Justice,*
— *le Conseil national de la Transition.*

Les substantifs désignant le portefeuille d'un ministre doivent être écrits avec une majuscule, tandis que l'adjectif qui les suit reste en minuscule. Cette règle s'applique aussi aux expressions, telles que « [...] *ayant* [...] *dans ses attributions* ».

Exemples :

➢ *le ministère de l'Économie et des Finances ;*

➢ *le ministre ayant la Santé et l'Hygiène publique dans ses attributions ;*

➢ *le portefeuille du Budget.*

Lorsque plusieurs organismes similaires existent, seule la partie spécifique (nom propre ou de spécialisation) prend la majuscule.

Exemples :

— le m*inistère de la Justice et des droits de l'homme ;*
— *le ministre de la Santé et de l'Hygiène publique ;*
— *la cour d'appel de Conakry ;*
— *la justice de paix de Tougué ;*
— *la préfecture de Mali ;*
— *la région administrative de Kankan ;*
— *le tribunal de première instance de Dixinn ;*
— *le lycée Kissi Kaba Kéita de Kissidougou ;*
— *la brigade de gendarmerie de Faranah ;*
— *le commissariat de police de Kénien.*

De même, les noms communs doivent être écrits en minuscule. Exemples :

— *le **m**inistère,*
— *le **m**inistre,*
— *la **c**our d'**a**ppel,*
— *la **j**ustice de paix,*
— *le **l**ycée,*
— *la **b**rigade de **g**endarmerie (sans autre précision),*
— *le **c**ommissariat de **p**olice (sans autre précision).*

Les décrets et autres textes officiels doivent respecter une casse standard. Exemple : « *le **d**écret n° 2024 – 017/PRG/CNRD/SGG du 17 janvier 2024 portant nomination des magistrats* », puisqu'il existe bien d'autres décrets.

B. — Particularité en Guinée

En Guinée, il est courant d'écrire le nom des organismes administratifs, juridictionnels et autres entités publiques avec une majuscule au premier mot, même si des entités similaires existent. Cette pratique s'applique particulièrement aux concepts uniques.

Exemples :

— « *la Brigade de Gendarmerie de Coléah* »,
— « *le Commissariat central de Police de Kaloum* »,
— « *le Groupe scolaire privé ''La Réussite'', Démoudoula, commune de Ratoma, Conakry* ».

Cette pratique s'explique par l'unicité de ces entités au sein du pays. Une codification claire pourrait être établie dans un texte normatif de référence formulant cette règle ainsi qu'il suit :

> « *Le nom d'un organisme administratif, juridictionnel ou autre organisme public, lorsqu'il désigne un concept unique dans le pays, est assimilé à un nom propre et s'écrit avec une majuscule au premier mot, ainsi qu'aux noms propres ou de spécialisation qui suivent celui-ci.* »

Ainsi, on écrira :

— le ***M**inistère de la **J**ustice et des droits de l'homme,*
— *la **C**our d'appel de Conakry,*

— *la **J**ustice de paix de Tougué ;*
— *la **P**réfecture de Mali ;*
— *la **R**égion administrative de Kankan ;*
— *le **T**ribunal de première instance de Dixinn ;*
— *le **L**ycée Kissi Kaba Kéita de Kissidougou ;*
— *la **B**rigade de **G**endarmerie de Kollet (Tougué) ;*
— *le **C**ommissariat de **P**olice de Kénien*[6].

Par analogie, on écrira la première lettre d'un texte normatif (loi, décret, arrêté, décision) en majuscule si ce texte est régulièrement enregistré.

Exemple : le ***D**écret n° 2024 – 017/PRG/CNRD/SGG du 17 janvier 2024 portant nomination des magistrats* (s'il est vrai qu'il existe plusieurs décrets, il n'en demeure pas moins vrai que celui portant le numéro 017 du 17 janvier 2024 est unique en Guinée).

Mais on écrira : « *le **d**écret du 17 janvier 2024* » (il n'est pas, en effet, évident que ce soit le seul décret à avoir été publié le 17 janvier 2024).

IX. — LES TERMES DU VOCABULAIRE ADMINISTRATIF

La plupart des termes du vocabulaire administratif s'écrivent avec une minuscule lorsqu'il ne s'agit pas de concepts ayant une organisation propre. Exemples : *acte d'adhésion, budget, commission, conférence de presse, institution, programme, sommet (par exemple, de la Cedeao), autorité budgétaire, conseil d'administration, livre blanc, livre vert, règlement, statut.*

X. — LES TERMES DE CIVILITÉ

Les termes de civilité peuvent être abrégés quand ils sont suivis du titre ou du nom des personnes dont on parle.

Exemples : *M., MM. pour monsieur, messieurs ; M^{e}, M^{es} pour maître, maîtres ; Mlle, Mlles pour mademoiselle, mesdemoiselles ; Mme, Mmes pour madame, mesdames.*

[6] *Le caractère gras, utilisé à la première lettre des concepts cités ici en exemple, l'est simplement pour attirer l'attention ; il n'est pas prévu dans la règle en question.*

XI. — Les jours de la semaine et les mois

Les jours de la semaine et les mois s'écrivent en lettres minuscules.
Exemples : *janvier, février, lundi, mardi.*

XII. — Les noms des fêtes légales

Les noms des fêtes légales prennent une majuscule.
Exemples : *Deux Octobre, Huit Novembre, Trois Avril, la Tabaski, Lundi de Pâques, Huit Mai, l'Ascension, la Saint-Sylvestre.*

XIII. — Les noms des ordres civils, militaires ou religieux et les distinctions civiles et militaires

Les noms des ordres civils, militaires ou religieux et les distinctions civiles et militaires prennent une majuscule au mot caractéristique ; mais l'adjectif qu'ils comporteraient s'écrit toujours en minuscules.
Exemple : *l'ordre national du Mérite.*

XIV. — Le nom entrant dans le libellé d'un parti politique, d'un syndicat ou d'une association aux statuts déposés

Le nom qui entre dans le libellé d'un parti politique, d'un syndicat ou d'une association aux statuts déposés prend une majuscule.
Exemples : *le Parti démocratique de Guinée, l'Union des Forces démocratiques de Guinée, l'Union des Forces républicaines, la Confédération nationale des Travailleurs de Guinée, l'Association des magistrats de Guinée.*

XV. — Les noms liés à la nationalité, au continent et aux ethnies

Les noms liés à la nationalité, au continent et aux ethnies prennent une majuscule.
Exemples : *un Guinéen, un Sénégalais, un Africain, un Français, un Sarakolé, un Guerzé, un Bambara, un Peul, un Malinké, un Soussou, un Anglo-Saxon, un Indo-Européen.*
Toutefois, pris adjectivement, ces noms s'écrivent avec une minuscule.
Exemples : *le peuple guinéen, l'ethnie toma, la langue kissi.*

NB : Les dérivés de ces noms prennent une minuscule, lorsqu'ils désignent une langue ou qu'ils sont adjectifs.

Exemples : *J'ai appris l'anglais / Sa mère est d'origine sénégalaise.*

Les noms qui désignent des groupes humains par la couleur de leur peau s'écrivent avec une majuscule.

Exemples : *les Noirs, les Blancs.*

XVI. — LES NOMS DE POINTS CARDINAUX SANS COMPLÉMENT DE LIEU

Les noms de points cardinaux sans complément de lieu s'écrivent avec une majuscule. Exemples : *l'Est, l'Ouest, il vient du Nord.*

Mais, suivis d'un complément de lieu, ils s'écrivent avec une minuscule. Exemple : *le sud du pays.*

De même, employés dans le sens de direction, ils s'écrivent avec une minuscule.

Exemple : *Le vent souffle de l'ouest.*

De même, les noms composés de points cardinaux s'écrivent avec une minuscule.

Exemples : *le nord-ouest, le sud-est.*

XVII. — LES NOMS DE SOCIÉTÉS, ENTREPRISES, ASSOCIATIONS, CENTRES, COMITÉS, COMPAGNIES, ÉTABLISSEMENTS, INSTITUTS ET ORDRES PROFESSIONNELS

Pour les noms de sociétés, entreprises, associations, centres, comités, compagnies, établissements, instituts et ordres professionnels, seul le premier mot faisant partie de la raison sociale et, éventuellement, les adjectifs qui le précèdent et les noms propres s'écrivent avec une lettre majuscule.

Exemples : *la société Électricité de Guinée, l'imprimerie Patrice Lumumba, l'Association des magistrats de Guinée, le Centre de formation judiciaire, le Comité national de lutte contre le SIDA, la compagnie Air-Afrique, le Barreau de Guinée, l'Institut polytechnique Gamal Abdel Nasser.*

Si ce premier mot est un article ou un adjectif, le nom qui suit porte également la majuscule.

Exemple : *la Haute-Guinée.*

Toutefois, les adjectifs que les noms de ces entités comportent s'écrivent toujours avec une minuscule.

Exemple : *le Programme alimentaire mondial.*

XVIII. — LES MOTS « SOCIÉTÉ », « ASSOCIATION » ET AUTRES

Les mots « société », « association » et autres, qui sont par nature des noms communs, ne sont pas nécessairement compris dans la raison sociale et s'écrivent avec une minuscule.

Exemple : *l'association Les Amis de la nature.*

XIX. — LES NOMS DE SOCIÉTÉS DONT LA RAISON SOCIALE RELÈVE D'UNE LANGUE ÉTRANGÈRE

Pour les sociétés dont la raison sociale relève d'une langue étrangère, on met entre guillemets l'intitulé étranger, dont chacun des mots communs prend une majuscule.

Exemple : *la société « National Insurance Company ».*

XX. — LES TERMES AYANT EN COMMUN UN NOM GÉNÉRIQUE COMME CAP, ÎLE, LAC, MASSIF, MONT

Avec un nom commun générique comme *cap, île, lac, massif, mont,* les deux termes (généralement un nom et un adjectif) qui suivent prennent une majuscule et sont liés par un trait d'union.

Exemples :

- *Le cap de Bonne-Espérance ;*
- *Les îles du Cap-Vert ; mais on écrit : « le cap Vert » (cap de l'ouest du Sénégal) ;*
- *Le massif du mont-blanc ; mais on écrit : « le mont Blanc (sommet le plus élevé des Alpes).*

XXI. — LES NOMS D'INSTITUTIONS COMPORTANT UN ADJECTIF SUBSTANTIVÉ

Pour les institutions, même si l'adjectif substantivé « *haut* » est fréquemment lié au substantif qui le suit par un trait d'union, il ne faut pas en mettre un dans les noms d'institutions.

Exemple : *Le Haut Conseil de la francophonie.*

Exceptions : *haut-commissariat ; haut-commissaire.*

XXII. — Les noms des établissements publics

Les noms des établissements publics prennent une minuscule à la désignation (abbaye, aéroport, gare, lycée, université, etc.), mais des majuscules et des traits d'union au nom propre qui suit.

Exemples :

- *L'abbaye du Mont-Saint-Michel ;*
- *Le lycée Louis-le-Grand.*

XXIII. — Les sigles et acronymes : points communs et différence

Les sigles et acronymes des organismes et institutions s'écrivent en lettres majuscules collées, c'est-à-dire non séparées par des points.

Exemples :

- *la Confédération nationale des travailleurs de Guinée (CNTG) ;*
- *l'Union africaine (UA) ;*
- *l'Organisation des Nations Unies (ONU) ;*
- *la compagnie Air Afrique ;*
- *l'Observatoire national de la démocratie et des droits de l'homme (ONDH) ;*
- *l'École nationale d'administration et de magistrature (ENAM) ;*
- *l'Organisation des pays exportateurs de pétrole (OPEP).*

NB : Il ne faut pas confondre « sigle » et « acronyme ».

Les lettres qui constituent **le sigle** se prononcent toutes séparément.

Exemples : *CNTG, ONDH.*

L'acronyme, quant à lui, est un sigle qui se prononce comme un mot ordinaire.

Exemples : *ONU, ENAM, OPEP.*

« Sigle » et « acronyme » ont des points communs, à savoir :

- ✓ Ils s'écrivent sans points abréviatifs. Exemples : CNTG, ONDH, ONU, ONU, ENAM, OPEP, Unesco, Credila ;
- ✓ Ils ne prennent pas d'accent ;
- ✓ L'article qui les précède s'accorde en genre et en nombre avec le premier mot ;
- ✓ S'ils commencent par une voyelle, il y a élision (L') ;
- ✓ Ils ne prennent jamais la marque du pluriel. Exemple : *les ONG* (sans « s » à la fin).

La différence entre « sigle » et « acronyme », c'est que :

- Le sigle s'écrit toujours avec des majuscules, quel que soit le nombre de lettres qui le composent ;

➢ L'acronyme s'écrit, lui aussi, avec des majuscules, mais jusqu'à cinq lettres au plus. Au-delà de cinq lettres, seule la première lettre s'écrit en majuscule.

Exemples : *l'Unesco, la Cedeao* (sans accent), *la Licross (Ligue des sociétés de la Croix-Rouge et du Croissant-Rouge), le Credila (Centre de Recherche, d'Étude et de Documentation sur les Institutions et les Législations africaines).*

XXIV. — LES TITRES HONORIFIQUES OU PROFESSIONNELS

Les titres honorifiques ou professionnels prennent une majuscule.

Exemples :

- ➢ *Son Excellence Monsieur l'Ambassadeur ;*
- ➢ *Monsieur le Président ;*
- ➢ *Monsieur le Préfet ;*
- ➢ *Monsieur le Gouverneur.*

Le mot **''président''** prend une minuscule quand celui auquel il s'applique a valeur de désignation commune.

Exemples :

- ➢ *Le président du Tribunal de première instance de Kaloum ;*
- ➢ *Le président-directeur général de la société Africom-Zaïre.*

Mais il prend une majuscule dans une acception honorifique. Exemples :

- ➢ *Monsieur Thiam, Président du Tribunal de première instance de Kaloum ;*
- ➢ *Monsieur Ahmadou Sadio Diallo alias Diallo Cravate, Président-directeur général des sociétés Africom-Zaïre et Afrontainers-Zaïre.*

Les titres honorifiques *Sa Majesté, Sa Sainteté, Son Excellence,* que l'on retrouve dans les formules de courtoisie ou d'appel (*Votre Majesté* pour un souverain, *Votre Altesse* pour un prince, *Votre Sainteté* pour le Pape, *Votre Excellence* pour un Chef d'État) s'écrivent avec une majuscule.

XXV. — LES MOTS « NATION » ET « RÉPUBLIQUE »

Les mots « **Nation** » **et** « **République** » s'écrivent avec une lettre majuscule.

Exemples :

- *La Nation arabe ;*
- *Le procureur de la République.*

XXVI. — Les codes (textes législatifs) et conventions internationales

On écrit avec une lettre majuscule *le Code civil, le Code pénal, le Code électoral, le Code de procédure pénale, la Loi fondamentale, la Constitution, la Déclaration universelle des droits de l'homme et du citoyen.*

XXVII. — Les noms communs servant à désigner un organisme ou une institution

Les noms communs servant à désigner un organisme ou une institution s'écrivent avec une majuscule, dite « **majuscule de signification** ».

Exemples : *l'Administration, les Assises, la Bourse, la Faculté - mais, la faculté de Droit, la Cour - mais, la cour d'appel, le Parquet, la Partie - requérante ou requise - en matière d'extradition, l'Église, l'État, la Résistance, la Seconde Guerre mondiale, la Révolution.*

XXVIII. — Les noms de pactes, de traités, de conventions, d'accords, etc.

Ceux-ci prennent une minuscule lorsqu'ils se réfèrent à un lieu géographique ou s'ils sont suivis d'un nom propre.

Exemples :

- ✓ *la convention de Lomé,*
- ✓ *le traité de Lisbonne ;*
- ✓ *le plan Marshall ;*
- ✓ *le pacte de Varsovie.*

Ils prennent une majuscule lorsqu'ils sont suivis d'un substantif ou d'un adjectif.

Exemples :

- *le Pacte international des droits civils et politiques ;*
- *le Traité de non-prolifération des armes nucléaires ;*
- *la Convention sur l'élimination de toutes les formes de discrimination à l'égard des femmes ;*
- *le Plan des Nations-Unies de lutte antidrogue.*

XXIX. — La désignation des personnes

Conformément aux dispositions de l'article 28, alinéa 3, du Code civil, pour l'appellation des personnes, le ou les prénoms précèdent obligatoirement le nom patronymique.

En outre, pour l'écriture de l'appellation « Prénoms NOM » et afin de remédier à l'hétérogénéité des pratiques, le vocable « prénoms » s'écrit en minuscule, tandis que le nom de famille s'écrit en lettres majuscules.

Exemples : Amadou SAGNANE, Ibrahima Kalil DIAKITÉ, Siriman KOUYATÉ, Hassane I DIALLO, Abdoul Karim BARRY, Baïla DIALLO.

Section 4 : La féminisation des noms de métier, de fonctions, grade ou titre

En Guinée, il n'existe pas encore de document officiel au sujet de la féminisation des noms de métier, fonction, grade ou titre. Cependant, la féminisation des titres et fonctions est entrée dans les mœurs, aussi bien dans les médias que dans le langage courant.

Cette féminisation implique l'utilisation d'un déterminant féminin, tel que « la », « une » et « cette » pour les désignations simples comme pour les désignations complexes.

Exemples :

- *la députée ;*
- *une juge ;*
- *une agente de change ;*
- *la fondée de pouvoir.*

La féminisation pour les noms de métier, de fonction, de grade ou de titre varie selon que le nom au masculin est terminé par une voyelle ou une consonne.

Pour les noms masculins se terminant par « e », la forme féminine est identique à la forme masculine. C'est la forme épicène.

Exemples : *une architecte, une cadre, une capitaine, une commissaire, une diplomate, la Garde des Sceaux, une gendarme, une géologue, une interne, une juge, une ministre.*

Pour les noms se terminant au masculin par une consonne, le féminin se construit par l'adjonction d'un « e » à la fin. Exemples : une adjointe, une agente, une avocate, une cheminote, une commise, une consule, une consultante, une écrivaine, une générale, une intendante, une lieutenante, une magistrate, une présidente, une sergente, une substitute.

Dans ce dernier cas, le féminin se construit également, avec d'éventuelles modifications graphophoniques qui obéissent aux lois morphologiques de la langue, par :

- le doublement de la dernière consonne. Exemples : une chirurgienne, une colonelle, une doyenne ;
- la modification de la dernière consonne. Exemple : une syndique ;
- l'ajout d'un accent grave sur la dernière voyelle. Exemples : une bâtonnière, une conseillère, une greffière, une huissière, une menuisière, une officière, une préfète, une sommelière.

Toutefois, la solution de l'épicène est retenue pour les quelques rares cas dont la féminisation est sentie comme difficile. Exemples : une chef, une clerc, une témoin.

Pour les noms masculins se terminant par « eur », la forme féminine se construit par le remplacement de la particule « eur » par « euse ». Exemples : une annonceuse, une chercheuse, une démarcheuse.

Pour les noms issus du latin, la forme féminine est identique à la forme masculine.

Exemples :

- *une assesseur ; une censeur ; une commandeur ;*
- *une entrepreneur ; une gouverneur ; une ingénieur ;*
- *une professeur ; une proviseur.*

SECTION 5 : QUELQUES RÈGLES DE GRAMMAIRE

Paragraphe 1 : L'adjectif qualificatif

I. — L'ACCORD DE L'ADJECTIF QUALIFICATIF

A— Généralités

L'adjectif qualificatif s'accorde en genre (masculin ou féminin) et en nombre (singulier ou pluriel) avec le nom ou le pronom auquel il se rapporte.

Exemples :

- un beau garçon ; de beaux garçons ;

- une belle fille ; de belles filles.

B— Quelques cas particuliers

Avec **un nom dit « collectif »,** tels qu'une foule de […], une masse de […], un groupe de […], une multitude de […], une bande de […], suivi d'un complément, l'accord de l'adjectif qualificatif se fait comme suit :

✓ **Quand le nom collectif est précédé d'un article indéfini (un, une),** l'accord du verbe peut se faire aussi bien au singulier qu'au pluriel, même si ce dernier est le plus fréquent.

Exemples :

- *Une foule de grévistes envahit les rues ;*
- *Une foule de grévistes envahissent les rues.*

✓ **Quand le nom collectif est précédé d'un article défini (le, la), d'un adjectif démonstratif (ce, cet, cette) ou d'un adjectif possessif (mon, ton, son),** l'insistance porte généralement sur la globalité, et le verbe se conjugue au singulier.

Exemples :

- *La foule de grévistes envahit les rues ;*
- *La foule de grévistes est satisfaite.*

Dans **les noms joints** par ***comme, ainsi que, avec, tout comme***, le verbe s'accorde avec les deux termes qui précèdent si ceux-ci ne sont pas séparés par des virgules.

Exemple : *Le lion comme le tigre sont puissants (sans aucune virgule).*

Mais si le deuxième nom est placé entre virgules, l'accord se fait seulement avec le premier nom.

Exemple : *Le lion, comme le tigre, est puissant.*

Après **deux ou plusieurs noms unis par la conjonction de coordination « et »,** quand l'adjectif se rapporte uniquement au nom qui le précède, il s'accorde avec ce dernier.

Exemples :

- *La santé et l'hygiène publique ;*
- *L'emploi et la fonction publique ;*
- *Le Gouvernement et la force publique.*

Mais dans une énumération où l'adjectif se rapporte à deux ou plusieurs noms unis par la conjonction « et », il s'accorde en genre et en nombre avec ces noms.

Exemple : *Voici un père, un fils et un petit-fils vraiment gentils.*

Si deux noms sont unis par la conjonction « ni », l'accord du verbe se fait au singulier si l'idée de disjonction domine.

Exemple : *Ni la sœur ni le frère n'est premier de la classe.*

NB : Seulement un des deux peut être premier de la classe. En outre, le nom masculin est cité en dernier.

Cependant, si l'idée de jonction prévaut, le verbe se conjugue au pluriel.

Exemple :

- *Ni la sœur ni le frère ne sont venus.*

NB : Ils pourraient venir tous les deux.

Lorsque des noms sont séparés par la conjonction « ou » et que l'un des mots exclut l'autre, l'adjectif s'accorde avec le dernier nom. Mais quand l'adjectif se rapporte à tous les noms, il prend la marque du pluriel, et le masculin prime le féminin.

Exemple :

- *El Hadj Abdoul Karim BARRY préfère manger une cuisse de poulet ou du haricot bien cuits.*

Après un titre de noblesse au féminin comme majesté, excellence, altesse, éminence, l'adjectif se met toujours au féminin, même s'il s'agit d'un homme.

Exemple :

- *Sa Majesté est prête à vous recevoir.*

Cependant, si le titre est suivi d'un nom mis en apposition, l'adjectif s'accorde avec le genre du nom auquel il se rapporte.

Exemples :

- *Sa Majesté le roi est prêt à vous recevoir ;*
- *Sa Majesté la reine est prête à vous recevoir.*

Quand l'adjectif se rapporte à un nom suivi d'un complément, c'est le sens qui détermine l'accord. On distingue trois cas de figure :

- L'adjectif se rapporte au nom.

Exemple : *Des fautes d'orthographe faciles à éviter (ce sont les fautes qui sont faciles à éviter) ;*

- L'adjectif se rapporte au complément.

Exemple : *Un groupe de fourmis noires.*

- L'adjectif se rapporte indistinctement au nom ou au complément.

Exemples :

- *Des portemonnaies de cuir brun ;*
- *Des portemonnaies de cuir bruns.*

Les participes adjectifs ***approuvé, attendu, excepté, supposé, vu, sauf, passé, et non compris*** sont invariables s'ils précèdent le nom ou en tête de phrase.

Exemple : *Tout le monde est admis, excepté ces chômeurs.*

Mais placés après le nom, ils s'accordent.

Exemple : *Tout le monde est admis, ces chômeurs exceptés.*

Avec **un nom au pluriel accompagné de plusieurs adjectifs**, c'est le sens qui détermine l'accord des adjectifs.

Exemples :

- *Les peuples malien et libérien (il y a un seul peuple malien et un seul peuple libérien) ;*
- *Les villes ivoiriennes et ghanéennes (il y a plusieurs villes ivoiriennes et plusieurs villes ghanéennes).*

Pour ce qui est **des adjectifs de couleur**, il faut distinguer plusieurs cas.

Les adjectifs de couleur employés seuls s'accordent en genre et en nombre au nom auquel ils se rapportent.

Exemple : *Des feuilles vertes.*

Les noms employés comme adjectifs de couleur sont invariables.

Exemples :

- *Des yeux marron ;*
- *Des rayures marine.*

Cependant, certains noms, qui sont considérés comme de véritables adjectifs, prennent la marque du pluriel.

Exemples : *écarlate, incarnat, mauve, pourpre et rose.*

Les adjectifs composés ou apportant une idée de nuance sont également invariables. Le trait d'union est obligatoire entre deux véritables adjectifs de couleur.

Exemples :

- *Des chemises bleu clair ;*
- *Des pull-overs jaune orangé.*

NB : Dans une description contenant **deux ou plusieurs adjectifs juxtaposés**, ces derniers sont invariables quand la chose décrite est constituée de deux ou plusieurs couleurs.

Exemples :

- *Des drapeaux portugais, vert et rouge ;*
- *Des vaches noir et blanc (chaque vache est, à la fois, noire et blanche) ;*

- *Des vaches noires et blanches (cela signifierait qu'il y a des vaches noires et des vaches blanches et qu'il n'y a donc pas ici de juxtaposition d'adjectifs).*

Avec le pronom indéfini « on », l'accord de l'adjectif se fait au masculin singulier.

Exemple : *Quand on est jeune, on est insouciant.*

Mais si « on » équivaut à un pluriel, l'adjectif s'accorde en genre et en nombre au sujet que remplace le pronom « on ».

Exemple : *Mon ami et moi, on est prêts (mon ami et moi = nous = pluriel).*

Pour **« ci-annexé »**, **« ci-inclus »** et **« ci-joint »**, il faut faire la distinction suivante.

Ces locutions adjectives s'accordent en genre et en nombre quand elles viennent après le nom ou quand elles précèdent le nom accompagné d'un déterminant (article, adjectif démonstratif, possessif, indéfini ou numéral).

Exemples :

- *Je vous prie de me garder les documents ci-joints ;*
- *Vous voudrez bien trouver ci-jointes des copies corrigées.*

Cependant, elles sont invariables si elles sont placées en tête de phrase ou quand, dans le corps de la phrase, elles précèdent directement un nom et ne sont pas suivies d'un déterminant (article, adjectif démonstratif, possessif, indéfini ou numéral).

Exemples :

- *Ci-joint copie de la lettre ;*
- *Je vous fais tenir ci-joint copie de la lettre.*

L'adjectif **« demi »** prend l'accord ou est invariable suivant la place qu'il occupe.

Placé après un nom, « demi » devient « et demi » ; il peut prendre la marque du féminin, mais jamais celle du pluriel.

Exemples :

- *Dix kilogrammes et demi ;*
- *Trois heures et demie.*

Mais : « Midi et demi », « minuit et demi ».

Cependant, placé devant un nom ou un adjectif, « demi » est invariable et toujours suivi d'un trait d'union.

Exemples :

- *Des demi-heures ;*
- *Ces gaillards sont des demi-fous.*

NB : Dans la construction « à demi », « demi » est aussi invariable ; il prend un trait d'union devant un nom, mais pas devant un adjectif.

Exemples :

- *Il parlait à demi-mot ;*
- *Elles sont à demi mortes de fatigue.*

II. — La place de l'adjectif qualificatif

Il n'y a pas de règle absolue quant à la place de l'adjectif qualificatif par rapport au nom auquel il se rapporte. Cependant, en cas de doute, il y a lieu de se référer aux règles présentées ci-après.

NB : Placés avant le nom, ces adjectifs ont une valeur plutôt affective ; placés après le nom, ils ont une valeur plutôt objective et expriment un fait.

A. — Les adjectifs se plaçant avant le nom

1° Les adjectifs plus courts que le nom

Exemples :

- *un bref séjour ;*
- *un beau paysage.*

2° Les adjectifs employés au sens figuré

Exemples :

- *un brillant succès ;*
- *de mûres réflexions.*

3° Les adjectifs exprimant des qualités naturelles d'une personne ou d'une chose

Exemples :

- *un fidèle ami ;*
- *une remarquable performance.*

B. - Les adjectifs se plaçant après le nom

1° Les adjectifs plus longs que le nom

Exemples :

- *un site admirable ;*

➢ *un garçon merveilleux.*

2° Les adjectifs désignant des particularités concrètes ou visibles

Exemples :
➢ *une femme énergique ;*
➢ *un vase brisé.*

3° Les adjectifs exprimant une forme ou une couleur

Exemples :
➢ *une chambre rectangulaire ;*
➢ *un pardessus bleu.*

4° Les adjectifs relatifs à la nationalité, aux arts, aux sciences, à l'Administration, au culte

Exemples :
➢ *Le peuple sénégalais ;*
➢ *La boxe thaïlandaise ;*
➢ *Une éruption volcanique ;*
➢ *Un arrêté interministériel ;*
➢ *L'Église protestante.*

NB : Certains adjectifs changent de signification selon qu'ils sont placés avant ou après le nom.

Exemples :
➢ *Un brave garçon (honnête) ; un garçon brave (courageux) ;*
➢ *De rares pierres (peu nombreuses) ; des pierres rares (qu'on voit rarement) ;*
➢ *Un grand homme (illustre) ; un homme grand (de grande taille)*
➢ *Un nouveau costume (plus récent que l'ancien) ; un costume nouveau (d'une nouvelle mode) ; un costume neuf (qu'on n'a pas encore porté).*

Paragraphe 2 : L'accord de quel que, quelque, tel, tel que, tel quel

Quel que :

« Quel que » est à distinguer de « quelque » **;** il s'écrit en deux mots dans les cas suivants :

✓ Placé immédiatement **devant les verbes être, sembler, paraître, devoir et pouvoir**, **« quel »** s'accorde en genre et en nombre avec le sujet du verbe.

Exemples :

- *Quel que soit le projet, il mérite réflexion.*
- *Quelles que puissent être les conséquences de mon acte, je les assumerai.*

✓ Placé devant **un pronom personnel**, « **quel** » s'accorde en genre et en nombre avec le sujet du verbe.

Exemple : *Quelles qu'elles soient, les femmes doivent être traitées avec respect.*

Remarques :

- Avec des sujets de genre différent reliés par « ou », **quel** s'accorde avec le plus rapproché.

Exemple : *Vous méritez mon respect, quel que soit votre courage ou votre valeur.*

- Avec des sujets de genre différent reliés par « et », **quel** se met au masculin pluriel.

Exemple : *Quels que soient votre courage et votre valeur, je les respecte.*

Quelque :

➢ Devant un adjectif suivi immédiatement de « que », « quelque » est adverbe et donc invariable. Il a le sens de « si », « tellement ».

Exemple : *Quelque rares que soient ses interventions, Mamadou est très influent au sein de son parti.*

➢ Devant un adverbe, « quelque » est adverbe et donc invariable. Il a le sens de « si », « tellement ».

Exemple : *Quelque prudemment qu'il s'y prenne, Aliou commet des erreurs.*

➢ Devant un nombre, « quelque » est adverbe et signifie « environ ». Il est alors invariable.

Exemple : *Il y avait quelque vingt mille manifestants dans la rue.*

Mais, on écrit : « *Ils étaient vingt mille et quelques* ». Ici, quelque a le sens de « quelques-uns ».

Tel :

« Tel » s'accorde en genre et en nombre avec le nom qui suit ou auquel il se rapporte.

Exemples :

➢ *La falaise était droite, tel un mur.*

- *Il partait tous les jours à huit heures, telle était son habitude.*

Quand « tel » est pronom indéfini, il est toujours utilisé au masculin et généralement au singulier.

Exemple : *Tel qui rit vendredi dimanche pleurera.*

Tel que :

« Tel que » s'accorde avec le nom auquel il se rapporte.

Exemples :

- *Telles que des chevaux emballés, les vagues bondissaient sur le rivage.*
- *Cette histoire, je vous la raconte telle qu'elle m'a été rapportée (à ne pas confondre avec tel quel).*
- *Certains écrivains, tels que Léopold Sédar Senghor, Tierno Monènembo et Amadou KOUROUMA, ont marqué la littérature africaine.*

Tel quel :

« Tel quel » s'accorde avec le mot auquel il se rapporte.

Exemple : *Ces vieilles bâtisses, je les ai retrouvées telles quelles.*

Paragraphe 3 : Le participe présent et l'adjectif verbal

I. — GÉNÉRALITÉS

Le participe présent exprime une action passagère et il est invariable, par opposition à l'adjectif verbal qui exprime un état, une qualité et qui s'accorde en genre et en nombre avec le nom correspondant.

Le participe présent peut s'écrire comme l'adjectif ou le nom correspondant.

Exemples :

- *Les élèves sortirent, criant à tue-tête.*
- *Remplaçant un collègue hospitalisé, Aliou a un surcroît de travail.*
- *Un abus de pouvoir criant.*
- *Voici le remplaçant.*

Cependant, il y a de nombreux cas où l'orthographe et la terminaison varient selon s'agit d'un participe présent ou d'un adjectif verbal.

Exemples :

- *C'est un discours convainquant les militants et sympathisants du parti.*
- *C'est un discours convaincant.*

NB : Pour savoir si on est en présence d'un participe présent ou d'un adjectif verbal, il suffit de remplacer le mot en question par un adjectif qualificatif. Si la phrase a encore un sens, il s'agit d'un adjectif verbal.

Exemples :

- *C'est un enfant réellement violent.*

(Si on remplace « violent » par « pacifique », la phrase a encore un sens ; il s'agit donc d'un adjectif verbal.)

- *Le motocycliste, violant le feu rouge, faillit provoquer un accident.*

(Si on remplace « violant » par « pacifique », la phrase n'a aucun sens ; on est donc en présence d'un participe présent.)

II. — TABLEAU DU PARTICIPE PRÉSENT DE MOTS TERMINÉS EN « UANT » OU EN « (E)ANT » ET DE L'ADJECTIF OU NOM VERBAL DE MOTS TERMINÉS EN « ANT » OU EN « ENT »

PARTICIPE PRÉSENT	ADJECTIF OU NOM VERBAL
Terminaison –uant	**Terminaison –ant**
Communiquant	communicant
Convainquant	convaincant
Extravaguant	extravagant
fabriquant	fabricant
Fatiguant	fatigant
Intriguant	intrigant
Naviguant	navigant
Provoquant	provocant
Suffoquant	suffocant
Vaquant	vacant
Zigzaguant	zigzagant
Terminaison –(e)ant	**Terminaison –ent**
Adhérant	adhérent
Affluant	affluent
Coïncidant	coïncident
Confluant	confluent
Convergeant	convergent
Détergeant	détergent

Différant	différent
Divergeant	divergent
Emergeant	émergent
Equivalant	équivalent
Excédant	excédent
Excellant	excellent
expédiant	expédient
influant	influent
négligeant	négligent
précédant	précédent
présidant	président
résidant	résident
Somnolant	somnolent
violant	violent

Paragraphe 4 : L'indicatif et le subjonctif

I. — L'INDICATIF ET LE SUBJONCTIF DANS LES SUBORDONNÉES CIRCONSTANCIELLES

Les subordonnées circonstancielles se construisent avec des adverbes et des locutions conjonctives ; elles admettent l'indicatif ou le subjonctif, ou les deux, selon que la phrase exprime un fait ou une hypothèse.

A. — Les subordonnées circonstancielles admettant l'indicatif seulement

Les subordonnées circonstancielles suivantes admettent l'indicatif seulement : ainsi que, alors que, à mesure que, après que, à tel point que, attendu que, au cas où, au moment où, aussi longtemps que, autrement que, comme si, d'autant plus que, de même que, depuis que, dès que, du moment que, étant donné que, excepté que, lors même que, lorsque, maintenant que, outre que, parce que, pendant que, plus que, puisque, sauf que, selon que, si, si bien que, si ce n'est que, sinon que, tandis que, tant que, tellement que, tout [...] que, vu que.

Exemple : *Dès que le lion a surgi, tout le monde a pris la fuite.*

B. — Les subordonnées circonstancielles admettant le subjonctif seulement

Les subordonnées circonstancielles suivantes admettent le subjonctif seulement : afin que, à moins que (ne), à supposer que, au lieu que, avant que (ne), bien que, ce n'est pas que, de crainte que (ne), de peur que (ne), en admettant que, en attendant que, encore que, en sorte que, en supposant que, jusqu'à ce que, non pas que, non point que, non que, où que, pour peu que, pour que, pourvu que, quel que, quelle que, quelque [...] que, qui que, quoi que, quoique, supposé que.

« Que », reprenant une conjonction employée avec le subjonctif, est également suivi du subjonctif.

Exemple : *Bien que tu sois parti sans dire au revoir et que les invités s'en soient aperçus, nous ne t'en voulons pas.*

La règle précédente vaut aussi quand « que » remplace la conjonction « si ».

Exemple : *S'il fait beau et que nous avons le temps, nous irons à la piscine.*

C. — Les subordonnées circonstancielles admettant, à la fois, l'indicatif et le subjonctif

Ce sont : à condition que, au point que, de façon que, de manière que, quand, tel que telle que.

« À condition que », exige normalement le subjonctif, plus rarement l'indicatif futur ou le conditionnel (exprimant le futur dans le passé).

Exemples :

- *Il peut partir avant l'heure, à condition qu'il prévienne le Directeur de l'école.*
- *On laissera l'enfant jouer seul, à condition qu'il ne s'éloigne pas trop de la maison.*

« Au point que », « si [...] que », « tel que » sont à l'indicatif après une principale affirmative, au subjonctif après une principale interrogative ou négative.

Exemples :

— *Son avance est telle qu'il est impossible de la rattraper.*

— *Son avance n'est pas si grande qu'il soit impossible de la rattraper.*

Les locutions « de façon que », « de manière que », « de sorte que » sont suivies de l'indicatif si la subordonnée exprime une conséquence réalisée. Ils sont suivis du subjonctif si elle exprime une intention.

Exemples :

— *Mamadou Saliou a travaillé de manière que son professeur est content.*

— *Mamadou Saliou travaillera de façon que ses parents soient fiers de lui.*

II. — L'INDICATIF ET LE SUBJONCTIF DANS LES SUBORDONNÉES COMPLÉTIVES

Les subordonnées complétives sont des subordonnées qui sont introduites par « que ». Elles posent le plus de problèmes quant à l'emploi de l'indicatif ou du subjonctif. On distingue les subordonnées complétives admettant l'indicatif seulement, celles qui admettent le subjonctif seulement et celles qui admettent les deux.

A. — Les subordonnées complétives admettant l'indicatif seulement

L'indicatif est le temps de la réalité, de l'objectivité : les faits dont on parle sont certains ; ils ont eu lieu, ont lieu ou auront lieu.

Il s'emploie après **les locutions impersonnelles exprimant** :

— **la certitude :** il est certain/sûr ; il est clair/évident/manifeste ; il est établi/prouvé/entendu ; il est vrai ; il s'ensuit ; il en résulte ; il va de soi, etc.

— **la vraisemblance :** on croirait ; on dirait ; il est probable/vraisemblable ; il paraît ; il semble ; il me semble ; il advient, etc.

- On dirait que vous avez envie de fuir.

L'indicatif s'emploie également après **les verbes exprimant :**

— **la certitude :** conclure ; être convaincu/persuader, etc.

— **l'affirmation/la déclaration :** affirmer, annoncer, démontrer, dire, informer, parier, jurer, etc.

— la perception : apercevoir, apprendre, constater, sentir, etc.

— **la vraisemblance/croyance :** se douter, croire, estimer, espérer, s'imaginer, penser, juger, supposer, etc.

- Je crois qu'il s'est fourvoyé.

Après les verbes **arrêter, commander, décider, ordonner, prescrire** on emploie l'indicatif lorsqu'ils expriment une volonté qui est sûre d'être accomplie.

Exemple : le tribunal a décidé que le contrat est nul.

B. — Les subordonnées complétives admettant le subjonctif seulement

Le subjonctif est le temps du doute, de la possibilité, de la négation, de la crainte, du désir et de la subjectivité : les faits dont on parle n'existent que dans l'intention ou l'imagination de celui qui parle.

Il s'emploie après **les verbes ou locutions exprimant** :

— **la négation** : nier, contester, il est faux, ignorer, etc.

— **le doute :** avoir peine à croire, douter, supposer, il est peu probable, il est possible, etc.

- J'ignore qu'il soit arrivé.

NB : L'expression « ne pas ignorer » signifie « savoir », il faut donc mettre à l'indicatif ;

— **l'interdiction :** défendre, empêcher, interdire, etc.

— **la permission/l'autorisation :** consentir, permettre, tolérer, autoriser, etc.

- Il interdit que l'enfant aille tard au lit.

— **le désir :** aimer mieux, le désirer, souhaiter, etc.

— **la convenance :** il convient ; il est normal ; il vaut mieux, etc.

— **la nécessité :** il faut ; il est nécessaire ; il est impérieux ; il est urgent ; il est temps, etc.

— **l'ordre/la volonté :** demander, exiger, ordonner, etc.

- J'exige que ce procès-verbal soit dressé dans les meilleurs délais.

Le subjonctif s'emploie également après **les verbes ou locutions exprimant des sentiments**, tels que :

— **la colère :** être mécontent/fâcher/irriter, etc.

— **la crainte :** craindre, avoir peur, redouter, etc.

— **l'indifférence :** peu importe ; il m'est indifférent, etc.

— **la joie :** être heureux/ravi/content, etc.

— **le regret :** déplorer, regretter, il est dommage, etc.

— **la surprise** : être surpris, il est curieux/étrange, etc.

— **la tristesse :** s'affliger, être triste, etc.

- Je suis heureux qu'il prenne une telle décision.

NB : les verbes de la principale exprimant un sentiment admettent, le plus souvent, la formulation « de ce que », qui est alors suivi de l'indicatif.

Exemple : Je suis heureux de ce qu'il a pris une telle décision.

Les verbes craindre, empêcher, éviter, prendre garde que, se construisent avec « que ne » suivi du subjonctif.

Exemple : je crains qu'il ne soit mort.

Mais à la forme interrogative ou négative « ne » disparaît.

Exemple : Craignez-vous qu'il aille.

C. — Les subordonnées conjonctives admettant, à la fois, l'indicatif et le subjonctif

Certains verbes de la principale expriment soit l'opinion, soit la volonté ; ils sont suivis de l'indicatif ou du subjonctif, selon le sens. Dans le premier cas, ils sont suivis de l'indicatif, et dans le second cas, du subjonctif.

Exemples :

— il prétend que cette réponse est tardive (« prétendre » a le sens de « affirmer » = opinion) ;

— il prétend qu'on lui obéisse (« prétendre » a le sens de « exiger » = volonté).

On peut utiliser l'indicatif ou le subjonctif pour exprimer le point de vue de celui qui parle. L'indicatif est utilisé s'il s'agit d'une certitude, et le subjonctif s'il s'agit d'une hypothèse.

Exemples :

— je ne crois pas qu'il est sincère (exprime la certitude) ;

— je ne crois pas qu'il soit sincère (exprime l'hypothèse).

Section 6 : La nécessaire accentuation des majuscules

Aujourd'hui, rares sont ceux qui procèdent, dans leurs écrits, à l'accentuation des majuscules. Pourtant, l'accent fait partie de l'orthographe des mots, étant donné qu'il indique le mode de prononciation de ceux-ci, et permet **d'éviter des ambiguïtés de sens** et **des prononciations erronées**.

Pour l'illustrer, il suffit de se référer à l'article de presse intitulé comme suit : **« UN INTERNE TUE ».** Ici, puisqu'il n'y a pas d'accentuation des majuscules, cette expression pourrait avoir quatre sens différents, à savoir :

- Un interne tue ;
- Un interné tue ;
- Un interne tué ;
- Un interné tué.

De même, l'expression « *PALAIS DES CONGRES* » peut se lire de trois manières : « Palais des congrès », « *Palais des congrés* » et « Palais des congres ».

En outre, dans le mot « *NOEL* » (sans tréma), il n'y a plus de prononciation séparée des voyelles « *o* » et « *e* ».

De son côté, le mot « *Ca* » (sans cédille) se prononce « *ka* ».

De ce qui précède, l'accentuation systématique des majuscules est fortement recommandée lorsque le mot, l'expression ou le texte en question est entièrement écrit en lettres majuscules. À cet égard, il ne semblerait pas superflu de rappeler que certains types de clavier, notamment d'origine anglaise, ne disposent pas d'une telle fonctionnalité.

Toutefois, pour les sigles et les acronymes, l'usage voudrait qu'on ne mette pas d'accent. En effet, **le sigle et l'acronyme** sont considérés comme des mots autonomes par rapport aux mots dont ils prennent les initiales, notamment en ce qui concerne la prononciation.

Exemples : CESE (Conseil économique, social et environnemental), Cedeao (Communauté économique des États de l'Afrique de l'Ouest).

SECTION 7 : LES PRINCIPALES DIFFICULTÉS DE LA LANGUE FRANÇAISE LIÉES À CERTAINS MOTS ET EXPRESSIONS

Mots ou expressions	**Remarques**
Alternative	L'expression « *hésiter entre deux alternatives* » est incorrecte. Elle est à remplacer par « *hésiter entre deux options* ».
Amendement	Écrire : « *amendement 1* », « *amendement 2, etc.* », et non pas « *amendement n° 1* », « *amendement n° 2, etc.* »,
Angleterre	« Angleterre » n'est pas à confondre avec « Royaume-Uni ». Préférer ce dernier terme pour désigner le pays.

	Angleterre : partie centrale et méridionale de la Grande-Bretagne. Royaume-Uni : composé de la Grande-Bretagne et de l'Irlande du Nord.
Application	L'expression « *être d'application* » est incorrecte. Donc, il ne faut pas dire : « *Cette règle est d'application stricte* », par exemple. Dire plutôt : « *Cette règle s'applique à* […] », « *Cette règle reste/demeure applicable* » ou « *Veiller à l'application stricte de cette règle* ».
Après que	Toujours suivi de l'indicatif.
Avant que	Toujours suivi du subjonctif.
Avérer	Signifie « *vrai* ». Il faut donc éviter de dire « *Cette information s'avère exacte* » (pléonasme) ou « *Cette information s'avère fausse* » (contradiction). Il faut plutôt dire : « *Cette information se révèle exacte (fausse)* ».
Base	<u>Écrire</u> : « *sur la base de* […] » et non pas « *sur base de* […]».
Se baser sur	A remplacer par : « *se fonder sur* […] ».
Ceci/cela	« *Ceci* » se réfère à ce qui suit, et « *cela* », à ce qui précède.
Chef d'État	Les chefs d'État **ou** de gouvernement (et non pas : … **et** de gouvernement).
Ci-dessus	Ne pas utiliser l'expression « *ci-avant* ».
Comme	Éviter l'expression « comme par exemple » (pléonasme).
Commémorer	Éviter l'expression « *commémorer un anniversaire* », d'autant plus que « commémorer » signifie notamment « fêter » et que « anniversaire » signifie « fête ». <u>Écrire donc</u> : « *commémorer un évènement* ».
Compte rendu	Sans trait d'union.
Degré Celsius	34° C (et non pas 34 °C).
Disposer/stipuler	Disposer s'emploie pour les actes législatifs et règlementaires, et stipuler, pour les contrats.

Initiative	<u>Écrire</u> : « *à l'initiative de* [...] » ou « *su[r] l'initiative de* [...] »
Internet	Toujours avec « I » (majuscule) et ne prend jamais d'article. On écrit : « *Avoir accès à Internet* » ou « *Être utilisateur d'Internet* ».
Majorité	Avec la majorité des personnes, le verbe se met au pluriel. <u>Exemple</u> : « ***La*** *majorité* ***des*** *personnes étaient favorables* ». Avec une majorité de personnes, le verbe se met au singulier. <u>Exemple</u> : « ***Une*** *majorité* ***de*** *personnes était favorable* ».
D'ores et déjà	Pas de trait d'union.
Pallier	Dire : « *Pallier un inconvénient* » (et non pas : « *Pallier à* un inconvénient ».
Pécuniaire	Qui concerne l'argent. Éviter le barbarisme « *pécunier* », « *pécunière* », dû sans doute à l'influence de « *financier* », « *financière* ».
Plupart	Avec la plupart des personnes, le verbe se met toujours au pluriel.
Quelque	Dans la signification d'environ, « quelque » ne prend jamais de pluriel. <u>Exemple</u> : « *Il a dépensé quelque 30 000 francs guinéens* ».
Risquer	L'expression « *Il risque de l'emporter* » *est à remplacer par* « *Il a des chances de l'emporter* » ou « *Il risque de perdre* ».
Saint	Saint s'écrit toujours en toutes lettres. Ne pas utiliser l'abréviation « *St* »
Siècle	<u>Écrire</u> : - XIe-XIIe siècle (au singulier) ; - du XVe au XVe siècle (au singulier) ; - le XVIe et le XVIIe siècle (au singulier) ; - les XIXe et XXe siècles (pluriel). **NB :** Ne jamais utiliser les chiffres arabes pour indiquer les siècles. <u>Exemple</u> : « 17e siècle ».
Standard	Invariable. <u>Exemple</u> : « *Des normes standard* ».

Suite à	Cette expression ne s'utilise que dans le langage commercial et journalistique. Elle est à remplacer par : ➢ à la suite de […] ; ➢ en suite de […] (langage juridique) ; ➢ par de […] ; ou ➢ dans le prolongement de […]
Tiers-monde (le)	Ensemble des pays en développement ; s'écrit en minuscules et trait d'union.

Section 8 : Le mode d'écriture et la signification de certaines locutions latines

Les locutions latines s'écrivent en italique et sans accent.

Locutions latines	**Signification**
addendum (pluriel : *addenda*)	ajout notamment dans un ouvrage pour le compléter
ad hoc	fait pour cela
ad honorem	pour l'honneur
ad litteram	littéralement, mot pour mot
ad valorem	selon la valeur (se dit de droits, d'impôts, de taxes établis proportionnellement à une valeur de référence)
ad vitam aeternam (les lettres *a* et *e* sont collées)	à vie
a fortiori	à plus forte raison
Alias	en d'autres termes
a posteriori (par opposition à : *a priori*)	en se fondant sur l'expérience, sur les faits passés ; en partant de ce qui vient après
a priori (par opposition à : *a posteriori*)	en se fondant sur des données admises avant l'expérience, en partant de ce qui vient avant
confer (cf.)	se référer à […]
de commodo et incommodo	de l'avantage et de l'inconvénient (locution presque exclusivement administrative)
de facto (par opposition à : *de jure*)	de fait

de jure (par opposition à : *de jure*)	de droit
Desiderata	désirs, revendications
Duplicata	double d'un acte, d'un écrit dont la minute se trouve aux archives
erratum (pluriel : *errata*)	faute(s), erreur(s)
ex aequo (les lettres *a* et *e* sont collées)	à égalité
exempli gratia (*e.g.*)	par exemple
ex nihilo	de rien, sans fondement
ex-tempore	sur-le-champ, en improvisant
extra-muros	*« hors des murs »,* à l'extérieur de la ville
grosso modo	en gros, sommairement
hic et nunc	ici même et tout de suite
honoris causa	pour l'honneur, honoraire (se dit de grades universitaires conférés à titre honorifique et sans examen à de hautes personnalités)
ibidem (*ibid.* ou *ib.*)	au même endroit (dans une note de référence, ce mot est utilisé lorsque la même source est citée de manière consécutive)
idem (*id.*)	la même chose (dans une note de référence, ce mot est utilisé pour éviter de répéter le nom de l'auteur cité dans la note précédente)
id est (*i.e.*)	c'est-à-dire
Illico	sur-le-champ
in extenso	en entier
in extremis	au tout dernier moment
in fine	à la fin
Infra	ci-après, ci-dessous (sert à renvoyer à un passage qui se trouve plus loin dans le texte)
in memoriam	à la mémoire de [...]
intra-muros	*« à l'intérieur des murs »*, à l'intérieur de la ville
ipso facto	par le fait même, du fait même
lato sensu	au sens large
loco citato (*loc.cit.*)	à l'endroit cité (dans une de référence, ce mot est utilisé lorsqu'il est fait mention, deux fois

	consécutives, de la même source et de la même page)
manu militari	à main armée (s'emploie dans le langage juridique pour désigner la manière forte)
modus vivendi	*« manière de vivre »*, a pris le sens de compromis, transaction (arrangement agréé par deux parties hostiles pour se rendre la vie supportable). **NB :** Ne doit jamais s'employer au sens de *« mode de vie »*.
mutatis mutandis	*« en changeant ce qui doit être changé »*, changements nécessaires
nec plus ultra	*« rien au-delà »*, se dit de quelque chose dont la valeur ne saurait être dépassée
nota bene (*NB :*)	*« notez bien »* (note mise dans la marge ou au bas d'un texte écrit)
opere citato (*op.cit.*)	*« dans l'ouvrage déjà cité »* (dans une note de référence, ce terme est utilisé lorsque la même source est citée dans des notes non consécutives)
persona grata (par opposition à : *persona non grata*)	*« personne bienvenue »* (en diplomatie, s'applique à une personne qui est bien vue dans un milieu précis ou qui est en faveur auprès d'un personnage important)
post mortem	après la mort
post-scriptum (*P.-S.*)	*« écrit après »* (ce que l'on ajoute à une lettre après la signature)
pro domo	*« pour sa maison »*, se dit du plaidoyer d'une personne qui se fait l'avocat de sa propre cause
pro forma	pour sa forme
Prorata	en proportion de […] (au prorata de […])
Quorum	nombre de membres qu'une assemblée doit réunir pour pouvoir valablement délibérer
sic	*« ainsi »* (mot que l'on ajoute entre crochets après une phrase ou un autre mot pour signaler une erreur d'orthographe, de grammaire, de vocabulaire, de syntaxe ou de

	sens, pour indiquer que c'est bien conforme à l'original)
sine die	à une date indéterminée
(conditio) sine qua non	*« (condition) sans laquelle il n'y a rien à faire »*, condition indispensable, nécessaire
statu quo	état actuel des choses
stricto sensu	au sens strict
Supra	ci-dessus, plus haut (sert à renvoyer à un passage qui se trouve plus haut dans le texte)
vade-mecum	*« viens avec moi »*, objet qu'on porte ordinairement et commodément sur soi (qualifie, par extension, un guide ou manuel au format maniable où sont réunis des renseignements techniques)
versus (vs)	opposé à […]
Veto	opposition, refus formel
via	par voie de […] en passant par […]
vice versa (ou *vice-versa*)	réciproquement, inversement

SECTION 9 : QUELQUES FORMES FAUTIVES

Paragraphe 1 : Les pléonasmes

L'utilisation de termes qui expriment une même idée avec des mots différents est à proscrire. Il en est ainsi, par exemple, des termes ci-après :

➢ abolir entièrement ; ➢ achever totalement ; ➢ ajouter en plus ; ➢ deux alternatives ; ➢ assez satisfaisant ; ➢ au grand maximum ; ➢ au jour d'aujourd'hui ; ➢ s'avérer vrai ; ➢ car, en effet ; ➢ collaborer/coopérer ensemble ➢ comme par exemple ;	➢ entraide mutuelle ; ➢ hasard imprévu ; ➢ il suffit simplement ; ➢ monopole exclusif ; ➢ monter en haut ; ➢ panacée universelle ; ➢ plus inférieur/supérieur ; ➢ pour terminer enfin ; ➢ préférer plutôt ; ➢ première initiative ; ➢ première priorité ;

➢ composer ensemble ; ➢ courte allocution ; ➢ descendre en bas ; ➢ donc, par conséquent ; ➢ échanger des idées l'un avec l'autre ; ➢ : en effet ; ➢ enfin, pour terminer ; ➢ entendre de ses oreilles ;	➢ préparer/prévoir d'avance ; ➢ puis après/ensuite ; ➢ recommencer/répéter de nouveau ; ➢ répéter deux fois ; ➢ se réunir ensemble ; ➢ sortir dehors/à l'extérieur ; ➢ suivre derrière ; ➢ voir de ses yeux.

Paragraphe 2 : Autres formes fautives avec leur corrigé

L'emploi de formes fautives est assez répandu dans les écrits de l'Administration. L'autorité qui signe un document administratif ou normatif engage sa crédibilité et celle de l'Administration auprès du destinataire, agent public ou usager du service public. Pourtant, rares sont ceux qui acceptent d'en reconnaître leur part de responsabilité. Au contraire, l'habitude consiste à invoquer, à tort, le lapsus ou la coquille, l'excuse facile de toutes les maladresses.

Le tableau ci-dessous pourrait contribuer à réduire l'usage de celles-ci.

Formes fautives	**Formes correctes**
Actuellement en cours	En cours
À cause de sa persévérance	Grâce à sa persévérance
À la page une	À la page un
Amener un frigidaire	Apporter un frigidaire
Apporter un policier	Amener un policier
Assez satisfaisant	Satisfaisant (car du latin « satis » = assez)
Au cas échéant	Le cas échéant
Au cas où tu seras disponible	Au cas où tu serais disponible
Auditionner	entendre / écouter
Au dépend de	Aux dépens de
Au final	Pour finir / finalement

Au plan juridique	Sur le plan (au point de vue) juridique
Au terme de l'article 23	Aux termes des dispositions de l'article 23
Au niveau de l'organisation	En ce qui concerne l'organisation
Avoir une qualité	Posséder une qualité
Bien que j'ai transmis	Bien que j'aie transmis
But final	But
Carastéristique	Caractéristique
Car en effet	Car / en effet
Ceci dit	Cela dit
Cela ressort de ses attributions	Cela ressortit à ses attributions
C'est là où il va	C'est là qu'il va
C'est le souhait qu'il formule	C'est le souhait qu'il forme
C'est sa première fois	C'est la première fois
Ci-jointe copie de la lettre Ci-joint, copie de la lettre	Ci-joint copie de la lettre
Clôturer la séance	Clore la séance
Copie de la lettre ci-joint	Copie de la lettre ci-jointe
Comme convenu	Comme il a été convenu
Comme si rien n'était	Comme si de rien n'était
Commémorer un anniversaire	Célébrer un anniversaire
Contacter	Prendre contact
Dans cette optique	Dans cette perspective / à ce propos
De quelle que nature que se soit	De quelque nature que ce soit
Decret	Décret
De façon à ce que	De façon que
De par son père, il est Guinéen	Par son père, il est Guinéen
De plein pied	De plain-pied
Déficit criard	Déficit criant
Demander après quelqu'un	Demander quelqu'un
Des disgressions	Des digressions
Des mesures susceptibles de	Des mesures propres à (de nature à)
Des perspectives d'avenir	Des perspectives
Des textes qu'on n'applique plus	Des textes désuets
Des travaux conséquents	Des travaux importants

Deuxième Guerre mondiale	Seconde Guerre mondiale
D'ici jeudi	D'ici à jeudi
Doit obligatoirement	Doit
En détails	En détail
Elles se sont succédées	Elles se sont succédé
En exécution de la décision	En application de la décision
En mesure de représailles	Par mesure de représailles
En termes d'efficacité	En matière d'efficacité
État-civil (avec trait d'union)	État civil (sans trait d'union)
etc…	etc. / […]
Être omnubilé	Être obnubilé
Être un indice	Constituer un indice
Être sur un même pied d'égalité	Être sur un pied d'égalité
Examiner ce que contient le texte	Examiner la teneur du texte
Examiner le dossier	Étudier le dossier
Faute de savoir nager	À défaut de savoir nager
J'ai un mandat	Je suis investi d'un mandat
J'ai l'honneur de vous accuser réception de votre lettre	J'ai l'honneur d'accuser réception de votre lettre
Je m'excuse	Je vous prie de m'excuser Je vous présente mes excuses
Je m'y attacherai tous mes soins	J'y apporterai tous mes soins
Je ne suis pas prêt de l'oublier	Je ne suis pas près de l'oublier
Je suis Monsieur Moumini KABA […]	Je suis Moumini KABA […]
Je vous saurais obligé	Je vous serais obligé
Je vous serais gré	Je vous saurais gré
Il demande à ce que	Il demande que
Il démarre la voiture	La voiture démarre
Il est accidenté	Il est victime d'un accident
Il l'a accaparé	Il s'en est accaparé
Il semble être satisfait	Il semble satisfait
Ils sont convenus de	Ils ont convenu de
Informer du déroulement d'une réunion	Tenir informé du déroulement d'une réunion
Instances internationales	Organisations (organismes, organes, institutions) internationales

La baisse des denrées de première nécessité	La baisse du prix des denrées de première nécessité
La préfecture de Dinguiraye avait 210 043 habitants en 2016	La préfecture de Dinguiraye comptait 210 043 habitants en 2016
La loi (décret, arrêté, …) stipule	La loi (décret, arrêté, décision) dispose, énonce, édicte, prescrit, prévoit
La réunion a été prévue d'avance	La réunion a été prévue
L'agent est atteint par la limite d'âge	L'agent a atteint la limite d'âge
Le déroulé de l'atelier	Le déroulement de l'atelier
Le train va sur Kindia	Le train va à Kindia
Le troisième âge	Les personnes âgées
Les dispositions du contrat	Les stipulations du contrat
Les fonds baptismaux	Les fonts baptismaux
Les chefs qui se sont succédés	Les chefs qui se sont succédé
Les trois points de suspension	Les points de suspension
Les vingt-cinq ans qu'il a vécus	Les vingt-cinq ans qu'il a vécu
livre-journal	livre journal
Mamadou débute le cours	Le cours débute / Mamadou commence le cours
Mettre au point un système	Développer un système
Miniscule	minuscule
Mr (Mister) / Mrs / Mm	M. (Monsieur) / MM / Mme
2.000.000.000	2 000 000 000
Nous démarrons la réunion	Nous commençons la réunion
Nul n'est sensé ignorer la loi	Nul n'est censé ignorer la loi
Nul ne peut se faire justice soi-même	Nul ne peut se faire justice à soi-même
On m'a demandé	Il m'a été demandé
Outre cela	En outre de cela
Pallier au manque / à une difficulté	Pallier un manque / une difficulté
Par rapport à mon dossier	Au sujet du dossier me concernant
Partir à Washington	Partir pour Washington
Partir suite à une mutation	Partir à la suite d'une mutation
perdiem	per diem

Permanemment	En permanence
Positionner	Placer
Postuler à un emploi de	Postuler un emploi de
1re ou 1ière 2ème ou 2e	1re 2e
Pro format	Pro forma
Programmer une réunion	Fixer la date d'une réunion
Promotionnaire	Camarade de promotion
Quelques soient les contraintes	Quelles que soient les contraintes
Réagir au coup pour coup	Réagir au coup par coup
Réceptionner	Recevoir
Réduire au maximum	Réduire au minimum
Requisitionner (réquérir)	Réquisitionner (requérir)
Renseigner un formulaire	Remplir un formulaire
Répondre au questionnaire	Répondre aux questions
Réunir ensemble	Réunir
S'adresser auprès du responsable	S'adresser au responsable
Saisir une occasion de passage	Saisir une occasion au passage
S'attribuer illégalement des pouvoirs	S'arroger des pouvoirs
S'avérer inexact	Se révéler inexact
Se baser sur des faits	Se fonder sur des faits
Se déplacer en vélo	Se déplacer à vélo
S'en suivre	S'ensuivre
Sous la houlette de	Sous la direction de
Suite à votre demande	Comme suite à votre demande
Suite à l'appel lancé	À la suite de l'appel lancé
Tel que défini par	Tel qu'il a été défini
Tenir informé d'une décision	Informer d'une décision
Tu risques de gagner	Tu as des chances de gagner
Un accord est intervenu	Un accord a été conclu
Un nouveau appareil	Un nouvel appareil
Un plus	Un supplément / un ajout
Un travail impeccable	Un travail parfait
Un soi-disant chef-d'œuvre	Un prétendu chef-d'œuvre
Une copie conforme avec	Une copie conforme à
Une demandeuse	Une demanderesse
Une en-tête	Un en-tête
Une femme soi-disante sage	Une femme soi-disant sage

Une graduation des objectifs	Une gradation des objectifs
Une occasion à profiter	Une occasion à saisir
Voire même	Voire / même
Votre lettre datée du Votre lettre en date du	Votre lettre du
Vous avez été tous unanimes	Vous avez été unanimes
Vous n'avez pas le temps matériel de	Vous n'avez pas le temps de
Vous n'êtes pas sans ignorer	Vous n'êtes pas sans savoir

TITRE II

LES RÈGLES PARTICULIÈRES DE PRÉSENTATION ET DE RÉDACTION DES ÉCRITS DE L'ADMINISTRATION

Ce titre est subdivisé en trois chapitres, à savoir :

— CHAPITRE I : LE STYLE ADMINISTRATIF ;

— CHAPITRE II : LA STRUCTURE DES ÉCRITS DE L'ADMINISTRATION ;

— CHAPITRE III : LES PRINCIPAUX DOCUMENTS ADMINISTRATIFS.

CHAPITRE I

LE STYLE ADMINISTRATIF

Le style de l'Administration a des principes et des caractères qui lui sont propres.

SECTION 1 : LES PRINCIPES

Les principes du style administratif sont énoncés dans la **Charte africaine sur les Valeurs et les Principes du Service public et de l'Administration,** adoptée par la XVIe session ordinaire de la Conférence de l'Union africaine tenue à Addis-Abeba, le 31 janvier 2011, et signée par la Guinée le 13 juin 2011. Cette Charte prescrit aux États membres de l'Union africaine le respect notamment des principes suivants :

- ✓ L'égalité des usagers devant le service public et l'Administration ;
- ✓ La prohibition de toutes les formes de discrimination, y compris celles basées sur le lieu d'origine, la race, le sexe, le handicap, la religion, l'ethnie, l'opinion politique, l'appartenance syndicale ou à toute autre organisation légale ;
- ✓ L'impartialité, l'équité et le respect de la légalité dans les prestations de service public ;
- ✓ La continuité du service public en toute circonstance ;
- ✓ L'adaptation du service public aux besoins des usagers ;
- ✓ Le professionnalisme et l'éthique dans le service public et l'Administration ;
- ✓ La promotion et la protection des droits des usagers et des agents du service public ;
- ✓ L'institutionnalisation d'une culture de reddition de comptes, d'intégrité et de transparence dans le service public et l'Administration ;
- ✓ L'usage effectif, efficace et responsable des ressources.

SECTION 2 : LES CARACTÈRES DU STYLE ADMINISTRATIF

Le style administratif a des caractères qui le distinguent du style des affaires et de celui de la correspondance entre particuliers. Au nombre de ces caractères figurent notamment : la dignité, la courtoisie, le respect de la hiérarchie, la responsabilité, la solennité, la précision et la clarté, l'objectivité et la réserve.

Paragraphe 1 : La dignité

La dignité est une caractéristique du style administratif qui impose l'élégance, la correction, la politesse et la considération. Elle écarte le laisser-aller, les fautes d'orthographe et de syntaxe, ainsi que l'emploi de formules relevant de la vulgarité ou du populisme.

Exemples :

Formules déconseillées	**Formules conseillées**
Les aveugles	Les handicapés visuels
Le bout du tunnel	La longue période difficile
Les camarades de service	Les collègues de service
Les coupures d'électricité	Les délestages d'électricité
Changer de fusil d'épaule	Changer d'approche (de stratégie)
Dans la foulée	Dans le même ordre d'idées
La flambée des prix	La hausse des prix
Les fonds secrets	Les fonds spéciaux
Former une queue	Former une file d'attente
Le marché noir	Le marché parallèle
Passer à la vitesse supérieure	Renforcer, améliorer
Permanemment	En permanence
Personnes pauvres	Personnes à revenu faible
Tirer la sonnette d'alarme	Appeler ou attirer l'attention

Paragraphe 2 : La courtoisie

La courtoisie, qui suppose la civilité et la convivialité du style, renforce l'autorité en rendant la teneur de l'écrit administratif acceptable par le citoyen. Ainsi, il est déconseillé d'employer des expressions désagréables, discourtoises, déconcertantes, affligeantes ou péjoratives, telles que : *absurde, insensé, idiot, ridicule, irréaliste, manque de volonté politique, proposition mal fondée, refuser de faire quelque chose ou se dire désolé de ne pouvoir le faire*. Ces expressions renferment, en effet, des jugements de valeur ou suggèrent des attitudes négatives inacceptables dans le contexte administratif.

Il est conseillé plutôt de dire, par exemple :

Il me semble préférable (ou inopportun) de [...]

Je ne manquerai pas, le moment venu (ou dès que les circonstances le permettront), de [...]

Il m'a été impossible, dans les circonstances actuelles, de [...]

J'ai le regret de vous faire connaître qu'il ne m'a pas été possible de [...]

Paragraphe 3 : L'obligation de réponse

L'obligation de réponse s'inscrit également dans le cadre de la courtoisie. Toute lettre adressée à l'Administration mérite, par courtoisie, une réponse dans un délai raisonnable.

L'absence de réponse ou une réponse tardive peut être interprétée comme une acceptation ou un refus. C'est ainsi que **l'article 88 de la loi organique L/2017/003/AN du 23 février 2017 portant attributions, organisation et fonctionnement de la Cour suprême** dispose que le délai de recours en cassation, pour excès de pouvoir, est de deux mois à compter de la date de publication de la décision attaquée, à moins qu'elle ne doive être notifiée ou signifiée, auquel cas le délai court à compter de la date de notification ou de signification.

L'article 89 de la même loi ajoute que le silence gardé plus de quatre mois sur une réclamation par l'autorité compétente vaut décision de rejet. Le délai de deux mois pour se pourvoir contre la décision de rejet d'une réclamation court à compter de la date de la décision explicite de rejet et, au plus tard, à compter de l'expiration de la période de quatre mois à compter de la date de la réclamation.

Paragraphe 4 : Le respect de la hiérarchie

Le respect de la hiérarchie se traduit notamment par certaines formules qui illustrent la relation entre l'expéditeur et le destinataire.

Exemples :

- Lettre entre égaux : suggérer (sans connotation hiérarchique)

« Je vous suggère [...] » ; « J'ai le plaisir de vous [...] » ; « Je vous serais très obligé de [...] ;

- Lettre d'un subordonné à un supérieur : *proposer (subordination hiérarchique)*

« J'ai l'honneur d'attirer votre attention sur ce qui suit [...] » ; « Je suggère que [...] » ; « Je sollicite [...] » ; « Je me permets de [...] » ; « Je vous serais très obligé de [...] » ; « Je vous saurais gré de bien vouloir [...] » ; « J'ai l'honneur de vous rendre compte [...] » ; « Je soumets à votre approbation [...] » ; « J'ai l'honneur de vous faire parvenir [...] » ;

- Lettre d'un supérieur à un subordonné : *ordonner (autorité hiérarchique)*

« J'ai le plaisir (ou il m'est agréable) d'accuser réception de votre lettre [...] » ; « Je rappelle que [...] » ; « Je vous invite à [...] » ; « Je vous enjoins à [...] » ; « Je vous prie de veiller à [...] » ; « Je vous envoie ci-joint pour étude [...] ; « Je vous serai obligé de vouloir bien [...] » ; « Je vous saurais gré de vouloir bien [...] » ; « J'attache de l'intérêt (un grand intérêt, le plus grand intérêt) à [...].

Paragraphe 5 : La responsabilité

La responsabilité implique que l'autorité signataire d'un courrier administratif endosse la responsabilité de son contenu, même s'il n'en est pas l'auteur véritable. C'est pourquoi tout courrier doit être **daté et signé**, tout en précisant **l'identité** du signataire. Il est rédigé à la première personne du singulier.

Exemples :

Formules déconseillées	Formules conseillées
On m'a signalé que [...]	Il m'a été signalé que [...] Il m'a été rapporté que [...] Il a été porté à ma connaissance que [...] Mon attention a été attirée sur [...] Il me revient que [...] Il me revient que [...]
Nous avons bien reçu [...]	J'ai bien reçu [...]
Nous estimons que [...]	J'estime que [...]

Dans une correspondance administrative, l'expression **« J'ai l'honneur »** est utilisée quand le destinataire est un supérieur hiérarchique. Dans le cas où il s'agit d'un égal ou d'un inférieur hiérarchique, on écrira : **« J'ai le plaisir »** ou **« Il m'est agréable de [...]**.

Toutefois, le pronom personnel « *Nous* » est utilisé notamment dans certains actes règlementaires, de justice et de police judiciaire.

Exemples :

➢ « Nous [...], Préfet de [...], arrêtons [...] » (pluriel de majesté) ;

➢ « Nous [...], Président du tribunal de première instance de [...], ordonnons [...] (pluriel de majesté) ;

➢ « Nous [...], Officier de police judiciaire, avons constaté les faits suivants [...] (pluriel de modestie, l'identité de l'agent verbalisateur s'effaçant derrière sa fonction de représentant de l'État) ;

➢ « Nous [...], Huissier de justice [...] avons constaté ce qui suit [...] » (pluriel de majesté).

Paragraphe 6 : La précision et la clarté

La précision et la clarté impliquent que toutes les informations contenues dans le courrier administratif doivent être claires et exactes afin d'éviter toute ambiguïté ou interprétation erronée de la part du destinataire.

Quand il est, par exemple, fait mention une première fois d'une institution, d'un organisme, d'une société, il faut veiller à utiliser la dénomination complète, suivie entre parenthèses de l'abréviation. Par la suite, il n'est plus fait mention que de l'abréviation dans le texte.

De même, la référence à une loi existante doit se faire avec son intitulé correct et complet afin d'éviter toute confusion.

En outre, les mentions d'identification des documents administratifs doivent être rédigées de façon précise (timbre, adresse du service, date, numéro d'enregistrement, objet, référence, pièces jointes, ampliations, identité du signataire).

Exemples :

Formules déconseillées	Formules conseillées
Votre référence	Référence : Votre lettre n° […] du […]
Réf. v/l du 23/09/2023	Référence : Votre lettre du 23 septembre 2023
Art. 25 : […]	Article 25 […]
DAF	Division administrative et financière (DAF)

Paragraphe 7 : La solennité

La solennité implique que tout ce qui touche à l'Administration doit être traité avec un ton sérieux et solennel. Celui-ci est mieux exprimé par des phrases à la forme négative.

Exemples :

Formules déconseillées	Formules conseillées
Je ferai […]	Je ne manquerai pas de faire […]
Vous savez pertinemment que […]	Il ne saurait vous échapper que […] Vous n'ignorez pas que […]
Vous êtes sûr que […]	Il n'est pas douteux que […] Vous ne doutez pas que
Voudrez bien […]	Je vous prie d'agréer, Monsieur […]
Je vous demande de m'accorder […]	Je viens respectueusement solliciter votre bienveillante autorité […]

Paragraphe 8 : L'objectivité

L'objectivité implique que dans une démocratie où l'intérêt général et l'égalité de tous devant la loi sont des notions primordiales, les textes officiels ne doivent pas comporter d'expressions reflétant la subjectivité, l'arbitraire, l'émotion, la tristesse, la joie, l'admiration, l'humeur et le parti pris de l'autorité administrative.

Exemples :

Formules déconseillées	Formules conseillées
Je suis vraiment désolé de ne pouvoir vous donner satisfaction	Je suis au regret de ne pouvoir accéder à votre requête

Je vous serais très reconnaissant si vous pouviez me renvoyer ce dossier avant […]	Je vous serais obligé (ou je vous saurais gré) de me faire parvenir […]
Je vous assure de mon indéfectible attachement	Je vous prie d'agréer, Monsieur, l'expression de ma considération distinguée
Je serais heureux que vous preniez ma requête en considération	Je vous serais très obligé de bien vouloir prendre ma requête en considération.

Paragraphe 9 : La réserve

La réserve signifie que l'Administration doit commettre le moins d'erreurs possible. Elle doit donc s'entourer de la prudence et éviter autant que faire se peut les recours.

CHAPITRE II

LA STRUCTURE DES ÉCRITS DE L'ADMINISTRATION

Tout écrit de l'Administration est, avant tout, exprimé dans un style qui le distingue du style du monde des affaires ou celui de la correspondance privée et dont les attributs qualitatifs sont notamment la dignité, la courtoisie, l'objectivité, la précision, la clarté, la responsabilité, la prudence, la hiérarchie et la solennité.

En outre, il fait apparaître les mentions relatives à l'en-tête, au numéro d'enregistrement, au lieu et à la date, à la suscription et au sous-couvert, à l'objet, à la signature, à ses types et à ses modalités et, s'il y a lieu, aux références, aux ampliations, aux pièces jointes et aux annexes ainsi qu'aux mentions pour attirer l'attention du destinataire et aux mentions de protection ou de classification.

SECTION 1 : L'EN-TÊTE

Dans les écrits de l'Administration, l'en-tête laisse apparaître l'appellation officielle de l'État et le timbre.

Paragraphe 1 : L'appellation officielle de l'État

L'appellation officielle de l'État porte sur sa dénomination et la devise nationale.

La dénomination de l'État est « République de Guinée », conformément aux dispositions de toutes les Constitutions qui se sont succédé dans le pays depuis son accession à l'indépendance nationale en 1958.

La devise nationale est « Travail – Justice – Solidarité », conformément aux dispositions des mêmes constitutions.

Dans les écrits de l'Administration, l'appellation officielle de l'État est mentionnée à la première page du texte, sur une seule ligne, en majuscule et en gras. Elle figure en haut et à gauche de cette page.

Elle est suivie, en dessous et à gauche, de la devise nationale. Celle-ci est écrite en minuscule et en italique.

Paragraphe 2 : Le timbre

Le timbre d'un écrit de l'Administration permet d'identifier, avec précision, la structure dont celui-ci émane.

Il comporte la déclinaison, par ordre décroissant, des structures administratives concernées, y compris celle dont émane l'écrit. Cette énumération s'arrête à l'indication de la structure ayant initié le texte, sans qu'il soit nécessaire de préciser la direction ou le service technique qui l'a effectivement élaboré. Les structures en question sont séparées par des pointillés.

Il comporte également, en mode centré au-dessus du timbre, les initiales des agents respectivement chargés de la rédaction et de la saisie du document administratif ainsi que l'adresse et les différents contacts *(Boîte postale, téléphone, Fax, e-mail)* de la structure dont celui-ci émane.

Toutefois, ces mentions se font aujourd'hui de plus en plus rares, bien qu'étant essentielles pour assurer la traçabilité et un traitement diligent des dossiers administratifs.

Le *design* (stylisme) des imprimés de papier à en-tête est en train, sur ce plan, de remettre en cause l'utilité de la communication administrative.

Le timbre est placé à la première page de l'écrit, en haut et à gauche, sauf en ce qui concerne l'adresse et les différents contacts qui sont précisés en bas de page.

Par ailleurs, l'Administration est parfois dotée d'un logotype ou « ***Branding*** » pour ''vendre'' son image, même si, pour le service public, l'enjeu réside non pas dans la communication bien qu'étant importante, mais plutôt dans la quête permanente d'une offre de service de qualité.

Les caractéristiques de ce logotype sont définies par voie règlementaire.

Exemple de présentation de l'en-tête :

A.S. / R. B.
RÉPUBLIQUE DE GUINÉE
Travail – Justice – Solidarité

MINISTÈRE DE LA JUSTICE
ET DES DROITS DE L'HOMME

CENTRE DE FORMATION JUDICIAIRE
Adresse :
Boîte postale :
Téléphone :
Fax :
E- mail :

SECTION 2 : LE NUMÉRO D'ENREGISTREMENT, LE LIEU ET LA DATE

Le numéro d'enregistrement d'un écrit de l'Administration permet le classement de cet écrit et l'identification de son service d'origine.

Il est suivi des initiales des structures publiques concernées, en ordre décroissant, ainsi que de l'année.

Il figure à la première page, en haut et à gauche, sous la mention consacrée à la structure ayant initié l'écrit.

Le lieu où l'écrit de l'Administration a été rédigé est suivi de la date de cet écrit et figure à la première page en face de la dénomination de l'État.

Exemple de présentation du numéro d'enregistrement, du lieu et de la date :

N° 0045/MJDH/SG/CAB/IGSJP/2024 Conakry, le 23 juillet 2024

SECTION 3 : LA SUSCRIPTION ET LE SOUS-COUVERT

Paragraphe 1 : La suscription

La suscription présente l'expéditeur et le destinataire de l'écrit de l'Administration.

Elle s'écrit en majuscule et est placée en haut et à droite de la première page, sous la date.

L'expéditeur est désigné par sa fonction.

Le destinataire est désigné par Monsieur/Madame, sa fonction et son adresse exacte ou la ville de sa résidence pour les autorités officielles. Cette mention est précédée de l'article défini, ''A'' et écrite en majuscule et en gras à la fin de l'écrit et en face de la signature, afin d'écarter toute idée de subordination entre l'expéditeur et le destinataire.

Paragraphe 2 : Le sous-couvert

Le sous-couvert, en abrégé « s/c de [...] », signifie que l'écrit de l'Administration est transmis par la voie hiérarchique.

Le non-respect de la voie hiérarchique est un motif suffisant du classement sans suite de l'écrit en question ou de son rejet.

NB : Un agent de l'Administration ne doit pas écrire au Président de la République, mais plutôt à ses collaborateurs, en l'occurrence le ministre Secrétaire général de la Présidence de la République ou le Directeur de Cabinet.

Paragraphe 3 : Modèle de présentation de la suscription et du sous-couvert

LE SOUS-PRÉFET DE BANORA
A
Monsieur le Ministre de l'Administration du Territoire
et de la Décentralisation – Conakry -

s/ c de Monsieur le Préfet de Dinguiraye

(Et s'il y a plusieurs échelons, il suffit de mentionner :
« **s/c de la voie hiérarchique** » ou « **Par voie hiérarchique** »).

Cependant, pour la présentation de la suscription, il y a lieu de relever aujourd'hui une pratique tendant à mettre systématiquement l'emplacement du destinataire au bas et à gauche de la correspondance administrative, par courtoisie ou souci de ne laisser apparaître aucune connotation hiérarchique. **Ainsi, au lieu de :**

LE MINISTRE DE LA SANTÉ
À
Monsieur le Ministre du Budget – Conakry -

On écrit : **LE MINISTRE**
Objet : ……
Monsieur le Ministre,
…………………………………………………………
À
Monsieur le Ministre du Budget – Conakry –

SECTION 4 : L'OBJET ET LES RÉFÉRENCES

Dans un écrit de l'Administration, l'objet indique, de façon précise et succincte, le motif de celui-ci.

Il est exprimé sous la forme nominale, sans verbe.

Exemple : « Objet : Atelier de formation en légistique ».

Il est placé sous le timbre.

Dans un écrit de l'Administration, les références mentionnent l'écrit ou le fait dont le rappel serait utile à la compréhension de cet écrit.

Exemples : « **Référence** : Votre appel téléphonique du […] », « **Référence** : La circulaire n° […] du […] ».

Elles sont placées sous l'objet.

SECTION 5 : LE CORPS DE LA LETTRE

Le corps de la lettre comporte trois parties : l'introduction, le développement et la conclusion.

Paragraphe 1 : L'introduction

L'introduction reprend l'ensemble des éléments nécessaires à la compréhension du problème posé. Des formules d'introduction varient selon qu'il s'agit ou non de répondre à une correspondance antérieure.

S'il s'agit **d'un courrier spontané**, la phrase introductive explique brièvement la raison qui amène l'auteur à rédiger le courrier en question.

Exemples :

- *J'ai l'honneur d'attirer votre attention sur le fait que …*
- *Mon attention a été attirée sur …*

➢ *J'ai été amené à constater ...*

S'il s'agit de **répondre à un courrier**, la phrase introductive consiste en un bref rappel de la teneur du précédent courrier.

Exemples :

✓ *Par la lettre du* [...] *vous avez attiré mon attention sur le fait que* [...]

✓ *J'ai l'honneur d'accuser réception de la lettre du* [...] *par laquelle vous avez bien voulu* [...]

✓ *En réponse à votre lettre du* [...]

Au-delà de la lettre administrative, les éléments-clés généralement utilisés dans une introduction sont :

- une formule ou un paragraphe d'accroche ;
- la présentation du sujet et de son contexte ainsi que la justification de son choix ;
- la problématique abordée et/ou le but poursuivi ;
- l'annonce du plan.

Paragraphe 2 : Le développement

La partie principale d'une lettre administrative doit permettre au destinataire de savoir exactement ce dont il s'agit, ainsi que l'action qu'il doit entreprendre.

S'il s'agit pour l'Administration d'apporter une réponse à un courrier et que celle-ci ne répond pas à l'attente du destinataire, il y a lieu d'utiliser des termes qui amènent ce dernier à adhérer à l'argumentation, qui s'appuie au besoin sur la règlementation en vigueur.

Exemples :

➢ *Ainsi que vous le savez* [...]

➢ *Je crois devoir vous faire observer que* [...]

➢ *Conformément aux dispositions de l'article* [...]

Paragraphe 3 : La conclusion

La conclusion doit être claire, précise et concise, afin d'éviter toute interprétation erronée.

Dans un courrier spontané, la conclusion résume l'objectif de la lettre.

Dans le cas d'une réponse à un courrier, la conclusion fait connaître la décision de l'Administration (favorable, défavorable ou message d'attente). Le destinataire ne doit, en aucun cas, avoir un quelconque doute sur la teneur de la décision qui lui est notifiée.

Exemples :

- ✓ *En conséquence, je suis au regret de ne pouvoir satisfaire à* […]
- ✓ *J'espère que vous comprendrez que* […]
- ✓ *Je vous invite donc à* […]

SECTION 6 : LA FORMULE DE POLITESSE

La formule de politesse, qui termine le corps de la lettre, consiste en une seule phrase. Elle reprend obligatoirement la formule d'appel et tient compte du rapport hiérarchique entre l'expéditeur et le destinataire.

Exemples :

- ➢ *Veuillez agréer, Monsieur/Madame […], l'expression de ma haute considération/de ma considération distinguée.*
- ➢ *Je vous prie d'agréer, Monsieur/Madame […], l'assurance de ma parfaite considération.*
- ➢ *Veuillez agréer, Monsieur/Madame […], l'assurance de mes sentiments les meilleurs.*

Mais attention !

Une femme qui écrit à un homme veillera à ne pas utiliser une formule de politesse contenant le mot « *sentiments* ». Elle pourra, par exemple, dire « […] *l'expression de ma considération respectueuse (ou distinguée)* ».

De même, **un homme qui écrit à une femme** ne lui exprime pas ses sentiments, mais plutôt ses hommages. Ainsi, il écrira, par exemple : « *Je vous prie d'agréer, Madame la […] l'expression de mes respectueux hommages* ». Mais c'est seulement à une dame qu'on exprime des hommages et non à une demoiselle. À celle-ci, on exprime sa « *considération distinguée* », par exemple.

De même, étant donné que le participe présent dans la subordonnée se rapporte toujours au sujet de la proposition principale, le changement de sujet est à éviter absolument.

Exemples :

➢ **Au lieu de :** « *Dans l'attente d'une suite favorable, veuillez agréer, Monsieur/Madame, l'expression de ma parfaite considération* », **on doit dire :** « *Dans l'attente d'une suite favorable,* *je vous prie d'agréer, Madame, l'expression de ma parfaite considération ».*

➤ **Au lieu de :** « *Espérant avoir répondu à vos questions, veuillez agréer, Monsieur/Madame, l'expression de mes salutations les meilleures* », **on doit dire :** « *Espérant avoir répondu à vos questions, je vous prie d'agréer, Monsieur/Madame, l'expression de ma considération distinguée* ».

SECTION 7 : LES PIÈCES JOINTES, LES AMPLIATIONS, LE DUPLICATA ET LES ANNEXES

La mention **« *Pièces jointes* »** répertorie des documents, tels que lettres, décisions judiciaires et procès-verbaux, annexés à un écrit de l'Administration.

La mention **« *Ampliations* »** permet d'adresser des copies d'un écrit de l'Administration à des entités ou individus censés être intéressés par sa teneur et au service dont il émane pour le conserver dans le chrono à titre d'archivage.

L'ampliation d'un écrit de l'Administration désigne la photocopie de son original et qui ne fait foi que lorsque l'original ne subsiste plus. Elle diffère du duplicata qui a valeur d'original.

Les mentions « *Pièces jointes* » et « *Ampliations* » s'écrivent en gras et en lettres minuscules, sauf la première lettre qui est en majuscule, à gauche du texte et en face de la signature.

Les annexes, dans le cadre d'un écrit de l'Administration, sont des documents ou tableaux qui accompagnent celui-ci et qui en font partie intégrante.

SECTION 8 : LA SIGNATURE

PARAGRAPHE 1 : LES TYPES DE SIGNATURE

Dans un écrit de l'Administration, trois types de signature sont possibles : la signature, la cosignature et le contreseing.

I. - LA SIGNATURE

La signature atteste de l'existence d'un écrit de l'Administration.

Elle est manuscrite et apposée au bas et à droite de l'écrit avec le même alignement que le lieu et la date.

La signature est précédée de l'attache ou qualité en vertu de laquelle l'autorité signataire agit ; elle est suivie de l'indication des prénoms et nom de celle-ci. Elle comporte le cachet du service dont émane l'écrit.

Toutefois, **le cachet** est apposé de manière à le faire toucher légèrement la signature, sans la rendre illisible.

II. - La cosignature

La cosignature fait intervenir deux ou plusieurs autorités administratives, tout en les rendant solidairement responsables de cet écrit.

III. - Le contreseing

Le contreseing transfère, en réalité au contresignataire, le pouvoir règlementaire du signataire.

Paragraphe 2 : Les modalités de signature

Un écrit de l'Administration fait l'objet de signature par compétence, par ordre, par délégation, par intérim ou par autorisation.

I. – La signature par compétence

La signature par compétence appartient à l'autorité administrative, chef du service dont émane l'écrit de l'Administration. Dans ce cas, la signature n'est précédée d'aucune mention sinon que de la date, et elle est suivie des prénoms et nom du signataire, écrits en gras.

II. – La signature par ordre

La signature par ordre intervient lorsque le chef de service donne verbalement l'ordre à un subordonné le pouvoir de signer certains documents courants.

Elle intervient également, cette fois-ci, pour l'ensemble des affaires courantes et en l'absence de délégation, au profit de l'autorité administrative en place ayant le niveau hiérarchique le plus élevé après le chef de service, lorsque ce dernier est momentanément absent ou empêché sans avoir délégué sa signature.

III. – La signature par autorisation

La signature par autorisation intervient quand le subordonné est habilité par l'autorité hiérarchique à signer les documents ordinaires courants.

IV. – La signature par intérim

La signature par intérim intervient en cas de remplacement à un poste dont le titulaire, momentanément absent ou empêché, est encore en fonction.

V. – La signature par délégation

La signature par délégation intervient en cas de référence à un texte normatif prévoyant cette délégation.

Hormis la signature par ordre, les modalités de signature d'un écrit de l'Administration font chacune l'objet d'une décision de l'autorité habilitante, mais toutes sont publiées au Journal officiel de la République.

Souvent, la signature est précédée de la mention suivante :

- *« Pour [...] et par ordre », en abrégé, « P [...] PO » ;*
- *« Pour [...] et par autorisation », en abrégé, « P [...] PA » ;*
- *« Pour [...] et par intérim », en abrégé, « P [...] PI » ;*
- *« Pour [...] et par délégation », en abrégé, « P [...] PD ».*

VI. – Le contreseing

Le contreseing est précédé de la mention « Pour approbation ».

Dans tous les cas, le paraphe comporte le cachet et est suivi de l'indication des prénoms et nom du signataire, tous écrits en gras.

Section 9 : Les mentions destinées à attirer l'attention du destinataire

Les mentions « **URGENT** » et « **RAPPEL** » (en lettres majuscules, en gras et en rouge) sont apposées au tampon sous le timbre. L'encre rouge les rend visibles et permet d'attirer facilement l'attention du destinataire.

Les mentions « **À l'attention de** […] » et « **Vu et transmis le** […] » sont écrites en lettres minuscules, sauf la première lettre, et en gras.

La mention « *À l'attention de* […] » est apposée sous la suscription lorsque l'agent chargé du traitement du dossier est nominativement désigné. Elle permet d'accélérer la transmission du courrier à l'intérieur du service destinataire.

La mention « *Vu et transmis le* […] » est portée au tampon à la marge gauche de la lettre. Elle est suivie de la signature de l'autorité et, s'il y a lieu, avec son avis (favorable, avec réserve, défavorable *[à motiver]*) ; elle indique que la transmission suit bien la voie hiérarchique.

SECTION 10 : LES MENTIONS DE PROTECTION OU DE CLASSIFICATION

Les mentions de protection du secret et des informations touchant la défense nationale et la sûreté de l'État sont régies par des textes règlementaires. Elles sont apposées sur les documents se rapportant aux intérêts fondamentaux de la Nation.

Aux termes des dispositions de **l'article 533 du Code pénal**, l'expression **« les intérêts fondamentaux de la Nation** » *s'entend de l'indépendance du pays, de l'intégrité de son territoire, de sa sécurité, de la forme républicaine de ses institutions, des moyens de sa défense et de sa diplomatie, de la sauvegarde de sa population en Guinée et à l'étranger, de l'équilibre de son milieu naturel et de son environnement et des éléments essentiels de son potentiel scientifique et économique et de son patrimoine culturel.*

Les documents soumis à la protection renforcée font l'objet de tampon « **TRÈS SECRET** », **« SECRET** » ou « **CONFIDENTIEL** » (en caractères gras et en rouge), en fonction de leur classification ou degré de sensibilité.

La mention « *TRÈS SECRET* » protège une information dont la sécurité est capitale et dont la divulgation est de nature à mettre en danger la sécurité nationale ou à causer des dommages très graves à la Nation.

La mention *« SECRET »* protège une information dont la divulgation est de nature à mettre en danger la sécurité nationale, à porter atteinte soit à une activité gouvernementale, soit aux intérêts ou au prestige de la Nation, ou à être avantageuse à une Nation étrangère.

Une note d'avertissement peut accompagner ces deux premières catégories de documents en ces termes

La mention *« CONFIDENTIEL »* protège les informations relevant de la discrétion professionnelle et dont la divulgation serait de nature à provoquer des embarras administratifs, des difficultés ou des préjudices à autrui.

Au titre de la répression, **l'article 367 du Code pénal** dispose :

« L*a révélation d'une information à caractère secret par une personne qui en est le dépositaire, soit par état ou par profession, soit en raison d'une fonction ou d'une mission temporaire, est punie d'un emprisonnement de 6 mois à 1 an et d'une amende de 500 000 à 2 000 000 de francs guinéens ou de l'une des deux peines seulement* ».

Cela signifie que tout agent de l'État est lié par l'obligation de discrétion professionnelle pour tout ce qui concerne les documents, les faits et les informations dont il a connaissance dans l'exercice ou à l'occasion de l'exercice de ses fonctions.

CHAPITRE III

LES PRINCIPAUX DOCUMENTS ADMINISTRATIFS

SECTION 1 : LES DOCUMENTS DE GESTION ADMINISTRATIVE

Ce sont : le procès-verbal, le compte rendu, le rapport, les circulaires et les notes de service et instructions.

Paragraphe 1 : Le procès-verbal

Le procès-verbal est un compte-rendu officiel d'une réunion, d'une audience ou d'une opération.

Le procès-verbal de réunion, en particulier, est un document qui résume les discussions, les actions et les votes au cours d'une réunion formelle. Il s'agit d'une exigence légale dans de nombreux secteurs règlementés, et pour cette raison, il doit être conservé d'une manière cohérente et vérifiable.

Pour la rédaction d'un procès-verbal, il est nécessaire non seulement de laisser la trace de ce qui a été convenu, mais également de décrire aussi clairement que possible les actions à entreprendre et - ce qui est peut-être le plus important – indiquer la personne qui en sera responsable et dans quel délai.

Autrement dit, le procès-verbal de réunion est le moyen par lequel sont communiqués et distribués les résultats de la réunion, et sa finalisation marque le moment où les décisions et les actions deviennent officielles.

Ce document permet de responsabiliser les participants à la réalisation des actions décidées lors de la réunion et d'éviter les discussions redondantes au sein des futures réunions, se basant sur un compte rendu clair facilement accessible.

Cependant, dans de nombreux cas, le procès-verbal de réunion est négligé, peu ou pas rempli, bien qu'étant la condition sine qua non pour que les réunions soient productives.

Paragraphe 2 : Le compte rendu

I. – Les caractéristiques du compte rendu

Le compte rendu ne présente pas un caractère aussi officiel que le procès-verbal. C'est une forme de rapport complet, mais succinct, moins détaillé et moins rigide que le procès-verbal et dont le caractère est plus informatif que juridique.

Comme tout écrit administratif, le compte rendu doit être rédigé avec clarté, exactitude, objectivité et concision. Il est conseillé d'utiliser le temps présent. On peut le rédiger en employant des phrases complètes – tout en évitant les phrases trop longues –, mais aussi, lorsque le contenu s'y prête, le formuler dans un style télégraphique.

II. — Le contenu du compte rendu

Lorsqu'il porte sur le déroulement d'une réunion, le compte rendu se présente, de manière générale, comme le procès-verbal. On y rappelle d'abord le lieu et la date de la réunion ainsi que le nom des personnes participantes. Puis, on annonce le contenu de l'ordre du jour. Suit l'essentiel des discussions, présentées chronologiquement ou par thème suivant un ordre logique. S'il n'y a pas d'ordre du jour, on énumérera les thèmes abordés avant de les reprendre un à un pour en faire la synthèse.

Le compte rendu n'exige pas de coller aussi étroitement aux échanges que le procès-verbal. Il s'agit de résumer les discussions et les décisions qui ont été prises pour chaque sujet. Chacun de ceux-ci fait l'objet d'un paragraphe. Enfin, on termine le compte rendu par la mention de l'heure à laquelle a pris fin la réunion. Le nom de la personne qui a rédigé le document figure au bas.

III.— Les types de compte rendu

Ce type d'écrit est souvent utilisé pour rendre compte de réunions de travail sans caractère officiel organisées librement. Il n'a pas à être soumis pour approbation lors d'une prochaine réunion. Il s'agit plutôt d'un aide-mémoire à usage interne. Ainsi, en consignant dans un compte rendu l'essentiel d'une réunion, on facilite la poursuite de la réflexion ou le passage à l'action à partir d'un texte qui fait consensus.

On peut aussi avoir à rédiger un compte rendu à la suite d'une activité, d'un entretien, d'une mission, pour faire état d'un problème, de l'avancement d'une recherche, pour relater une conférence, etc.

Dans ces cas, la forme du compte rendu est un peu différente ; on indique l'objet du compte rendu, que l'on fait suivre soit d'un texte suivi, soit d'une énumération de points sous lesquels un résumé des faits est donné.

Il importe de rappeler que ce type d'écrit doit toujours être succinct, précis et adapté aux besoins de ses destinataires. L'auteur ou l'autrice du compte rendu doit éviter de faire état de ses opinions ; il ou elle doit s'en tenir aux faits.

IV. — Les procédés de facilitation de la prise de notes en vue de l'élaboration d'un procès-verbal ou d'un compte rendu

Que ce soit en vue d'un compte rendu ou d'un procès-verbal, la prise de notes peut sembler un exercice difficile. Certains ont recours à des procédés qui leur facilitent la tâche. Ainsi, on peut constituer son propre code d'abréviations et de signes, se garder des marges et des interlignes pour les ajouts, ou n'utiliser que le recto des feuilles. On peut également se servir de formulaires que l'on aura conçus au préalable, selon ses besoins, et qui comporteront des titres et des espaces (souvent sous forme de colonnes) dans lesquels on inscrira les éléments de la discussion.

V. — Modèle de compte rendu et de procès-verbal de réunion

A. - Compte rendu de la réunion du Bureau de la Cour suprême (tenue dans la salle de conférence de cette Cour, le ...)

Sont présents : ....

Est absent : ....

La réunion est présidée par : ...

N°	Ordre du jour	Résumé des discussions	Suite donnée Délai Responsabilité
1	Adoption de l'ordre du jour	L'ordre du jour est adopté en tenant compte de la modification proposée par F. ; ajout du point « Proposition d'informer le personnel de la Cour. »	
2	Refonte du site Intranet de la Cour	Au lieu de parler de refonte, G préfère plutôt parler de réorganisation du site, puisque son contenu restera sensiblement le même. Il s'agira essentiellement de déplacer certaines sections du site pour permettre une consultation plus rapide. Il y aura aussi ajout d'une Foire aux questions (FAQ). H. fait remarquer qu'on ne pourra pas mettre toutes les questions des membres du personnel dans la FAQ. On ne retiendra que les plus courantes.	

3	Rôle des membres du Bureau	H. propose la répartition suivante : ➢ A, B, C et D s'occuperont de la réorganisation de l'information ; ➢ E. se joindra à M pour la rédaction des questions et réponses de la FAQ. ➢ Au préalable, E rencontrera quelques membres du personnel pour recenser leurs questions sur le site Intranet.	➢ A, B, C et D : réorganisation ; ➢ E. : rédaction et tri des questions FAQ.
4	Calendrier de travail et étapes à venir	M. propose un tableau d'étapes qui indiquerait les tâches, les responsabilités et les dates. La fin des travaux pour le site des tests est fixée à octobre 2024, et le lancement officiel du site refondu devrait se faire en décembre 2024.	N. : tableau des tâches – 2 août 2024
5	Proposition d'informer le personnel de la Cour	M. se charge d'envoyer une note à tous les membres du personnel pour les aviser que le travail en vue de la refonte du site Intranet a	

		commencé et pour les informer de la composition de l'équipe qui participe à ce projet ainsi que les responsabilités de chaque membre.	
6	Divers	C. a évoqué le problème des vacances judiciaires et les préparatifs de l'atelier prévu en octobre 2024.	
7	Prochaine réunion	La prochaine réunion est prévue pour la fin des vacances judiciaires.	
8	Clôture de la séance	La séance est levée à 16 h 30.	

Conakry, le […]

Le Secrétaire de séance   Le Président de séance

(signature)   (signature)

(Prénoms et NOM – en gras)
(Prénoms et NOM – en gras)

B. – Procès-verbal de l'Assemblée générale extraordinaire de la Fédération guinéenne de Basketball

Introduction

Le samedi 21 septembre 2024, une Assemblée générale extraordinaire s'est tenue à l'Académie olympique, située dans l'enceinte du Stade du 28 septembre, pour élire le nouveau Bureau exécutif de la Fédération guinéenne de Basketball (FGBB). Elle a démarré à 10 h 35 et a été présidé par le Président du Comité ad-hoc.

Participants

Ont pris part à cette assemblée :

- Les membres du Comité ad-hoc ;
- Le Directeur national des Sports et des Activités physiques, représentant le ministre de la Jeunesse et des Sports ;
- Les représentants des ligues et des clubs de basketball ;
- Monsieur X, Président de la zone 2 de la FIBA ;
- Monsieur Y, membre de la FIBA.

Discours d'ouverture

La cérémonie a débuté par trois discours :

1. Discours de bienvenue du Président du Comité ad-hoc.
2. Allocution du Président de la zone 2 de la FIBA.
3. Discours d'ouverture prononcé par le Directeur national des Sports et des Activités physiques.

Ordre du jour

Trois points étaient inscrits à l'ordre du jour, à savoir :

1. Adoption du projet de statuts de la FGBB.
2. Fixation de la date et du lieu de l'Assemblée générale élective.
3. Divers.

Déroulement des débats

Les discussions ont été animées et ont permis d'aborder plusieurs sujets essentiels, y compris des propositions pour l'amélioration de la structure administrative et la promotion du genre.

Décisions et résolutions

1. Adoption des nouveaux statuts de la FGBB, sous réserve de corrections.
2. Fixation de la date de l'Assemblée générale élective au 19 octobre 2024.
3. Encouragement des candidatures féminines.

Clôture

La cérémonie de clôture a été marquée par les discours du Président de la zone 2 de la FIBA, du Président du Comité ad-hoc, et le discours de clôture du représentant du ministre de la Jeunesse et des Sports. Elle a pris fin à 15 h 45.

Paragraphe 3 : Le rapport

I. — Les caractéristiques du rapport

Il ne faut pas confondre compte rendu et rapport. Le compte rendu se borne à relater objectivement des faits. Quant au rapport, il va au-delà de cette simple narration des faits pour en donner un commentaire critique, un point de vue personnel ; en même temps, il dégage des conclusions et formule des propositions présentées au conditionnel.

Le supérieur hiérarchique auquel sont adressées ces propositions est libre de leur donner la suite qu'il estime nécessaire, et cette nuance doit toujours apparaître dans le rapport à travers la rubrique consacrée à la conclusion.

Le rapport doit toujours être exhaustif sur la question traitée.

II. — Les types de rapport

En fonction de leur objet, on distingue notamment le rapport d'étude, le rapport de mission, le rapport d'inspection, le rapport périodique, le rapport disciplinaire, le rapport technique, le rapport de présentation, la communication en Conseil des ministres.

Il y a lieu de souligner que cette dernière est le rapport présenté par un ministre au Conseil des ministres notamment :

✓ Pour l'informer de l'évolution d'une activité ou d'une situation dont la réalisation ou le contrôle entre dans les attributions du ministre qui présente la communication ;

✓ Lorsqu'il y a lieu de demander au Conseil son accord de principe pour la réalisation d'une activité à caractère exceptionnel comme c'est le cas :

- lorsque la réalisation de cette activité nécessite une affectation spéciale de crédits ;
- lorsqu'elle concerne notamment l'organisation d'une conférence ou d'un colloque international dans le pays ou l'accueil d'une mission étrangère ;
- lorsqu'elle se traduit par l'envoi d'une mission à l'étranger.

La communication du ministre, qui doit être aussi brève que possible, est présentée sous le schéma habituel : introduction, développement, conclusion.

Lorsqu'il s'agit d'une activité à incidence financière, le développement doit en souligner les avantages et les résultats attendus ainsi que les charges qu'elle implique. L'évaluation des moyens sollicités pourra être présentée de façon plus détaillée dans un état annexé à la communication.

La conclusion sera un résumé des sollicitations.

Exemple de formulation :

« En résumé, l'agrément du Conseil des ministres est sollicité pour :

- *l'organisation à Conakry d'une conférence sous régionale sur le WAQF ;*
- *l'octroi de crédits exceptionnels d'un montant de* [...] *au titre des frais y afférents ».*

III. — La rédaction du rapport

La rédaction d'un rapport doit obéir à la structure classique : introduction, développement, conclusion.

Mais auparavant, il faut entreprendre une recherche objective des faits ou des éléments de tous ordres à prendre en considération. Il faudra ensuite soumettre ces éléments à une réflexion critique en référence avec l'objet du rapport qui doit être circonscrit avec précision.

Il importe également de classer les éléments à exposer, d'ordonner les idées en fonction de leur importance et en établissant entre elles une progression ; ce qui doit aboutir à l'élaboration d'un plan.

Cela dit, en ce qui concerne l'introduction, celle-ci doit être brève et situer le rapport dans ses motifs, les circonstances qui l'entourent, son objet (en définissant la problématique) et sa finalité.

Le développement, quant à lui, s'articule autour des trois points suivants : l'exposé des faits, l'argumentation et les propositions de solutions soumises au supérieur hiérarchique.

Il est à noter que l'exposé des faits, c'est la partie objective qui ne doit reposer que sur des éléments exacts, vérifiables, irréfutables ; c'est la partie compte rendu.

L'argumentation, c'est le commentaire autour des faits exposés. Autrement dit, c'est la partie créative du rapport, celle où intervient l'opinion du rapporteur.

Les propositions de solutions constituent la partie constructive du rapport, qui présente les solutions envisageables et leurs modalités d'application lorsqu'il s'agit d'une affaire complexe.

Rien n'empêche l'adoption d'un plan sous-titré, surtout pour les rapports d'une certaine ampleur, tels que rapport d'étude et rapport périodique.

En ce qui concerne la conclusion, celle-ci contient le rappel sommaire des principaux aspects du rapport et des solutions proposées, qui seront repris sans autre argumentation.

IV. — Modèle de rapport

(En-tête de la structure)

RAPPORT
À M. le ....
Objet : ....

1) Introduction
- J'ai l'honneur …

2) Développement
- Exposé des faits
- Raisonnement et commentaire
- Propositions

3) Conclusion
- Résumé des propositions présentées et, s'il y a lieu, demande d'instructions.

Qualité du rapporteur

(signature)

Prénoms et NOM (en gras)

Paragraphe 4 : Les circulaires, la note administrative et la note de service

Les circulaires, la note administrative et la note de service sont des outils internes de l'Administration, dont le but est de transmettre à autrui, avec la plus grande précision, des informations ou des instructions sur un point particulier.

Elles présentent des traits communs mais aussi des particularités.

I.— GÉNÉRALITÉS

Sous des appellations diverses – circulaire, note administrative, note de service, instructions et autres -, les administrations communiquent avec leurs agents et les usagers pour rappeler les principes d'une politique, fixer les règles de fonctionnement des services publics et commenter ou orienter l'application des lois et règlements.

Une « circulaire » n'a ni plus ni moins de valeur qu'une « note de service ». Un message électronique à caractère impératif adressé par un Directeur général d'administration centrale aux directeurs régionaux d'agences relevant de sa compétence est considéré comme une circulaire[7].

Les circulaires adressées aux services déconcentrés peuvent être classées en deux catégories :

- Les unes, se présentant sous forme d'« *instructions du Gouvernement* », comportent des instructions tendant à la mise en œuvre d'une politique publique ;

- Les autres apportent aux services déconcentrés des précisions techniques ou méthodologiques nécessaires à la mise en œuvre d'un texte ou d'une politique, diffusées par chaque ministère.

Par ailleurs, le recours à des « ***questions-réponses*** », « ***forums d'échanges*** » ou « ***plateformes collaboratives*** » est recommandé pour associer les services déconcentrés à la préparation et à la mise en œuvre des réformes.

Les « ***lignes directrices*** », encore dénommées « ***directives*** », qui peuvent être contenues dans une circulaire ou une instruction, sont des orientations au vu desquelles les décisions seront prises par les autorités qui en sont les destinataires en application de la loi ou du règlement. Elles ne se justifient que lorsque le texte dont il doit être fait application laisse une marge d'appréciation telle à ces autorités que leur pouvoir de décision peut être orienté dans un sens déterminé. Elles doivent alors être rédigées de manière à faire apparaître que l'auteur de la décision pourra y déroger pour des motifs tenant soit à la situation individuelle de l'usager ou du demandeur, soit à l'intérêt général.

[7] CE français, 3 février 2016, Conseil national de l'ordre des infirmiers, n° 381203

II. — Les circulaires

A. — La rédaction et la présentation des circulaires

La rédaction et la présentation des circulaires doivent faire l'objet d'une attention particulière. Il est, en particulier, souhaitable que :

✓ Les services destinataires soient associés, selon les formes appropriées, à leur élaboration ;

✓ L'ensemble des références permettant d'insérer la circulaire dans son environnement juridique soit précisément indiqué : texte(s) dont il est fait application et circulaires connexes ou antérieures traitant du même sujet ;

✓ La ou les circulaires auxquelles celle-ci vient se substituer soient expressément abrogées ; au demeurant, le juge statuant en matière administrative déclare caduques les instructions émises dans un domaine où les textes ont déjà fait l'objet de modifications et où de nouvelles instructions ont été prises ;

✓ Dans le cas où une circulaire modifie le contenu d'autres circulaires, il convient de privilégier la solution consistant à abroger ces dernières et à réécrire l'ensemble du dispositif plutôt que de laisser au lecteur la charge d'en assurer la combinaison. Cette méthode permet de vérifier l'actualité du contenu des circulaires applicables dans le domaine considéré. Elle est, en effet, la seule permettant d'assurer l'intelligibilité de la circulaire.

B. — La signature et la publicité des circulaires

D'une manière générale, dans le cas où le ministre (ou les ministres en cas de circulaire interministérielle) ne signe pas personnellement une circulaire, il y a lieu de privilégier une signature au niveau administratif le plus élevé possible. Toutefois, les « **instructions du Gouvernement** » sont signées par le Premier ministre ou le ministre.

La transmission d'une circulaire à ses destinataires, sa publicité et son accessibilité devraient être organisées selon les règles fixées par un Code des relations entre le public et l'Administration à mettre en place, c'est-à-dire, au regard du droit comparé et ce, de la façon suivante :

➢ Les instructions, circulaires et notes de service comportant une interprétation du droit positif ou une description des procédures administratives doivent être publiées ;

➢ De tels documents émanant des administrations centrales de l'État sont à publier dans des bulletins ayant une périodicité au moins trimestrielle et comportant, dans leur dénomination, la mention « **Bulletin officiel** ».

Des arrêtés déterminent, pour chaque administration, la dénomination exacte du ou des bulletins la concernant, la matière couverte par ce ou ces bulletins ainsi que le lieu ou le site Internet où le public peut les consulter ou s'en procurer une copie.

Ce mode de publication n'exclut pas, à titre exceptionnel, une publication au Journal officiel de la République lorsque l'importance de la circulaire, appréciée par le Secrétaire général du Gouvernement, le justifie ;

➢ L'Administration doit mettre en ligne les circulaires sur le site de la Primature. À défaut, elle ne devrait pouvoir se prévaloir à l'égard des administrés de la circulaire, qui n'est ainsi pas applicable. Le juge s'assure du respect de l'obligation de mise en ligne[8] ;

➢ S'agissant des circulaires adressées aux services déconcentrés, celles-ci doivent faire l'objet d'une diffusion centralisée aux services déconcentrés à partir d'un point d'émission unique, placé sous le contrôle du secrétaire général du ministère.

C. — La portée des circulaires

Une circulaire n'est jamais une condition nécessaire à l'entrée en vigueur d'une loi ou d'un décret. L'Administration n'est d'ailleurs jamais tenue de prendre une circulaire. Doit donc être déclaré irrecevable le recours intenté contre le refus de prendre une circulaire.

Une circulaire est en principe destinée à éclairer sur l'état du droit en vigueur, en vue d'assurer sur l'ensemble du territoire national une application aussi uniforme que possible de celui-ci. Autrement dit, elle ne saurait ajouter à cet état du droit en édictant de nouvelles normes ou en en donnant une interprétation erronée.

Une circulaire peut être annulée pour d'autres motifs que celui de l'incompétence de son auteur, notamment lorsqu'elle reprend des dispositions qui sont elles-mêmes contraires à des normes juridiques supérieures. Tel est le cas, par exemple, d'une circulaire qui réitère les dispositions d'un décret illégal.

---

[8] CE français, Sect., 16 avril 2010, M. A., n° 279817.

III. — La note administrative

La note administrative se présente comme suit :

Destinataire : un supérieur hiérarchique (interne ou externe à l'Administration)

Objectif : permettre à son destinataire de prendre connaissance d'un dossier sans avoir à le consulter et à étudier l'ensemble des pièces qui le constituent.

Finalité : donner une vue d'ensemble du sujet traité et aider à la prise de décision.

Structure : Celle-ci se présente comme suit :

- Le logotype
- Le lieu et la date
- Le libellé « Note à l'attention de [...] »
- L'objet, qui résume succinctement le sujet
- La référence, s'il y en a
- L'introduction, qui résume le sujet traité
- Le développement, qui se compose généralement de deux parties :
  a- Une partie descriptive consacrée à l'analyse des données, des problèmes, des causes
  b- Une deuxième partie dégageant les conséquences, les solutions à envisager, les divers points de vue ;
- Une conclusion, qui n'est pas obligatoire
- La signature de l'expéditeur
- La mention « Pièces jointes », s'il y a lieu.

IV. — La note de service

La note de service se présente comme suit :

Destinataire : un ou plusieurs services internes à l'Administration ;

Objectif : transmettre des informations ou des instructions ;

Structure : Celle-ci se présente comme suit :

- Le logotype ;
- Le lieu et la date ;
- Le libellé « Note de service » ;
- Les destinataires ;
- L'objet, qui résume succinctement le sujet ;
- Le corps de la note de service : L'information le plus importante se trouve au début du document. Les informations ou instructions sont exposées dans un ordre logique, le plus souvent

chronologique. La formule de conclusion appelle à l'attention, à la compréhension, à l'implication des destinataires ;
- La signature de l'auteur ;
- La mention « Pièces jointes », s'il y a lieu.

SECTION 2 : LES DOCUMENTS DE COMMUNICATION EXTERNE

Paragraphe 1 : Les messages adressés par l'Administration aux médias

Deux types de message sont adressés par l'Administration aux médias : le communiqué et la note aux rédactions.

I. — LE COMMUNIQUÉ

LE COMmuniqué est une information d'intérêt public diffusée aux médias en vue d'être publiée.

L'information concerne donc directement le grand public. Les différents organes de presse décident s'ils publient ou non une partie ou la totalité de l'information diffusée.

Le premier paragraphe du texte du communiqué contient en principe l'essentiel de l'information et répond idéalement aux questions **: quoi ? qui ? dans quelle fonction ? où ? quand ? et pourquoi ?**

Les autres paragraphes du communiqué viennent étoffer son contenu selon un ordre d'importance décroissant. Si le texte est long, il est conseiller d'ajouter les sous-titres pour guider le lecteur.

II. — LA NOTE AUX RÉDACTIONS

La note aux rédactions contient pour l'essentiel des informations d'ordre pratique et organisationnel destinées par leur nature, exclusivement à la presse. Il s'agit, par exemple, d'une invitation à une conférence de presse ou à d'autres événements, de procédures, d'accréditation à respecter ou du programme défini par les médias lors d'une visite.

Le communiqué et la note aux rédactions doivent contenir en dernier les coordonnées de la personne en charge du dossier. Sont à indiquer en principe, au moins une adresse électronique, un téléphone fixe ou portable.

Le communiqué ou la note aux rédactions peut selon les cas, contenir les mentions suivantes : ANNULATION, RECTIFIACTIF, URGENT, IMPORTANT ou EMBARGO.

« **ANNULATION** » Si un événement annoncé précédemment est annulé, le communiqué ou la note aux rédactions concerné et déjà diffusé à la presse est à envoyer de nouveau. Le texte initial ne doit subir aucun changement ; l'information concernant l'annulation est à indiquer clairement au début du message (courriel).

« **RECTIFICATIF** » : Dans ce cas de figure, le communiqué ou la note aux rédactions est déjà diffusé à la presse est envoyé de nouveau. Le texte initial ne doit subir aucun changement ; seule l'information qui a changé est à placer au début du message.

« **URGENT** », « **IMPORTANT** » : L'utilisation de ces termes doit être réservée à des cas tout à fait exceptionnel qui justifie le recours à cette classification.

« **EMBARGO** » : Cette mention signifie l'interdiction de publier une information avant une date et une heure déterminées. Elle n'est employée que très rarement, et il est recommandé de ne pas en abuser.

Paragraphe 2 : Autres documents de communication externe

Au-delà des documents adressés à la presse, l'Administration émet les documents de communication externe ci-après :

- **La lettre administrative :** correspondance officielle avec un tiers (autre administration, partenaires, usager) ;
- **La déclaration publique** : prise de position ou annonce d'une institution ;
- **Le Bulletin officiel / Journal administratif** : publication périodique des textes et décisions de portée générale.

Section 3 : Autres documents administratifs

Paragraphe 1 : Les documents décisionnels

Ce sont :

- **L'arrêté :** décision administrative unilatérale prise par une autorité administrative (Premier ministre, ministre, préfet, maire, président d'institution) ;

- **La décision :** acte par lequel une autorité administrative tranche sur une situation donnée (nomination, affectation, suspension, radiation, autorisation, etc.) ;

- **L'instruction :** document technique adressé aux agents pour leur indiquer comment appliquer telle règle ou exécuter telle tâche ;
- **La résolution :** décision d'une instance collégiale.

Paragraphe 2 : Les documents budgétaires et financiers

Comme documents budgétaires et financiers, on distingue :

- **Le projet de Budget / Budget voté** : prévision et répartition des dépenses et des recettes ;

- **L'ordonnancement / mandat de paiement** : acte de gestion financière ;

- **L'état financier / bilan comptable** : synthèse annuelle des opérations.

Paragraphe 3 : Les documents de planification ou de réforme

Dans le cadre de ses activités de planification ou de réforme, l'Administration élabore les documents ci-après :

- **Le plan stratégique / plan d'action** : document de pilotage sur le moyen ou long terme ;

- **Le projet de réforme / proposition de texte** : documents préparatoires aux changements réglementaires ou organisationnels.

TITRE III

LES RÈGLES PARTICULIÈRES DE PRÉSENTATION ET DE RÉDACTION DES TEXTES NORMATIFS

Le rédacteur d'un texte normatif ne doit jamais perdre de vue que « [l]*a forme est toujours l'écho du fond* »[9]. Autrement dit, la rigueur formelle doit caractériser tout effort d'élaboration d'un texte normatif.

Le présent titre, qui vise cette rigueur formelle, est articulé autour des neuf chapitres ci-après :

— CHAPITRE I : LES RÈGLES COMMUNES DE BONNE RÉDACTION ;

— CHAPITRE II : LE CAS PARTICULIER DE L'ÉCRITURE DES ARRÊTS DE LA COUR SUPRÊME ;

— CHAPITRE III : LES CATÉGORIES DE PROBLÈMES DE SOCIÉTÉ À RÉSOUDRE PAR LA VOIE NORMATIVE ;

— CHAPITRE IV : LES QUESTIONS PRÉALABLES ;

— CHAPITRE V : LES DOCUMENTS DE PRÉSENTATION DES TEXTES NORMATIFS ;

— CHAPITRE VI : LES MENTIONS LIMINAIRES DES TEXTES NORMATIFS ;

— CHAPITRE VII : LE CORPS DU TEXTE NORMATIF OU DISPOSITIF ;

— CHAPITRE VIII : LA PROCÉDURE D'ÉLABORATION ET D'ADOPTION OU DE SIGNATURE DES PROJETS DE TEXTE

[9] Georges Dupuis cité par M. DIAKHATÉ, op. cit., p. 217.

NORMATIFS ET L'ENTRÉE EN VIGUEUR DES TEXTES NORMATIFS ;

— CHAPITRE IX : LE TEXTE NORMATIF APRÈS SON ENTRÉE EN VIGUEUR.

CHAPITRE I

LES RÈGLES COMMUNES DE BONNE RÉDACTION

La première qualité d'un texte normatif se trouve dans la parfaite propriété des termes qui y sont employés.

À cet effet, il faut nécessairement se donner du temps pour rédiger et écrire le texte en tenant compte de son style spécifique.

SECTION 1 : LA NÉCESSITÉ DE SE DONNER DU TEMPS POUR RÉDIGER

Pour rédiger un projet de texte normatif, il faut se donner du temps. En effet, un texte élaboré dans la précipitation risque de comporter des erreurs pouvant être à l'origine de difficultés plus ou moins sérieuses pour les personnes qu'il concerne. La correction éventuelle de ces erreurs peut, à son tour, faire perdre le prétendu bénéfice du temps initialement gagné.

En outre, une correction effectuée dans la précipitation pourra, elle-même, engendrer de nouvelles erreurs ; d'où le risque d'un cercle vicieux.

Sans recul suffisant par rapport au projet de texte, l'on nourrit l'illusion que celui-ci sera compris comme le rédacteur l'a imaginé.

Pour éviter cet écueil, il serait judicieux de laisser le projet de texte quelques jours de côté avant d'y revenir par la suite avec un regard plus critique. Il convient également de demander l'avis de collègues ; mais le mieux serait que ceux-ci ne soient pas au courant du projet, afin que leur lecture ne soit pas inconsciemment bienveillante.

D'ailleurs, il n'est pas souhaitable de corriger, après coup, les imperfections du projet de texte par une interprétation lui donnant une portée conforme à la volonté initiale de l'auteur. En effet, non seulement une interprétation ne contredit presque jamais le projet de texte lui-même, mais également, une note interprétative ne lie nullement les personnes qu'il concerne.

SECTION 2 : LE STYLE DE L'ÉCRITURE DU TEXTE NORMATIF

Le style de l'écriture du texte normatif a des caractères qui lui sont propres qu'il convient de respecter. Dans le cadre de la rédaction d'un projet de texte normatif et des documents qui l'accompagnent (exposé des motifs ou rapport de présentation, étude ou fiche d'impact, notice), il convient, en outre, de cerner le sens réel des termes juridiques et d'éviter les expressions surannées.

Paragraphe 1 : Les caractères du style de l'écriture du texte normatif

Les caractères du style de l'écriture du texte normatif sont la clarté, la simplicité, la précision, la concision et la cohérence.

I. — LA CLARTÉ

Un texte bien rédigé est un texte formulé avec des phrases simples, courtes et bien construites.

Ainsi, il convient d'écrire **les phrases à la voix active** (sujet + verbe + complément) ; cela suppose que quelqu'un fait quelque chose. Une telle phrase est facile à comprendre, parce que c'est le sujet qui accomplit l'action au lieu de la subir.

<u>Exemple</u> : **Au lieu de :** « *Les règles de procédure sont déterminées par le Directeur général* », **il convient d'écrire :** « *Le Directeur général détermine les règles de procédure* ».

Il convient également d'écrire **des phrases affirmatives plutôt que des phrases négatives**. Une phrase négative est souvent plus difficile à comprendre qu'une phrase affirmative et peut, en outre, être source de confusion.

De même, il faut éviter d'intercaler trop de mots entre le sujet et le verbe ainsi qu'entre le verbe et le complément.

Lorsque le texte à rédiger contraint à une énumération, il convient de présenter cette énumération verticalement et de ne pas y insérer de phrases incidentes.

Par ailleurs, la jurisprudence française, par exemple, met à la charge de l'auteur du texte normatif, qu'il s'agisse du législateur ou du pouvoir règlementaire, l'obligation de clarté.

C'est ainsi qu'en ce qui concerne le législateur, c'est sur le fondement de l'objectif de valeur constitutionnelle d'accessibilité et d'intelligibilité de la loi que le Conseil constitutionnel français, par exemple, contrôle aujourd'hui la clarté suffisante des dispositions qui lui sont soumises[10].

En ce qui concerne le pouvoir règlementaire, cet objectif de valeur constitutionnelle a été repris à son compte par le Conseil d'État français qui opère le même contrôle[11].

Évidemment, le droit guinéen pourrait s'en inspirer.

II. — La simplicité

L'obligation de simplicité doit dans tous les cas se traduire par :

- la simplicité des phrases en évitant les phrases longues et complexes ainsi que la multiplication de subordonnées et d'incidentes emboîtées, les doubles négations et les accumulations de substantifs ;
- la simplicité des formulations en évitant les alternatives « *et/ou* », « *le ou les* », le recours aux adverbes et les tournures inutilement lourdes ;
- la simplicité des mots en évitant l'adjonction sans discernement de termes pseudo-juridiques qui donnent au texte une allure un peu surannée du langage juridique, sans que cela ne renforce nécessairement sa compréhension. Il en est ainsi, par exemple, des expressions et mots suivants : « *ledit* », « *ladite* », « *susdit*[e] », « *susnommé*[e] », « *susmentionné*[e] », « *époux* ». Mais « *susvisé*[e] » demeure, lorsqu'il s'agit de se référer, dans le dispositif d'un texte règlementaire, à une norme qui figure dans ses visas ; dans les textes législatifs, où il n'y a pas de visa, cette pratique est exclue.

III. — La précision

Dans un texte normatif, il convient d'utiliser des mots précis, qui reflètent exactement l'intention de l'auteur.

<u>Exemple</u> : Les mots « *aube* », « *aurore* » et « *crépuscule* » sont imprécis. C'est pourquoi il convient, autant que possible, de se référer

---

[10] CC. français, 16 déc. 1999, n° 99-421 DC ; 19 déc. ; 2000, n° 2000-437 DC ; RFDA 2008. 1233, chron. A. Roblot-Troizier et T. Rambaud – 26 janv. 2017, n° 2016-745 DC.

[11] Voir sur le principe, CE français, ass., 24 mars 2006, Sté KPMG et autres, n° 288460.

à une heure déterminée ou de fixer les heures de début et de fin de la période envisagée.

L'utilisation des mots courants et concrets est recommandée. Toutefois, cela ne doit pas amener le rédacteur à perdre de vue l'idée de précision. Ainsi, lorsqu'un terme technique est seul capable de traduire avec précision l'idée à exprimer, il doit prévaloir sur le mot courant ou concret.

Exemples :

- **Au lieu d'écrire** « *dispenser une formation* », **il convient d'écrire :** « *donner une formation* » ;
- **Au lieu de :** « *établir un montant* » ; il convient d'écrire : « *fixer un montant* ».

En plus, il convient d'utiliser des **mots univoques ou sans ambiguïté ;** ceux-ci ne risquent d'être compris dans des sens différents. Lorsqu'il n'y a pas d'alternative à l'utilisation d'un mot ambigu, il faudra alors définir celui-ci.

IV. — LA CONCISION

Il convient d'utiliser des phrases courtes en employant les mots justes. Un mot, dont la suppression dans une phrase ne change pas le sens de cette phrase, est à supprimer.

Il faut éviter les phrases trop longues. Si une phrase est trop longue, il faut la restructurer, d'une part, en identifiant toutes les idées qui constituent ses différentes parties et, d'autre part, si les idées consistent en une énumération, en présentant cette énumération verticalement. En revanche, si les idées ne consistent pas en une énumération, il convient alors de diviser la phrase en plusieurs phrases : pour chaque idée exprimée, doit correspondre une phrase distincte.

V. — LA COHÉRENCE

La cohérence doit caractériser le choix des mots. Ainsi, il convient d'utiliser toujours le même mot pour désigner le même concept ou le même objet. Il ne faut donc pas avoir de souci littéraire de trouver des synonymes pour éviter la répétition d'un mot.

Il convient également d'utiliser des mots différents pour désigner des concepts ou des objets différents.

L'uniformité de la terminologie doit être assurée à tous les niveaux : au sein d'un même texte normatif, dans le texte d'application par rapport à celui qui lui sert de fondement, dans un même domaine de règlementation et, plus généralement, dans la règlementation en vigueur.

Exemples :

➢ Pour désigner le concept juridique d'« *immeuble* », il ne faut pas utiliser tantôt le mot « *bien* » et tantôt le mot « *immeuble* ».

➢ Lorsque le concept juridique d'une législation déjà existante convient à une législation nouvelle, il serait préférable de le désigner par le mot déjà utilisé, sinon le lecteur pourra s'interroger sur les raisons du changement de terminologie, et il risque de donner au mot une portée autre que celle voulue par son auteur.

Exemple : Si le concept juridique désigné par l'expression « *contrat de gestion* » convient à la législation nouvelle, il serait préférable de continuer à utiliser cette expression plutôt que de dire « *contrat* » ou « *contrat d'administration* ».

Paragraphe 2 : Le respect des règles de la langue française

La qualité rédactionnelle des textes normatifs est tributaire de la maîtrise des règles de la langue française. Cela sous-entend notamment l'usage autant que possible de mots français, le respect des règles relatives au temps et au mode, à la ponctuation, au choix des termes et locutions juridiques avec une attention particulière à certains d'entre eux, ainsi que la connaissance des usages déconseillés et des formulations juridiques fautives ou surannées et la maîtrise du sens des mots, surtout dans les cas de ressemblance pouvant prêter à confusion.

I. — L'USAGE DE MOTS FRANÇAIS

Il convient de n'employer, dans les textes normatifs, que des termes appartenant à la langue française, celle-ci étant la langue officielle du pays.

Le recours à toute expression étrangère ou à tout terme étranger est à prohiber lorsqu'il existe une expression ou un terme équivalent dans la langue française.

Les termes latins doivent, dans les mêmes conditions, être évités, y compris ceux appartenant au langage courant. Il en va ainsi des expressions « *in fine* », « *in situ* », « *a contrario* », « *ex nihilo* », « *de jure* » ou « *cursus* », qui trouvent une traduction aisée en français.

Cette règle n'est toutefois pas sans exception, si le terme latin est difficilement traduisible. C'est ainsi que les lois portant amnistie, par exemple, comportent habituellement, à côté de l'amnistie « *en raison de la nature de l'infraction ou des circonstances de sa commission* », une amnistie « *en raison de la nature ou du quantum de la peine* ».

Il convient également d'éviter les anglicismes, tel l'emploi du verbe « *présumer* » pour « *supposer* », « *impacter* » pour « *affecter* », « *générer* » pour « *engendrer* » ou encore « *en charge* » pour « *chargé de* ».

Mais à titre exceptionnel, il peut être fait recours à une expression ou à un terme latin ou étranger si celui-ci n'a pas d'équivalent dans la langue française. C'est ainsi que les termes « *a priori* » ou « *a posteriori* » (tous deux sans accent) gardent toute leur place. Il en est de même des mots « *référendum* » et « *alinéa* », dont l'accentuation traduit plutôt leur complète francisation.

Il y a lieu d'éviter les expressions abstraites et les périphrases superflues. Exemple : Au lieu de « *assurer la réalisation* », on écrira « *réaliser* ».

On évitera également le recours à des techniques de ***« l'écriture inclusive ».***

II. — Le temps et le mode

En règle générale, dans un texte normatif, les verbes sont conjugués au présent de l'indicatif qui a valeur impérative[12], ainsi que l'a rappelé la jurisprudence française.

Il convient ainsi d'éviter le futur.

Toutefois, dans une convention, le présent de l'indicatif marque le moment où celle-ci sera signée.

Exemple : « *Les parties conviennent* », cela signifie au moment où elles s'apprêtent à revêtir l'acte de leur signature. Dans ce cas, le futur simple est employé pour énoncer les interventions des parties pour renvoyer au moment où sera exécutée la convention, après la signature de l'acte.

De même, le futur est employé sauf dans les dispositions finales « … *sera publié au Journal officiel de la République […]* ».

Quant au mode, il est impersonnel : « *Il est institué […]* », « *Il est créé […]* », « *Il est interdit […]* ».

---

[12] CC. français du 17 janv. 2008, n° 2007-561 DC, ADJA 2008, 851, étude D. Labetoulle.

Toutefois, lorsque des mesures sont insérées dans la Constitution, un code ou une loi, elles revêtent le caractère intemporel de celui-ci. Ainsi, dans ces textes, **on n'écrit pas**, par exemple : « *Il est institué (ou créé) une commission nationale de [...] chargée de [...]* », **mais plutôt** « *La commission nationale [...] est chargée de [...]* ».

III. — La ponctuation

Idéalement, le texte normatif doit être compris tel quel, c'est-à-dire sans qu'il soit nécessaire d'avoir recours à un quelconque commentaire. Il est donc essentiel d'apporter à la ponctuation toute l'attention requise, notamment eu égard aux enjeux qu'elle peut représenter pour l'interprétation du texte. Autrement dit, le choix de mettre une virgule, un point-virgule ou un point peut avoir une incidence sur la portée d'une disposition.

Cependant, les règles de ponctuation propres aux textes normatifs sont peu nombreuses. Outre celles liées aux énumérations et divisions du texte, on peut rappeler que les citations de textes se font entre guillemets précédés de deux points et que lorsque le dernier signe de la citation est une ponctuation, celle-ci ne peut être réitérée juste après leur fermeture.

IV. — Les termes et locutions juridiques

Les mots ou expressions utilisés dans un texte normatif doivent être appropriés et exacts juridiquement et techniquement.

❖ Les mots et expressions empruntés au langage juridique ou au vocabulaire technique doivent être employés dans leur sens précis, en évitant d'utiliser un terme pour un autre. Exemples :

- L'expression « *une structure placée sous l'autorité d'une autorité administrative* » n'a pas le même sens que si elle est placée « *sous la surveillance* » ou « *sous la tutelle* » de la même autorité : si la structure est placée « *sous l'autorité* » d'une autorité administrative, cela signifie qu'elle est soumise au principe hiérarchique et qu'elle peut donc recevoir des instructions de cette dernière, alors que si elle est placée « *sous la surveillance* » ou « *sous la tutelle* » de cette autorité, cela suppose le respect de son autonomie et une définition plus précise du pouvoir de celle-ci à l'égard de ses décisions ;
- « *interrompre* » *un délai* et le « *suspendre* » ne sont pas synonymes : un délai interrompu recommencera à courir depuis le

début, tandis qu'un délai suspendu repartira une fois levée la cause de la suspension, du point d'arrêt jusqu'au terme du délai.

❖ Lorsqu'il s'agit de citer le contenu d'un texte ou d'en analyser la portée, il y a lieu de se référer aux dispositions de ce texte et non au texte lui-même, qui ne constitue que l'enveloppe des dispositions en cause.

Exemple : **Au lieu de :** « *conformément à l'article x [...]* » ou « *l'article x aux termes duquel [...]* », **il convient d'écrire :** « *conformément aux dispositions de l'article x [...]* » ou « *les dispositions de l'article x aux termes desquelles [...]* ».

❖ Un texte « *précité* » est celui dont les termes ont été expressément cités antérieurement et non un texte simplement mentionné. De même, le mot « *visé* » est réservé aux textes qui ont été mentionnés dans les visas.

Ainsi, pour désigner des personnes, des institutions ou des règles figurant dans un article du texte auquel on souhaite se référer, il convient d'utiliser non pas le mot « *visé* », mais les mots « *mentionné* », « *énuméré* », « *défini* » ou « *institué* ».

Par ailleurs, lorsqu'un pouvoir de décision est confié à un ministre qui l'exerce par voie d'arrêté, on ne se réfère pas à l'appellation qui a été donnée au ministre dans le Gouvernement en fonction au moment où le texte est élaboré, mais, de manière intemporelle, au domaine de compétence qui justifie l'attribution d'un tel pouvoir.

Ainsi, on ne mentionnera pas, dans le corps du texte, « le ministre de l'Urbanisme », mais « *le ministre chargé de l'Urbanisme* ».

Toutefois, en raison de la stabilité de leur appellation, on fait référence au « *ministre de la Justice* », au « *ministre de la Défense* », au « *ministre des Affaires étrangères* ».

V. — Quelques termes et locutions juridiques méritant une attention particulière

A— Les mots « *notamment* », « *nonobstant* » et « *toutefois* »

Ceux-ci servent à l'articulation de dispositions normatives entre elles.

Le mot **« notamment »** demande une particulière vigilance, car il est susceptible d'usages multiples qui ne sont pas toujours appropriés. Il est normal de recourir au mot « *notamment* », lorsqu'il s'agit d'apporter des précisions :

— ***Sur le contenu d'une règlementation.*** Exemple : « *Par dérogation au principe posé à l'article 1er du décret [...], des emplois d'agents contractuels peuvent être créés au budget de chaque ministère ou établissement, lorsque la nature des fonctions ou les besoins des services le justifient, notamment lorsqu'il n'existe pas de corps de fonctionnaires en mesure d'assurer ces fonctions* » ;

— **Sur la portée d'une interdiction.** Exemple : « *L'accès au dossier médical est interdit notamment lors de la conclusion d'un contrat relatif à une protection complémentaire [...]* » ;

— **Sur des éléments particuliers à prendre en compte pour procéder à une appréciation ou à une qualification**. Exemple : « *Pour l'application des dispositions de l'alinéa 6 de l'article 8 de la loi [...], ne sont prises en compte en qualité d'unions de syndicats de fonctionnaires que les unions de syndicats dont les statuts prévoient l'existence de moyens permanents constitués notamment par le versement des cotisations par les membres* » ;

— **Sur des mesures s'imposant plus particulièrement dans telle ou telle circonstance**. Exemple : « *Si un dispositif risque de compromettre la santé ou la sécurité des patients, des utilisateurs ou des tiers [...] l'autorité administrative peut ordonner son retrait du marché, interdire ou restreindre sa mise sur le marché ou sa mise en service ; cette restriction peut consister notamment à fixer des conditions relatives à l'utilisation du dispositif ou à la qualification du personnel chargé de cette utilisation* ».

Le mot « **nonobstant** » signifie que la règle qui va être énoncée s'impose, sans que d'autres règles existantes ne puissent y faire obstacle.

Le mot « **toutefois** » apporte une restriction à la portée d'une disposition et annonce un régime distinct.

B— Les locutions *« au sens de »*, *« le cas échéant »*, *« par dérogation »*, *« sans préjudice »* et *« sous réserve »*

La locution « ***au sens de*** » est couramment utilisée pour marquer les limites de la portée d'une règle ou d'une qualification.

Elle sert à montrer que cette règle ou cette qualification se limite strictement au cas en cause.

Toutefois, un même terme ou une même expression ne peut avoir une signification variable d'un texte à un autre.

La locution « ***le cas échéant*** », qui n'est pas synonyme de « éventuellement », signifie que la règle énoncée ne va s'appliquer que si certaines conditions ou circonstances sont réunies et qu'à l'inverse, si celles-ci sont réunies, elle s'applique aussitôt.

<u>Exemple</u> : En affirmant « *Le Conseil de discipline, au vu des observations écrites produites devant lui et compte tenu, le cas échéant, des déclarations orales de l'intéressé et des témoins [...]* », cela signifie que le conseil de discipline peut se prononcer sans que l'intéressé ou les témoins se soient exprimés oralement, mais que si des déclarations ont été faites, il doit en être tenu compte.

La locution « ***par dérogation*** » a une portée plus précise que l'adverbe « nonobstant », car elle indique la disposition à laquelle on entend spécifiquement déroger. <u>Exemple</u> : « *Par dérogation aux dispositions de l'article [...] du présent décret* ...

La locution « ***sans préjudice*** » signifie que la règle qui va être énoncée est sans incidence sur l'application d'une autre règle qu'on entend précisément ne pas écarter et qui pourra s'appliquer également ; elle est synonyme de « *indépendamment de* ».

La locution « ***sous réserve*** » indique l'ordre de prééminence entre deux dispositions contradictoires, soit qu'elles appartiennent à deux textes différents, soit qu'elles se situent à l'intérieur d'un même texte : la disposition ne joue que lorsque le texte réservé ne trouve pas à s'appliquer.

Lorsque l'abrogation d'un texte antérieur est prévue, « *sous réserve des dispositions transitoires ci-après* », cela signifie le maintien en vigueur de dispositions de ce texte dans la mesure où elles sont nécessaires pour l'application des dispositions transitoires.

L'utilisation de la locution « *sous réserve* » est parfois indispensable pour articuler des dispositions contradictoires.

Elle peut l'être, en particulier, dans les cas où le texte renvoie à un ensemble de dispositions d'une autre législation qu'il faut cependant adapter.

La rédaction usuelle est alors : *« Les dispositions des articles x, y et z sont applicables, sous réserve de [...] ».*

Mais l'utilisation de cette expression fait souvent l'objet de deux abus : un recours superflu, comme *« sous réserve des conventions internationales »* ou *« sous réserve des dispositions législatives en vigueur »*, alors que ces réserves sont évidentes.

VI. — QUELQUES USAGES DÉCONSEILLÉS

L'usage de **mots entre parenthèses et de notes en bas de page** est à éviter.

L'utilisation des **sigles** est également à éviter. Toutefois, le recours à un sigle peut être admis si celui-ci est d'usage courant ou s'il a été utilisé après avoir été développé dans le texte pour la première fois. Dans ce cas, le sigle peut, en outre, être mis entre parenthèses.

Lorsque le texte normatif qui crée une institution ajoute un sigle à sa dénomination officielle, il ne faut pas utiliser un autre sigle pour désigner cette institution.

Lorsqu'il est à craindre que le lecteur ne comprenne pas la signification d'un sigle officiel ou qu'il n'existe pas de sigle officiel pour désigner une institution, il peut être fait usage d'un sigle uniquement si cela contribue à la lisibilité du texte et après avoir explicité à quelle institution il se rapporte.

L'usage **d'abréviations** de mots aussi est à éviter.

Il n'y a pas lieu, sous prétexte de renforcer le caractère impératif d'une obligation, de recourir **au verbe *« doit »*** ou **à des expressions analogues** comme ***« être tenu de »***. Il suffit de conjuguer le verbe de l'action envisagée au présent de l'indicatif.

<u>Exemple</u> : **Au lieu de** *« Le demandeur est tenu d'informer par écrit [...] »* ou *« [...] doit informer [...] »*, **il convient d'écrire** : *« Le demandeur informe par écrit [...] »*.

Est aussi à éviter **le recours à des termes passe-partout**, tels que les verbes :

— « **louer** ». <u>Exemple</u> : **au lieu de** : « *J'ai loué un appartement* », **dire** : « *J'ai pris (ou donné) en location un appartement* » ;

— *« **concerner** »*, qui peut être avantageusement remplacé, lorsqu'il est employé au participe passé, par *« intéressé »* ou *« en cause »* ou, lorsqu'il est employé au participe présent, par « relatif à *[...]* » ; mais, on peut dire : « En ce qui concerne *[...]* » ; et

— *« **effectuer** »*, qui peut trouver un grand nombre de synonymes ; on n'effectue en principe que l'une des quatre opérations suivantes : addition, soustraction, division et multiplication.

Il faut éviter d'utiliser un adverbe pour énoncer une interdiction. C'est le cas, par exemple, de l'adverbe « *strictement* », « *rigoureusement* » ou « *absolument* », car sur le plan juridique, il n'existe aucune différence entre « Il est interdit » et « *Il est rigoureusement interdit* » ou « *Il est absolument interdit* ». S'il faut exprimer une gradation dans des interdictions, il faut différencier les sanctions applicables à la violation de ces interdictions.

De même, **au lieu de :** « *dû au fait que* » ou « *de manière à ce que* », **il y a lieu de dire :** « *dû à* » ou « *pour* ». **Au lieu de :** « *il convient impérativement* », **il y a lieu d'écrire :** « *il convient* ».

Il ne faut pas utiliser un substantif, mais plutôt un verbe, pour décrire une action.

Exemple : au lieu de *« effectuer une évaluation »,* écrire : *« évaluer »*

Il faut aussi éviter de dire « *Ministre en charge de* [...] », car les expressions « *en charge de [...]* » et « *chargé de [...]* » sont respectivement employées pour une entité et une autorité administrative. Exemples : On écrit : « *Ministère en charge de [...]* » et « *Ministre chargé de [...]* ».

De même, l'expression « *Ministère de tutelle* » est à remplacer par « *Ministre de tutelle* ».

Il faut éviter les doubles négations.

Exemples :

— **Au lieu de** : « *L'intéressé peut également être entendu lorsqu'il ne peut être exclu qu'il n'a pas été en possession de drogues* », **il convient d'écrire :** « *L'intéressé peut également être entendu lorsqu'il est suspecté d'avoir été en possession de drogues* ».

En effet, dans la première proposition, l'hypothèse envisagée n'est pas claire : faut-il que, pour être entendu, l'intéressé ait été en possession de drogues ou faut-il qu'il n'ait pas été en possession de drogues ? La seconde proposition écarte cette incertitude.

— **Au lieu de** « *Le permis n'est pas accordé si le fonctionnaire délégué n'a pas donné un avis favorable* », **il convient d'écrire :** « *Le permis peut être accordé si l'avis du fonctionnaire délégué est favorable* ».

VII. — Quelques formulations juridiques fautives ou surannées et leur corrigé

Formulations juridiques fautives ou surannées	Formulations correctes
Maître (ou Me) BANGOURA, avocat, notaire ou huissier de justice	M. (ou Mme) BANGOURA, avocat, notaire ou huissier de justice
Amodier, moduler	Modifier
Aux torts et griefs de *[...]*	Aux torts de *[...]*
Ledit acte, l'acte susdit	Cet acte
agissant poursuites et diligences	représenté par
accord régissant X et Y	accord conclu entre X et Y (ou régissant les rapports de X et Y)
Dans le cadre de […]	À l'occasion de […], en exécution de […] ou en application de […]
Le contrat dispose, édicte	Le contrat stipule, prévoit
La loi, le décret ou l'arrêté stipule	La loi, le décret ou l'arrêté dispose, édicte, prescrit, énonce, prévoit
ès qualités de […]	agissant en sa qualité de […], ou pris en sa qualité de […], ou ès qualités
Formaliser un acte	Mettre en forme un acte
X tenu à garantir les vices (ou le défaut) de […]	X tenu à garantir en raison des vices (ou du défaut) de […]
X possède (ou détient) une créance à l'égard de Y	X a (ou est titulaire d'une) créance sur Y
Il échet	Il convient
Il appert, il s'évince, il ressort	Il résulte
exploit d'huissier	acte d'huissier de justice
Huissier	huissier de justice
Derechef	aussi, encore
dispositions prévues par la loi ou autre texte	dispositions de l'article […] (de tel texte)
jugement querellé	jugement entrepris
Le contrat dont s'agit	Le contrat en cause, litigieux

Les juges du fait	Les juges du fond
La dame Durand, veuve Durand	Mme Durand
Diawara, le sieur Diawara	M. Diawara
Les époux Diawara	M. et Mme Diawara
Le susnommé, icelui	Ce dernier, lequel
Grosse	copie exécutoire
jugement en date du [...]	jugement du [...]
intérêts de droit ou légaux	intérêts au taux légal
Un smart phone	Un téléphone mobile
texte visé ou susvisé (alors qu'il n'a pas donné lieu à un visa)	texte précité (ou mentionné à l'article [...])
un 4 x 4	un véhicule automobile de marque [...]
Réquisitions du ministère public (en matière civile)	Conclusions (ou avis) du ministère public
rapport homologué	rapport entériné
X a actionné	X a assigné ou demandé
X a diligenté une procédure	X a engagé (ou suivi) une procédure
X a formalisé une demande	X a formé une demande
X a articulé (sauf s'il a présenté des articles)	X a soutenu, prétendu
X a prié (ou a sollicité) le tribunal	X a demandé au tribunal
X accuse (ou incrimine) Y	X reproche (ou impute) à Y
X a loué un appartement	X a donné à bail (ou à l'inverse, X a pris à bail)
[...] pour en décider ainsi	[...] pour se déterminer ainsi, pour statuer ainsi ou pour se prononcer ainsi

VIII. — LES PARONYMES ET LES HOMONYMES

Adhérence : union entre deux mots **Adhésion :** le fait d'être membre, d'appartenir
Acception : le sens d'un mot **Acceptation :** le fait d'accepter
Agonir : injurier, insulter **Agoniser** : prêt de sa fin, à l'agonie

Annalité : en droit, caractère de ce qui dure un an. Exemple : l'annalité d'une location **Annualité :** caractère de ce qui est annuel. Exemple : annualité du budget **Annuité :** somme d'argent versée chaque année en remboursement, par exemple, d'un prêt
Artificiel : qui est créé ou provoqué par l'être humain **Artificieux :** se dit d'une personne rusée, retorse, fourbe
Attractif : qui attire au sens propre. Exemple : la force attractive de l'acier aimanté **Attrayant :** qui attire par son aspect ou son côté agréable, voire amusant
Authentifier : reconnaître comme authentique. Exemple : l'expert a authentifié le tableau **Authentiquer :** conférer un caractère authentique en apposant une marque
Biennal : qui dure deux ans, qui exercé pendant deux ans, qui a lieu tous les deux ans, manifestation culturelle qui a lieu tous les deux ans. Exemple : charge biennale, fonction biennale, rapport biennal, la biennale de Venise **Bisannuel :** qui revient tous les deux ans, dont le cycle de développement est de deux ans. Exemple : cérémonie ou fête bisannuelle, plante bisannuelle. **NB :** Ne pas employer « bisannuel » au sens de « qui a lieu deux fois par an », mais utiliser plutôt « semestriel »
Bimensuel : qui a lieu ou qui apparaît deux fois par mois **Bimestriel :** qui a lieu ou qui apparaît tous les deux mois
Censé : présumé, supposé. Exemple : Nul n'est censé ignorer la loi. **Sensé :** qui a du bon sens, qui est raisonnable
Compréhensif : qui comprend les autres, bienveillant, indulgent **Compréhensible :** que l'on peut comprendre, intelligible
Cheminot : employé des chemins de fer **Chemineau :** vagabond
À continuer : s'applique à une action commencée et qui se poursuit **De continuer :** s'applique à une action que l'on a l'habitude de faire
Cinquantenaire : cinquantième anniversaire d'un événement **Quinquagénaire :** personne âgé de cinquante ans
Criant : qui fait protester, très manifeste, évident. Exemple : déficit criant.

Criard : qui crie désagréablement, aigu, qui choque la vue
Décade : durée de dix jours **Décennie :** durée de dix ans
Documentaliste : qui a pour tâche de conserver les documents **Documentariste :** spécialiste des films documentaires
Éclairer : rendre une question compréhensible **Éclaircir :** rendre plus intelligible
État : personne morale de droit public (territoire + population + Gouvernement) **L'état :** la manière d'être
Estamper : imprimer en relief ou en creux, sur un support, l'empreinte gravée sur un moule, une matrice. **Estampiller :** marquer d'une empreinte marquant l'authenticité
Francophone : qui parle français **Francophile :** qui aime la France et ce qui s'y attache
Il vaut mieux travailler : il est préférable de travailler (conseil) **Il faut mieux travailler :** il y a obligation de travailler (ordre)
Infecter : contaminer par des germes **Infester :** ravager, semer la désolation
Instruire : enseigner, donner des leçons, des connaissances **Des instructions (au pluriel) :** donner ou recevoir des ordres
Intenter : diriger contre quelqu'un une action en justice **Attenter :** faire une tentative criminelle
Jadis : dans le passé, il y a longtemps, autrefois **Naguère :** il y a peu de temps, récemment
À nouveau : s'emploie quand ce qui est refait ne l'est pas exactement de la même manière **De nouveau** : s'emploie quand ce qui est refait, il est exactement de la même manière
Notoire : qui est connu **Notable :** digne d'être noté
Filtre : objet pour filtrer **Philtre :** breuvage magique
Prémices (des) : premières manifestations, commencement **Prémisse (féminin)** : proposition d'où découle une conséquence
Pénitentiaire (adjectif) : qui concerne les prisons **Pénitencier (nom masculin) :** prison où sont détenus des condamnés à des peines de longues durées

Récolement : Dans le commerce, vérification des objets contenus dans un inventaire
En droit, action de relire à un témoin sa déposition pour vérifier qu'il la maintient
Procès-verbal de recensement des biens saisis par un huissier de justice
Recollement : action de recoller quelque chose

CHAPITRE II

LE CAS PARTICULIER DE L'ÉCRITURE DES ARRÊTS DE LA COUR SUPRÊME

Aux termes des dispositions de l'article 2 de la loi organique L/2017/003/AN du 23 février 2017 portant attributions, organisation et fonctionnement de la Cour suprême, celle-ci a une compétence juridictionnelle et une compétence consultative. À ce titre, elle tranche, par la voie du recours en cassation ou en annulation, les litiges qui lui sont soumis en donnant sa solution au problème juridique posé. En outre, elle donne son avis sur les questions qui lui sont soumises, conformément à la loi, par le Président de la République ou le président du Parlement.

Mais en plus, la Cour suprême remplit une fonction normative. Cela est d'autant plus vrai qu'elle contribue, selon le cas, à l'édification ou à l'enrichissement de la jurisprudence en disant, à chaque fois, le sens de la règle de droit au cas dont elle est saisie ; ce qui l'amène à être, à travers ses arrêts, plus catégorique.

C'est pourquoi ces arrêts sont rédigés de manière à être compris notamment par les parties et les praticiens du droit grâce à une technique particulière, étant entendu que toute technique a un langage ou, du moins, un jargon qui lui est propre. Il sera évoqué ici les principales qualités et le style de ces arrêts[13].

SECTION 1 : LES PRINCIPALES QUALITÉS DES ARRÊTS DE LA COUR SUPRÊME

Les principales qualités des arrêts de la Cour suprême se trouvent dans la parfaite propriété des termes juridiques qui y sont utilisés et leur concision au regard de la fonction normative de cette juridiction.

---

[13] V. Droit et pratique de la cassation en matière civile, Litec, LexisNexis, Paris, juin 2012, pp. 497 et s.

Paragraphe 1 : La propriété des termes juridiques

La propriété des termes juridiques est un impératif qui interdit toute approximation ou analogie dans les arrêts de la Cour suprême.

Si une loi, par exemple, peut donner une définition particulière à certains mots qu'elle utilise, tel n'est pas le cas des arrêts de la Cour suprême. En effet, les mots utilisés dans les arrêts de cette haute juridiction doivent avoir le sens exact qui leur est attribué par la loi et non pas celui que leur confère parfois le langage courant ou le monde de affaires.

Ainsi, dans un arrêt, on ne fera mention d'un absent, d'un non-présent ou d'un disparu qu'avec le sens donné à ces mots par l'article 15 du Code civil.

Il reste entendu qu'aux termes des dispositions de ce texte de loi :

- L'absent est la personne dont le manque de nouvelle rend son existence improbable ;
- Le non-présent est celui qui se trouve éloigné d'un lieu déterminé, sans que son existence soit incertaine ;
- Le disparu est la personne dont l'absence s'est produite dans des circonstance mettant sa vie en danger, sans que son corps n'ait pu être retrouvé.

À défaut, il faudra trouver l'appellation exacte ou mettre le mot en question entre guillemets, pour ne pas induire le lecteur en erreur.

Il faut, en outre, éviter dans un arrêt de la Cour suprême toute ambiguïté dans le choix des mots.

<u>Exemple</u> : **Au lieu du verbe** « *louer* » qui prête à équivoque, **il convient d'écrire**, selon le cas : *« prendre en location »* ou *« donner en location »*.

Il faut également éviter les mots ou expressions qui seraient juridiquement impropres. Ainsi, il ne faut pas confondre, par exemple, *« inculpé », « prévenu »* et *« accusé »*. De même, une condamnation ne saurait être, à la fois, conjointe et solidaire.

Paragraphe 2 : La concision normative

Certes, toutes les décisions de justice, y compris celles de la Cour suprême, doivent être motivées. Mais ce qui différencie les arrêts de cette Cour des décisions rendues par les juridictions du fond (tribunaux de première instance et cours d'appel), c'est qu'ils n'ont pas à être motivés en fait.

Autrement dit, les arrêts de la Cour suprême n'ont à reprendre les faits de la cause, tels qu'ils ont été souverainement constatés et appréciés dans la décision attaquée, que dans la stricte mesure où cela est indispensable à la compréhension du moyen et de la réponse qui lui est donnée.

C'est ce qui explique que les arrêts de la Cour suprême doivent être plus concis que les décisions qui lui sont déférées, étant entendu que cette concision particulière doit toujours rester au service de la fonction normative de cette haute juridiction, à savoir : dire le sens de la règle de droit.

Par l'exercice de cette fonction, la Cour suprême se limite à indiquer en quoi la décision déférée est, ou non, conforme à la règle de droit. À cet effet, elle énonce la règle applicable au cas d'espèce, en en précisant le fondement juridique et en en donnant au besoin l'interprétation et, au vu des éléments de fait, tels que souverainement appréciés par les juges du fond, déclare que cette règle a été ou bien méconnue, ou bien correctement appliquée.

Toutefois, le souci de concision ne doit pas conduire à l'ésotérisme. Les arrêts de la Cour suprême doivent être parfaitement clairs et compréhensibles. Autrement dit, le fait de faire apparaître clairement le fondement de l'arrêt de la Cour suprême n'est pas contraire à l'exigence de concision.

SECTION 2 : LE STYLE DES ARRÊTS DE LA COUR SUPRÊME

Ici, on se limitera à quelques remarques d'ordre général et à quelques règles de rédaction et de vocabulaire.

Paragraphe 1 : Généralités

Dans l'exercice de sa fonction juridictionnelle, la Cour suprême rend des arrêts qui, à chaque fois, tranchent un problème juridique en lui apportant une solution claire et précise.

À cet effet, ces arrêts doivent, au besoin, sacrifier l'élégance de la langue française à la netteté de la réponse en évitant les ambiguïtés.

C'est pourquoi ils doivent recourir à des phrases courtes, qui écartent la multiplication des pronoms personnels et des propositions subordonnées.

Autrement dit, l'indication du nom des parties est plus parlante que celle de leur qualité ; mais ce sont les qualités des parties, et elles seules, qui doivent figurer dans l'énoncé d'un chapeau.

En revanche, dans le corps de l'arrêt où des considérations de droit sont mélangées au rappel des faits, les qualités respectives des parties doivent être accolées aux noms. Exemples : « *X, représentant légal de Y* [...] »

En d'autres termes, l'essentiel est d'identifier juridiquement, et non pas uniquement physiquement, les parties au procès.

Les mots ou expressions tendant à entacher la motivation d'un caractère dubitatif sont à éviter. Il en est ainsi, par exemple, des verbes « *sembler* » ou « *paraître* » (à ne pas confondre avec « *apparaître* ») et des locutions telles que « *peut-être* », « *vraisemblablement* », « *sans doute* » (à ne pas confondre avec « *certainement* »).

Dans l'exercice de sa fonction normative, la Cour suprême, à travers ses arrêts, fait une place beaucoup plus grande au droit qu'au fait en se bornant à dire, si le moyen est recevable, que celui-ci est fondé, ou qu'il ne l'est pas.

Paragraphe 2 : Quelques règles de rédaction

Seront exposées ici quelques observations sur la ponctuation, le non-soulignement, les mots de liaison, les noms des personnes et les verbes.

I. — La ponctuation

Le style indirect est de mise pour la Cour suprême. En Guinée, celle-ci fait usage de la formulation « *Considérant que* [...] », formule qui incline naturellement à la concision au même titre que l'expression « Attendu que » utilisée ailleurs.

Les arrêts de la Cour suprême comportent donc des points-virgules et un seul point.

Ils peuvent comporter des tirets pour encadrer d'éventuelles propositions incidentes destinées, par exemple, à marquer une limite ou une condition.

Ils ne comportent généralement pas de parenthèses sinon que celles qui servent à annoncer un sigle ou un acronyme, ou celles qui encadrent la référence à un précédent arrêt de cassation ou, dans les arrêts de rejet, l'origine et la date de la décision attaquée ou encore, à l'intérieur d'une citation, des mots qui ne se trouvaient pas dans l'original.

Ils doivent comporter des guillemets, lorsqu'ils reproduisent un texte ou lorsque la Cour n'entend pas faire sien un mot inapproprié, inexact ou appartenant à une langue étrangère, qui figure dans la décision déférée ou dans le moyen ; ce qui paraît préférable au mot *« sic »* évoqué plus haut, en raison de son caractère péjoratif.

II. — LE NON-SOULIGNEMENT

Dans les arrêts de la Cour suprême, aucun mot — et aucune phrase — ne doit être souligné, même si tel n'est pas le cas dans les projets d'arrêt où le rédacteur peut se permettre de mettre en évidence ce qui lui paraît important, notamment les chapeaux, par un soulignement, un trait vertical ou tout autre moyen tendant à attirer l'attention.

III. — LES MOTS DE LIAISON

La locution *« Considérant que* [...] *»* ou *« Attendu que* [...] *»* est toujours placée en tête d'un paragraphe, sauf pour le conclusif des arrêts de cassation ou lorsque cette locution est précédée des conjonctions de coordination « mais » ou « et » ; il est préférable de la relayer par des « *que* » (conjonction) successifs.

La locution *« alors que* [...] *»* est réservée, en principe, aux réponses à la cassation et, dans l'énoncé des moyens, à la présentation de ceux-ci. Elle doit être remplacée par *« bien que* [...] *»*, « *étant donné que* [...] », « cependant que [...] », « *quand* [...] », lorsqu'elle n'introduit pas une de ses branches.

Les expressions « *qu'en effet* », « *qu'en conséquence* » sont à éviter, puisque, dans la réponse, elles annoncent des explications que la Cour n'a pas à donner, tandis que, dans l'exposé des faits, elles impliquent une approbation qu'il n'y a pas lieu de faire à cette place.

On n'emploie la conjonction « *et* » en tête de l'intitulé d'un paragraphe relatif à un moyen que pour le dernier « *et* » ou dans l'hypothèse d'une cassation multiple.

IV. — LES NOMS DES PERSONNES

Pour les personnes physiques, les expressions anciennes, telles que Mamadou, le sieur Mamadou, le nommé Mamadou, Mme TOURÉ née [...], ou épouse, veuve ou divorcée Marcel sont abandonnées au profit de leur nom de famille précédé de M. ; Mme, MM. et Mmes.

Mais le **M.** ou **Mme** n'a pas lieu d'être s'il s'agit d'une personne décédée. Néanmoins, on peut citer le prénom de celle-ci.

Exemples : Paul FABER, Boubacar Kassory BANGOURA.

Les autorités administratives et judiciaires sont désignées par leur qualité sans mention de ce « M. », sauf s'il s'agit des chefs de la Cour (Premier président et Procureur général) et du Président de la République.

Exemples : *le préfet, le ministre, le procureur de la République ; mais, M. le Premier Président de la Cour, M. le Président de la République.*

Les titres nobiliaires et les pseudonymes ne sont pas mentionnés dans les arrêts de la Cour.

Le prénom n'est indiqué que s'il y a des homonymes dans la cause.

Pour la personne morale, il est préférable de la désigner par sa nature ou sa forme sociale.

Exemples : *la Société les brasseries de Guinée (les brasseries), l'Union guinéenne d'assurances et de réassurances (l'assureur), la Banque populaire maroco-guinéenne (la banque).*

La forme statutaire de la personne morale n'est à préciser que si elle permet une abréviation et si cela est nécessaire pour la suite de la discussion, par exemple, pour justifier les pouvoirs d'un gérant à l'égard d'une société à responsabilité limitée.

Exemple : *La Société de visite technique automobile (SIVITA) a vendu à la Société Générale d'Assurances mutuelles (SOGAM) [...] ».*

La raison sociale d'une personne morale peut être abrégée ou remplacée par un sigle, même si ce n'est pas le sigle habituel. Mais, le mot « société » n'a pas, sous peine de pléonasme, à être répété s'il est compris dans le sigle.

Exemple : *La Société Générale Guinée (SGG).*

En revanche, **au lieu de** : *« VITEC a, par acte du* [...] *assigné* [...] *»,* **il convient d'écrire :** *« La société VITEC a, par acte du* [...] *».*

Le nom des personnes qui agissent ès qualités peut ne pas figurer ailleurs que dans les qualités, et il est préférable de les désigner par leurs fonctions plutôt que par leur nom propre.

Exemple : *l'administrateur des biens de la succession de X.*

À l'inverse, les appellations utilisées devant les juridictions du fond (demandeur, défendeur, appelant, intimé, concluant [...]), et les mots *« demandeurs (*ou *défendeurs) au pourvoi »* doivent être abandonnés devant la Cour suprême et remplacés par les noms des intéressés.

Toutefois, quand il y a un grand nombre de parties ayant la même qualité ou le même intérêt, on ne les cite pas toutes, mais on les englobe sous une même appellation, soit par référence à la déclaration de pourvoi (par exemple, *les compagnies d'assurances demanderesses* ou encore *les 45 défendeurs cités sous les numéros 1 à 45 du pourvoi*), soit de préférence par leur caractéristique commune (par exemple, *« les créanciers »* ou *« sous-traitants » de X)*.

Enfin, il convient d'utiliser les formules suivantes :

— Amadou, Boubacar et la société X *(le groupe A)* ont vendu à Daouda, Émilie et aux sociétés Y et Z *(le groupe B)* [...]

— M. Babadi YOULA, les conjoints YOULA *(ou M. et Mme YOULA)*, Mme DIOP et la société VITEC aux droits de laquelle est venue la société Nassouroulaye *(les consorts YOULA)*.

V. — Les verbes

En règle générale, dans l'exposé des faits, les verbes sont conjugués au passé composé ou à l'imparfait, et dans le dispositif, ils sont conjugués au présent de l'indicatif lorsque le sujet est l'arrêt de la Cour suprême, et au passé composé, lorsque le sujet est la cour d'appel.

Exemple :

Attendu que M. X reproche à l'arrêt déféré de le condamner ... (et non plus : « de l'avoir condamné ») ;

Mais attendu que l'arrêt attaqué retient (ou relève [...] *constate* [...]*) ;*

Qu'en l'état de ses constatations (ou appréciations), la cour d'appel a légalement justifié sa décision ;

En tout état de cause, il convient, d'une part, de veiller à la concordance des temps et, d'autre part, de ne pas traiter l'arrêt comme une personne en déclarant, par exemple, qu'il s'est abstenu de répondre aux conclusions ou a procédé à la recherche prétendument omise, alors que c'est aux juges que la réponse ou la recherche incombait.

Paragraphe 3 : Quelques règles de vocabulaire

S'il est vrai que, d'une façon générale, le juge doit s'efforcer, dans toute la mesure du possible, de s'exprimer d'une façon compréhensible pour le profane, cette règle est moins impérieuse pour les arrêts de la Cour suprême qui, au-delà des parties, s'adressent surtout à des praticiens.

Au-delà des formulations fautives ou surannées évoquées plus haut, les juges de la Cour suprême doivent, mieux que quiconque, se conformer aux terminologies de la loi.

Ainsi, dans les arrêts de la Cour suprême, il conviendrait notamment de bien cerner certains termes juridiques, expressions techniques et expressions ou mots non français.

I. — Termes juridiques

Dans les arrêts de la Cour suprême, il convient d'écrire :

Non pas	**Mais**
la Cour pour désigner la cour d'appel	la cour d'appel (car la Cour est la Cour suprême, dans ses arrêts)
les juges du fait	les juges du fond, les premiers juges, les juges d'appel ou du second degré (car ils jugent aussi en droit)
X a prié (ou a sollicité) la cour d'appel	X a demandé à la cour d'appel
La cour d'appel a reconnu, rappelé, observé, spécifié	La cour d'appel a relevé, retenu, jugé, considéré
La cour d'appel s'est contentée de *[...]*	La cour d'appel s'est bornée à *[...]* ou - mieux – la cour d'appel a seulement *[...]*
La cour d'appel, sous prétexte que *[...]*	La cour d'appel, au motif que *[...]* ou en retenant que *[...]*
La cour d'appel s'est basée sur *[...]*	La cour d'appel a fondé sa décision sur [...]
La cour d'appel a interprété la volonté des parties	La cour d'appel a apprécié la commune volonté des parties
La cour d'appel a fait droit à la demande	La cour d'appel a accueilli la demande
décision querellée	décision attaquée, critiquée (devant la Cour suprême) ou entreprise (devant la cour d'appel)

(juridiction) de céans	la juridiction de ce siège, cette juridiction (ou la Cour suprême)
arrêt en date du […]	arrêt du […]
critiqué au pourvoi ou critiqué par le pourvoi	critiqué par le moyen

II. — Expressions techniques

Chaque profession ayant son langage, sinon son jargon, il n'est pas rare de voir des termes techniques repris dans les décisions des juges du fond et dans les moyens des parties devant la Cour suprême.

Les juges de la Cour suprême doivent, autant que faire se peut, éviter de reprendre le langage technique pour que leurs décisions ne contiennent pas une accumulation de termes rébarbatifs, de caractéristiques ou de descriptions détaillées n'ayant aucun intérêt pour la justification de la solution du litige et qui risqueraient de faire croire que cette solution a été déterminée par des considérations de pur fait.

Toutefois, il est d'usage d'indiquer, dans les affaires de propriété industrielle, le numéro du brevet et, dans les affaires maritimes, le nom du navire concerné ; ce qui sert traditionnellement à la désignation de l'arrêt.

Cela dit, on pourrait, par exemple, écrire :

Non pas	**Mais**
un 4 x 4	un véhicule automobile
un smart phone	un téléphone portable (ou mobile)
une LAVERDA	une machine agricole
du mébendazole	un produit chimique ou, plus précisément, un déparasitant

III. — Expressions et mots non français

La francisation des expressions et mots étrangers est, certes, recommandée.

Cependant, il n'est pas certain que la Cour suprême se résigne à écrire, par exemple, « bouldozeur » ou « bouteur » [14] au lieu de « *bulldozer* ».

Toutefois, l'on a trouvé, à la place de mots d'origine notamment anglo-saxonne, des équivalents français. Exemples : « crédit-bail » pour « *leasing* », « affacturage » pour « *factoring* », « logiciel » pour « *software* », et « conteneur » pour « *container* ».

De même, certains mots latins sont considérés comme désormais français. Exemples : *ad hoc, alibi, boni, pro forma, prorata, quitus, ratio et récépissé.*

Toutefois, il est peu probable que certains adages ou maximes, qu'il convient toujours de citer en entier et d'encadrer de guillemets, soient abandonnés de si tôt. Exemple : *« nemo auditur propriam suam turpitudinem allegans »* (nul ne peut se prévaloir de ses propres turpitudes).

---

[14] En France, par exemple, le décret n° 72-19 du 7 janvier 1972 (JO du 9 janv. 1972) et la loi n° 75-1349 du 31 décembre 1975 (JO 4 janv. 1975) relatifs à l'emploi de la langue française ont prescrit le remplacement ou la francisation des expressions étrangères.

CHAPITRE III

LES CATÉGORIES DE PROBLÈMES DE SOCIÉTÉ À RÉSOUDRE PAR LA VOIE NORMATIVE

Avant tout, il convient de rappeler que la voie normative porte sur les normes juridiques énumérées à **l'article 9, alinéa 6, du Code civil,** à savoir, dans l'ordre décroissant de valeur juridique :

- la Constitution ;
- les conventions, accords et traités internationaux ;
- la loi ;
- l'ordonnance ;
- le décret ;
- les arrêtés ;
- les décisions.

Cela dit, les problèmes de société nécessitant l'intervention de l'un de ces textes pourraient être classés en deux catégories : les uns sont des problèmes juridiques, et les autres, des problèmes d'opportunité.

SECTION 1 : LES PROBLÈMES JURIDIQUES

Il s'agit de problèmes qui trouvent leur origine dans une règle de droit. On en distingue trois sortes : les problèmes résultant d'obligations formelles, ceux découlant de quasi-obligations et ceux procédant d'une simple question de cohérence.

Paragraphe 1 : Les problèmes résultant d'obligations formelles

Il s'agit de ceux découlant d'obligations tirées de textes normatifs et qui peuvent être résolus par voie de justice.

Exemples :

- **L'obligation de transposer en droit interne les directives**, par exemple, de la Communauté économique des États de l'Afrique de l'Ouest dans le délai que celle-ci fixe et dont l'inobservation pourrait exposer la Guinée à des contestations devant le juge national ou le juge communautaire (**par la voie du recours en carence**) de la part de cette institution, de ses États membres ou de simples particuliers ;

- **L'obligation d'appliquer les textes normatifs** dans un délai raisonnable après leur promulgation ou publication, sous peine, en ce qui concerne les textes règlementaires, d'exposer l'État à un risque de contentieux sur sa carence devant la juridiction administrative ;
- **L'obligation de corriger les illégalités** : Lorsqu'un texte normatif méconnaît les dispositions d'une norme supérieure, cette méconnaissance pourrait être portée devant le juge qui pourra, selon le cas, constater l'illégalité en tout ou partie de ce texte, en écarter l'application et même condamner, s'il y a lieu, l'État à la réparation civile.

Paragraphe 2 : Les problèmes résultant de quasi-obligations

Il s'agit des cas où il n'y a pas d'obligation formelle ni même de possibilité de faire recours à un juge ; mais l'intervention d'un nouveau texte normatif pourrait être considérée comme une obligation découlant d'une norme juridique.

Exemple : *Le comblement de vides juridiques à la suite de l'annulation de certaines dispositions d'un texte normatif, sans qu'il y ait une obligation formelle pour l'autorité normative de prendre de nouvelles dispositions (par injonction du juge), un tel comblement pouvant être une nécessité impérieuse.*

Paragraphe 3 : Les problèmes procédant d'une simple question de cohérence

Il s'agit de situations où l'intervention d'un texte normatif peut être considérée comme l'issue normale d'un processus déjà engagé et non pas comme une obligation.

Exemple : *En 2016, en Guinée, à l'occasion des travaux de révision du Code pénal, qui prévoyait la peine de mort, l'Assemblée nationale d'alors avait un choix à faire entre :*

— d'une part, le maintien de la peine de mort, au demeurant majoritairement partagé par l'opinion publique qui dénonçait déjà le projet de code en invoquant un mimétisme, voire de fortes pressions en provenance notamment de l'Étranger ;

— d'autre part, le respect de valeurs et principes fondamentaux ainsi que des engagements internationaux de la Guinée, du reste, incompatible avec l'existence de cette peine dans le droit interne.

Face à cette situation, elle a préféré concilier les deux positions en optant pour une démarche souple, mais responsable, à travers l'omission de cette peine dans l'arsenal juridique, tout en lui substituant la réclusion criminelle à perpétuité, assortie d'une période de sûreté de 30 ans ; mais elle n'est pas allée plus loin.

En tout état de cause, cette démarche qui correspond à une abolition tacite de la peine de mort s'est révélée payante puisqu'à l'occasion des débats parlementaires, certains députés avaient clairement fait part de leur disponibilité à voter, même sur-le-champ, une loi d'abolition explicite.

Quoi qu'il en soit, force est de constater qu'au moment de l'abolition tacite de la peine de mort, il y avait — et il y a encore — des condamnés à mort sous l'ancienne législation qui sont détenus, sans que rien n'oblige l'État guinéen à régler leur sort. Pourtant, avec ces détenus, on est, en quelque sorte, dans une impasse, dès lors que la peine de mort à laquelle ils ont été condamnés n'existe plus en droit interne ; c'est dire qu'on ne peut la leur appliquer. Or, leur maintien en détention n'a aucun fondement juridique, étant donné qu'ils ne sont pas condamnés à la réclusion criminelle.

À cet égard, ce qu'il faut comprendre, c'est que l'issue normale de l'abolition — de façon tacite ou expresse — de la peine de mort est la commutation des peines de mort déjà prononcées et non encore exécutées en réclusion criminelle à perpétuité, assortie d'une période de sûreté de 30 ans ; ce qui, à l'évidence, relève du domaine de la loi.

Par conséquent, en l'absence d'obligation formelle ou de quasi-obligation opposable à l'État, l'adoption d'un projet de loi prévoyant une telle commutation serait aujourd'hui la suite logique de l'abolition tacite de la peine de mort et procèderait, donc, d'une simple question de cohérence dans le comportement du pays.

À côté des problèmes juridiques précités, il y a ceux qui ont un caractère d'opportunité.

Section 2 : Les problèmes d'opportunité

Ceux-ci se subdivisent en des questions politiques et techniques.

Paragraphe 1 : Les questions politiques

Il s'agit d'**annonces publiques préalables,** faites par des autorités politiques.

Exemples :

- *Les engagements pris par l'heureux candidat à une élection présidentielle pendant la campagne électorale ;*
- *La déclaration de politique générale du Gouvernement, faite devant le Parlement par le Premier ministre pour mieux expliciter les engagements du Président de la République ;*
- *Les prises de parole des ministres devant le Parlement, qui traduisent des engagements du Gouvernement ;*
- *Les décisions du Conseil des ministres.*

Paragraphe 2 : Les questions techniques

Ce sont celles qui sont identifiées par les services techniques des départements ministériels et qui ne présentent pas une dimension suffisante pour faire l'objet d'un « *portage politique* ».

Exemple : *un arrêté qui fixerait les attributions, l'organisation et le fonctionnement de tel ou tel service du département.*

CHAPITRE IV

LES QUESTIONS PRÉALABLES

Avant d'entreprendre la rédaction d'un texte législatif ou règlementaire quelconque, le légiste doit comprendre que le recours à un tel texte se pense. À cet effet, il doit chercher à se prémunir contre deux risques symétriques majeurs : prendre un texte inutile ou s'abstenir de prendre celui qui serait nécessaire.

Il doit également prendre en compte des informations objectives pour rédiger son projet de texte et, à cet effet, prendre de la distance par rapport aux orientations politiques données par le pouvoir exécutif, au risque de se comporter en « *juriste-tailleur* ».

L'objectivité des informations est relative à la phase préalable de collecte de données essentielles. Autrement dit, à ce stade, le légiste est confronté à des questions préalables : les unes consistent en des vérifications, et les autres, à la mise en œuvre d'obligations d'évaluation.

SECTION 1 : LES VÉRIFICATIONS PRÉALABLES

L'édiction d'une norme unilatérale, que ce soit une loi, une ordonnance, un décret ou un arrêté, suppose la nécessité de résoudre un problème de société clairement identifié, en vue d'obtenir un résultat précisément défini pour lequel des solutions non normatives apparaissent manifestement inappropriées.

En d'autres termes, le rédacteur d'un texte normatif doit identifier le problème précis à résoudre, vérifier qu'un texte normatif est la solution appropriée au regard du résultat souhaité et déterminer le niveau de norme adéquat.

Paragraphe 1 : L'identification du problème de société à résoudre

L'idée d'élaborer un texte normatif suppose l'existence d'un problème de société. Identifier ce problème et ses caractéristiques constitue une étape primordiale de la démarche méthodologique qui permet de trancher sur la nécessité ou non d'un tel texte et, le cas échéant, de délimiter le champ d'intervention du rédacteur et les moyens adéquats.

Il reste entendu que l'existence d'un problème de société suppose :

- ➢ un état de tension entre une situation présente et une situation désirée ;
- ➢ une imputation de responsabilité sans en déterminer les causes.

Ces deux conditions sous-entendent un élément analytique et un élément normatif, étant donné que ce qui est ressenti comme un problème fait toujours l'objet d'une insatisfaction qu'on peut décrire, tout en se référant à une valeur.

Autrement dit, pour la définition du problème, le rédacteur doit recourir à une analyse des faits au regard de la question des valeurs. Il doit également s'interroger sur le but et les objectifs pour l'élaboration du texte normatif ainsi que la mise en œuvre de l'idée y afférente.

I. — L'ANALYSE DES FAITS

L'analyse des faits consiste, pour le rédacteur, à s'interroger sur la nature du problème, ses causes, sa durée, sa dynamique, les milieux les plus touchés et ses conséquences. À cet effet, le rédacteur peut, par exemple, se poser les questions suivantes :

- ✓ En quoi consiste le problème ?

À quoi faut-il l'attribuer ? Dans quelles conditions est-il apparu et quelles en sont les causes ? Quelles sont ses manifestations ?

- ✓ Est-il durable ou temporaire ?
- ✓ Le problème connaît-il une évolution, notamment en termes de cycles, de régularité ou d'aggravation ?
- ✓ Quelles sont les couches sociales touchées par le problème et de quelle manière, directement ou indirectement ?
- ✓ Que se passerait-il en cas de non-intervention pour les milieux directement touchés et pour les autres ?

Une fois le problème défini, il y a lieu de passer à la détermination du but (finalité) et des objectifs qui concourent à la réalisation de ce but.

II. — La détermination du but et des objectifs pour l'élaboration du texte

Un but est un accomplissement global à long terme, tandis qu'un objectif définit les actions mesurables à court terme qui permettent d'atteindre le but principal. But et objectifs permettent de créer des étapes mesurables afin d'atteindre le résultat attendu, notamment les indicateurs de performance.

Pour aboutir à des objectifs opérationnels, la démarche du rédacteur d'un projet de texte normatif doit consister à établir un système de buts et d'objectifs hiérarchisés. Un tel système comprend plusieurs niveaux, des finalités les plus abstraites aux objectifs très précis et aux mesures concrètes qui permettront de les réaliser.

Pour construire un système de buts et d'objectifs, il faut établir une hiérarchie à partir de l'intention exprimée, ordonner des niveaux concrets et abstraits en posant la double question du **pourquoi** et du **comment** ; ce qui permet :

✓ de rattacher le ou les buts initialement exprimés à des buts plus abstraits et d'insérer ainsi l'intervention envisagée dans le cadre, plus général, de l'action publique ;

✓ d'inventorier les buts et les objectifs de même niveau qui ne sont pas toujours compatibles et d'opérer entre eux une pondération ;

✓ de mettre à jour toute une série de mesures concrètes tendant à opérationnaliser le but initial et qui constitue le lot d'instruments auquel on se réfèrera pour élaborer une stratégie d'action ;

✓ de mettre en évidence les éventuelles relations d'interdépendance entre buts et objectif de même niveau.

La réalisation d'un but ou d'un objectif peut avoir un impact positif ou négatif sur la réalisation d'un autre but ou d'un autre objectif.

Les relations entre buts de même niveau, tout comme celles entre les objectifs de même niveau, dépendent des mesures adoptées pour les réaliser.

La hiérarchisation des buts et objectifs s'opère, le plus souvent, à l'issue d'une enquête dont les résultats pourraient être résumés conformément au tableau ci-après :

Modèle de tableau de pondération des objectifs

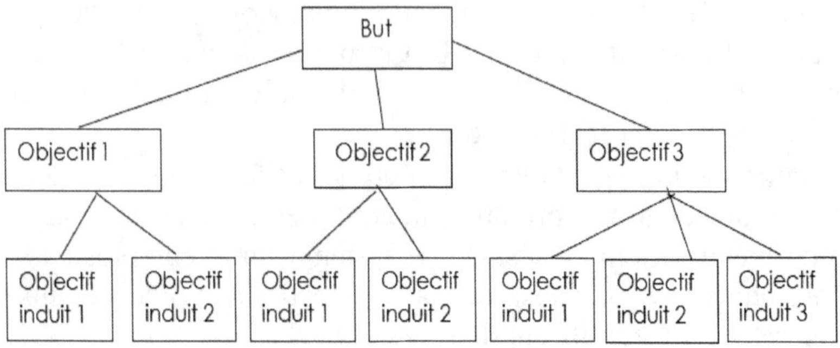

Exemple :
But : Lutte contre la corruption
Objectif 1 : Lutte contre la corruption dans le secteur public
Objectif induit 1 : Champ d'application
Objectif induit 2 : Prévention de la corruption dans le secteur public
Objectif 2 : Lutte contre la corruption dans le secteur privé
Objectif induit 1 : Participation de la société civile dans la lutte contre la corruption

Objectif induit 2 : Régime des informations financières et bancaires
Objectif 3 : Procédure suivie en matière de lutte contre la corruption
Objectif induit 1 : Mode de traitement des dénonciations et plaintes
Objectif induit 2 : Protection des lanceurs d'alerte
Objectif induit 3 : Saisie et confiscation des produits de la corruption.

La construction de la structure des buts et des objectifs doit permettre, par concrétisations successives, à mettre en relief **les effets ultimes et concrets**, notamment socio-économiques, qui sont des éléments résultant **de causes diverses** et qui vont traduire la réalisation des buts poursuivis. Il reste entendu qu'en influant sur les causes, on pourra agir sur les effets et obtenir les résultats attendus.

Cette étape de la détermination des buts et des objectifs est, dès lors, importante en ce qu'elle aboutit à l'inventaire des effets et des indicateurs qui qualifient ces effets, conformément au tableau ci-après :

Modèle de tableau des effets ultimes

Objectifs	**Effets**	**Indicateurs de performance**
Objectif 1 : lutte contre la corruption dans le secteur public	mobilisation de l'ensemble des acteurs sociaux dans la lutte contre la corruption au sein du secteur public	nombre de cas traités, de poursuites engagées et de sanctions infligées dans le secteur
Objectif 2 : lutte contre la corruption dans le secteur privé	mobilisation de l'ensemble des acteurs sociaux dans la lutte contre	nombre de cas traités, de poursuites engagées et de sanctions infligées dans le secteur

	la corruption au sein du secteur privé	
Objectif 3 : Procédure en matière de lutte contre la corruption	Tous les cas de corruption avérés sont poursuivis et punis conformément à la loi	taux des procédures de lutte contre la corruption ayant abouti à un jugement sur le fond

Dans ce tableau, sont indiqués les effets attendus de chacun des objectifs ainsi que les indicateurs de performance pour chacun d'eux.

Une fois les buts et objectifs déterminés, il convient de s'atteler à la mise en œuvre de l'idée tendant à l'élaboration du texte.

III. — La mise en œuvre de l'idée tendant à l'élaboration d'un texte

La mise en œuvre de l'idée tendant à l'élaboration d'un texte correspond à la phase de concrétisation du texte. L'intention exprimée dans un texte normatif ou même dans un discours politique devient **action** et produit des effets. Théoriquement, la phase de conception du texte normatif est cruciale, d'autant plus que, conformément au principe d'autorité, une fois la décision prise, il ne reste plus qu'à la mettre à exécution.

Cependant, la réalité est plus complexe. Par exemple, la meilleure des lois restera lettre morte si les autorités chargées de l'appliquer « traînent les pieds » comme ce fut le cas de *la loi fixant la parité entre hommes et femmes pour l'accès aux mandats électoraux et aux fonctions publiques électives.* Celle-ci, bien qu'ayant été votée, n'a jamais été promulguée et n'est pas entrée en vigueur, du moins, jusqu'à ce jour.

À cet égard, les dispositions de **l'article 51, *dernier alinéa,* de la loi organique L/2022/001/CNT du 25 février 2022** portant Règlement intérieur du Conseil national de la Transition (Parlement), qui reprennent celles de la législation précédente, prévoient que si *à l'expiration des délais prévus pour la promulgation, le texte adopté n'est pas promulgué, le Président du Parlement, sur proposition d'un dixième au moins des parlementaires, peut saisir la Cour suprême afin qu'elle ordonne la mise en vigueur de la loi régulièrement votée.*

De son côté, **l'article 2, alinéa 2, du Code civil** dispose : « *À défaut de promulgation dans le délai d'un mois à compter de sa date de transmission au Président de la République, la loi est d'office exécutoire.* »

Or, en vertu de la hiérarchie des normes juridiques, lorsque des dispositions de deux textes normatifs de valeurs juridiques différentes se contredisent, ce sont celles du texte normatif de valeur juridique supérieure qui prévalent.

Il s'ensuit qu'en l'espèce, ce sont les dispositions de la loi organique du 25 février 2022 qui prévalent sur celles **de l'article 2, alinéa 2, du Code civil** ; celles-ci méritent alors d'être abrogées ou, en tout cas, reformulées. Plus exactement, il appartenait au président du Parlement d'alors, à l'expiration du délai légal de promulgation et à l'initiative d'un dixième des parlementaires au moins, de saisir la Cour suprême afin qu'elle ordonne la mise en vigueur du projet de loi examiné et adopté.

La meilleure des lois restera également lettre morte si ses destinataires s'abstiennent d'en observer les dispositions. *Tel fut le cas, sous la Première République, de la loi qui interdisait la polygamie. Les femmes que le législateur d'alors entendait pourtant protéger à travers cette loi affirmaient, en effet, ne pas être concernées par celle-ci. D'ailleurs, cette loi était contraire aux convictions religieuses de la plupart des députés d'alors qui avaient pris part aux débats et qui l'avaient donc votée sous l'effet d'autres considérations.*

Cela dit, la mise en œuvre d'une loi est une occasion où différentes catégories d'acteurs sociaux cherchent à faire valoir leurs intérêts, où se manifestent des pressions de tous ordres et où ont lieu des négociations et marchandages divers. C'est dire que la loi, au cours de son processus d'élaboration, d'adoption et d'application, peut subir des transformations au point de modifier, plus ou moins, l'intention véritable de son initiateur.

Paragraphe 2 : La vérification de la nécessité d'un texte normatif

Pour vérifier qu'un texte normatif est la solution appropriée au problème de société à résoudre, l'on doit identifier non seulement ce problème, mais également les solutions non normatives éventuelles. Et c'est seulement au cas où celles-ci existent ou qu'elles sont insuffisantes qu'on aura recours au texte normatif.

Dans cette dynamique, il convient de vérifier que le problème identifié trouve effectivement son origine dans l'état du droit en vigueur et qu'un nouveau texte normatif est bien la seule manière d'y répondre efficacement.

Pour s'assurer que l'état du droit en vigueur est bien à l'origine du problème, il faudra :

✓ identifier, avant tout, les dispositions en vigueur qui sont embarrassantes et s'assurer que ce sont ces dispositions-là qui sont appliquées et non pas d'autres textes normatifs que l'on aurait omis de prendre en compte.

Exemple : *Il peut arriver que l'on cherche à résoudre un problème en modifiant un texte qui n'est pas applicable ou qui n'est pas le seul applicable ;*

✓ s'assurer que ces dispositions portent en elles-mêmes le problème à résoudre compte tenu de leur sens ou de leur ambiguïté, des conditions qu'elles posent ou de leur sens, à l'exclusion donc des causes exogènes. Exemple : *Les usages qui se sont développés sur la base de ces causes intrinsèques, mais indépendamment de leurs termes ;*

✓ rechercher d'éventuels textes de substitution. Exemple : *Il peut arriver que l'on parvienne à trouver des dispositions alternatives pour régler le problème, sans avoir à modifier le texte auquel on l'avait imputé ;*

✓ s'assurer qu'il n'y a pas, à propos du problème identifié, d'autres projets de texte en cours d'examen et d'adoption, voire déjà adoptés ou même déjà publiés mais non encore entrés en vigueur.

Même lorsque l'analyse laisse apparaître que l'état du droit est la cause du problème, il est encore possible, dans certains cas, d'éviter l'adoption d'un nouveau texte normatif en compensant ou en atténuant les effets du problème par d'autres types de mesures, notamment :

➢ l'interprétation de la norme en vigueur, dans la mesure du possible. Ces marges d'interprétation ou de réinterprétation peuvent être exploitées par des types de documents d'accompagnement, tels que *circulaires, instructions, pages de sites Internet ou notes de service ;*

➢ le recours à des mesures non juridiques, dirigées soit vers l'Administration, telles que l'octroi d'allocations budgétaires ou de moyens humains et logistiques, l'adaptation de l'organisation et du fonctionnement des services et la formation des agents, soit vers les usagers, telles que les accueils en ligne, téléphoniques ou physiques, et les médiations facultatives ;

➢ des conventions ou même des engagements unilatéraux ; ce qui sous-entend que les intéressés y trouvent un intérêt.

Dans le cas où les vérifications évoquées plus haut aboutissent à la nécessité d'un texte normatif, il faut éviter de prendre des textes qui n'énoncent pas de véritables règles de droit comme, par exemple :

➢ *des déclarations d'intention, pétitions, proclamations ;*

➢ *des dispositions qui réitèrent une règle préexistante ;*

➢ *des objectifs, commentaires, observations ou analyses sous forme de rapports annexés ;*

➢ *des dispositions qui ouvrent des facultés à des personnes physiques ou morales, alors que celles-ci sont libres d'agir dans le domaine considéré.*

Il faut également éviter de formuler des normes en dehors d'un texte normatif.

Exemples :

✓ *les prises de position non formalisées d'autorités administratives ou politiques, telles que discours et déclarations, y compris ceux repris par des communiqués exprimant la même règle ;*

✓ *les pages de site, guides ou « foires aux questions (FAQ) » ;*

✓ *les simples comportements de l'Administration agissant selon la nouvelle règle même si celle-ci n'a pas été formellement exprimée.*

NB : Une formulation ambiguë de dispositions nouvelles en dehors d'un texte normatif est, à l'évidence, de nature à nuire à l'efficacité de la norme, ses destinataires pouvant légitimement douter s'il s'agit ou non d'une norme ainsi que des marges de liberté qu'elle leur donne. Au demeurant, les règles qui seraient ainsi formulées sont susceptibles de voie de recours pour excès de pouvoir devant le juge qui pourra alors les requalifier, bien sûr, s'il s'agit d'actes *« faisant grief »*.

Paragraphe 3 : Le niveau de norme adéquat et le titulaire du droit d'initiative

I. — Le niveau de norme adéquat

Une fois que le problème à résoudre est identifié et que la nécessité d'un texte normatif est acquise, il faudra alors déterminer le niveau de norme adéquat.

À cet égard, il appartient au rédacteur du projet de loi, d'ordonnance, de décret ou d'arrêté de distinguer les matières qui relèvent du domaine de la loi et celles qui relèvent du domaine du règlement.

En effet, une disposition législative qui, par exemple, renverrait au pouvoir règlementaire le soin de fixer des règles relevant du domaine de la loi serait contraire à la Constitution et donc censurable pour *« incompétence négative »* du législateur, c'est-à-dire pour méconnaissance par celui-ci de l'étendue de sa propre compétence.

Il en est de même des dispositions règlementaires intervenues dans le domaine de la loi, sauf si elles ont été prises sur le fondement d'un renvoi explicite d'une loi, celle-ci prenant alors l'appellation de *« loi écran »*.

Le choix du recours à la loi ou au règlement n'est pas laissé à l'arbitraire du rédacteur du texte normatif. En effet, en Guinée, sauf en période de transition, la Constitution, a toujours indiqué les matières qui relèvent du domaine de la loi et celles qui relèvent du domaine du règlement. Cela signifie que traditionnellement, certaines matières relèvent du domaine de la loi, et d'autres, du domaine du règlement.

A— Le domaine de la loi

Traditionnellement, la loi fixe les règles concernant :

✓ les garanties des libertés et des droits fondamentaux, les conditions dans lesquelles ils s'exercent et les limitations qui peuvent y être apportées ;

✓ les droits civiques, la nationalité, l'état et la capacité des personnes, les régimes matrimoniaux, les successions et les libéralités ;

✓ les sujétions imposées pour la défense nationale aux citoyens en leur personne et leurs biens ;

✓ la détermination des infractions, les peines qui leur sont applicables, la procédure pénale, l'amnistie, la création et la composition des ordres de juridictions et le statut des magistrats ;

✓ l'assiette, le taux et les modalités de recouvrement et de contrôle des impôts de toutes natures, et des contributions obligatoires ;

✓ le régime électoral du Parlement en tout ce qui n'est pas indiqué par la loi fondamentale et celui des conseils élus des collectivités territoriales ;

✓ les garanties fondamentales accordées aux fonctionnaires civils et militaires de l'État ;

✓ le régime d'émission de la monnaie ;

- ✓ la création des catégories d'établissements publics ;
- ✓ l'expropriation, la nationalisation ou la privation d'entreprises ;
- ✓ la création des collectivités locales.

La loi détermine les principes fondamentaux :

- ➢ de l'organisation générale de la défense nationale et du maintien de l'ordre public ;
- ➢ de la libre administration des collectivités territoriales, de leurs compétences et de leurs ressources ;
- ➢ de l'enseignement ;
- ➢ du régime de la propriété, des droits réels et des obligations civiles et commerciales ;
- ➢ du droit du travail, du droit syndical et de la protection sociale ;
- ➢ du développement culturel et de la protection du patrimoine et de l'environnement.

Il est à noter que la distinction entre les matières dont la loi « *fixe les règles* » et celles dont elle « *détermine les principes fondamentaux* » n'a qu'une portée limitée. En effet, dans les deux cas, seuls les éléments déterminants d'une règle doivent figurer dans la loi, ainsi que l'a souligné la jurisprudence française [15].

Il est également à noter que les lois organiques sont, en plus de la Constitution, source de la compétence législative, dès lors qu'elles ont notamment pour objet de fixer, préciser et compléter les dispositions constitutionnelles.

B— Le domaine du règlement

Traditionnellement, toutes les matières autres que celles qui relèvent du domaine de la loi ont un caractère règlementaire.

Aussi, distingue-t-on au sein du domaine règlementaire **les règlements autonomes** et **les règlements d'exécution des lois.**

Les premiers interviennent dans les matières étrangères au domaine législatif, comme l'organisation de l'administration d'État, la procédure civile ou la procédure administrative.

Les seconds interviennent dans les matières dont la loi fixe les règles ou détermine les principes fondamentaux. Ils ont pour objet de préciser les modalités de mise en œuvre des dispositions législatives. Là réside, sans doute, la difficulté de distinguer une disposition qui met en cause une règle essentielle, nécessitant l'intervention du législateur, d'une

[15] CC français, n° 59-1 L du 27 novembre 1959.

disposition qui en précise les modalités d'application et qui relève ainsi du pouvoir règlementaire.

En France, par exemple, on distingue trois catégories de décrets : les décrets simples, les décrets en conseil d'État et les décrets en conseil des ministres, étant précisé que ces derniers peuvent également être pris en conseil d'État.

Cependant, en Guinée, à l'instar de la plupart des autres pays francophones d'Afrique, il y a les décrets simples : c'est le mode normal d'exercice du pouvoir règlementaire.

En outre, lorsque les dispositions législatives à modifier apparaissent en réalité de nature règlementaire, il y a lieu de procéder à un **déclassement** avant d'entreprendre la **modification règlementaire**.

S'agissant des textes d'application, les projets ou propositions de loi renvoient, très souvent, à des textes d'application dont la nécessité n'est pas avérée ou dont le contenu reste incertain. Néanmoins, le Gouvernement peut, même en l'absence d'un renvoi explicite à un texte règlementaire, prendre un texte règlementaire pour mettre en œuvre une disposition législative nouvelle.

Le renvoi explicite à un texte règlementaire se justifie notamment lorsqu'il est question de prévoir des éléments précis relevant du domaine règlementaire, tels que la détermination d'un seuil, de la procédure détaillée et des conditions requises pour l'application d'une mesure ou lorsqu'il s'agit de reporter la date d'entrée en vigueur d'une loi ou de certaines de ses dispositions à la publication d'un ensemble de mesures d'exécution.

II. — Le titulaire du droit d'initiative des textes normatifs

Le droit d'initiative des lois appartient traditionnellement au Gouvernement, on parle alors de « *projet de loi* » et aux parlementaires, on parle alors de « *proposition de loi* ». Mais le Gouvernement a le monopole d'initiative en ce qui concerne :

- les lois de finances et les lois de financement de la Sécurité sociale ;
- les habilitations à légiférer par voie d'ordonnance ;
- les lois autorisant la ratification ou l'approbation des traités et accords internationaux.

S'agissant des parlementaires, ceux-ci exercent individuellement et collectivement leur droit d'initiative de la loi. Autrement dit, un parlementaire a le droit d'initier une loi. Il en va de même pour un groupe parlementaire, un groupe de parlementaires ou même l'ensemble des parlementaires.

S'il est vrai que le parlementaire a un tel droit, il n'en demeure pas moins vrai que cela ne signifie pas qu'il lui est fait obligation de procéder lui-même au travail d'élaboration de la proposition de loi.

Le parlementaire, le groupe parlementaire, le groupe de parlementaires ou l'ensemble des parlementaires a, à sa disposition, des fonctionnaires pour l'aider à accomplir cette mission.

Il peut même faire recours à de l'expertise extérieure à cette fin ; il a une grande marge de manœuvre, aucun texte normatif ne lui imposant la voie à suivre pour la mise en œuvre de son droit d'initiative.

Toutefois, en matière financière, lorsque la proposition de loi a pour conséquence la diminution, la création ou l'aggravation des charges publiques, elle doit nécessairement, pour être recevable, être assortie de propositions de recettes ou d'économies équivalentes.

De même, la proposition de loi, qui porte sur une matière ne relevant pas du domaine de la loi, est irrecevable.

Pour les projets de décret, le droit d'initiative appartient au Président de la République et aux départements ministériels.

Pour les arrêtés et décisions, le droit d'initiative appartient à l'autorité signataire.

SECTION 2 : L'OBLIGATION D'ÉVALUATION PRÉALABLE

Toute idée d'action publique dont la mise en œuvre nécessite l'adoption d'un texte normatif fait l'objet d'une étude, même sommaire, destinée à présenter le problème à résoudre, la solution envisagée et les avantages et inconvénients de chacune des options envisageables à cet effet.

Cette étude d'options peut, dans certains cas, être prolongée par une étude d'opportunité et d'impact, encore appelée « *évaluation prospective* », dont il convient de préciser le contenu, les méthodes et outils d'évaluation ainsi que les modalités de réalisation.

Paragraphe 1 : L'étude d'options

L'étude d'options doit être adaptée aux différentes situations rencontrées. Elle porte sur la description de la situation de référence, en fait et en droit, et du problème à résoudre (pourquoi les comportements doivent-ils être modifiés par l'action envisagée) ainsi que de l'objectif poursuivi (dans quelle mesure les comportements doivent-ils être modifiés par l'action publique envisagée) et ce, à partir de données précises de tous ordres.

I. — LA DESCRIPTION DE LA SITUATION DE RÉFÉRENCE, EN FAIT ET EN DROIT, ET DU PROBLÈME À RÉSOUDRE

La description de la situation de référence, en fait et en droit, et du problème à résoudre vise à faire un diagnostic précis des difficultés à surmonter. Ce diagnostic comprend, dans la mesure du possible, des précisions statistiques et des indications de coûts.

Il est procédé à une analyse détaillée des causes, des difficultés rencontrées et des contraintes dont il faut prendre en compte dans la conception de l'acte de régulation en question.

Il doit, en particulier, être précisé les limites de la règlementation en vigueur quant à la solution du problème identifié dans un secteur d'activités donné.

Généralement, il convient de rappeler dans cette première partie :

✓ le contexte (état des lieux succinct, présentation des principaux intervenants, ordres de grandeur) ; et

✓ le cadre juridique de référence (présentation succincte des principales règles en vigueur, mention des normes supérieures et des normes antérieures).

II. — L'OBJECTIF DE LA RÉFORME

L'objectif de la réforme peut découler, bien sûr, du diagnostic évoqué ci-dessus.

Cependant, on doit toujours énoncer cet objectif de façon claire et précise, pour les raisons suivantes :

➢ L'homogénéité d'un texte normatif et sa bonne compréhension par le public dépendent de la clarté et de la précision de ses termes ;

➢ La clarté du texte constitue un préalable indispensable pour aborder la discussion des options et sous options.

Dans certains cas, l'objectif de la réforme résulte simplement de l'application de dispositions d'une norme supérieure qu'il suffira de rappeler.

Cette formulation peut être éventuellement complétée par l'énoncé d'objectifs intermédiaires ou par un développement sur la difficulté de concilier plusieurs objectifs d'intérêt général en la matière.

Il convient également de préciser ici les indicateurs qui pourront être utilisés pour savoir dans quelle mesure l'objectif poursuivi sera atteint ou déterminer le type d'évaluation *ex post* envisagé.

Lorsque le texte comprend plusieurs volets, il convient de présenter les objectifs de chaque volet, tout en veillant à la cohérence de l'ensemble du texte.

Bref, dans le cadre de l'étude d'options, le rédacteur doit notamment envisager :

➢ l'option « *réglementaire* » et une, deux ou plusieurs options parmi les autres instruments d'action publique (circulaire, instructions, guide, forum, foire aux questions, page de site Internet, etc.) ;

➢ l'identification des avantages et des inconvénients de chacune des options, notamment l'analyse sommaire des coûts et bénéfices, la description des effets attendus et le calendrier de mise en œuvre ;

➢ l'indication des raisons pour lesquelles telle ou telle option doit être privilégiée.

Autrement dit, l'étude d'options n'a de sens et de réel intérêt qu'à propos des projets de texte pour lesquels l'autorité compétente dispose d'une certaine marge de manœuvre.

La démarche suppose une connaissance précise de l'état du droit en vigueur et consiste, pour le rédacteur, à se demander pourquoi un texte normatif est préférable à toute autre solution et, si ce texte est nécessaire, pourquoi chacune des normes qu'il se propose de fixer est elle-même nécessaire et optimale.

Paragraphe 2 : L'étude d'impact

I. — La justification de l'étude d'impact

L'étude d'impact peut se justifier pour toutes les catégories de textes normatifs, qu'il s'agisse d'une loi, d'une ordonnance, d'un décret, d'un arrêté ou d'une décision.

En ce qui concerne les projets de loi, ceux-ci doivent, sauf exception, faire l'objet d'une étude d'impact.

Certains textes règlementaires, notamment ceux qui concernent les entreprises et les collectivités territoriales, sont également soumis à une obligation d'évaluation préalable.

L'étude d'impact s'attache à fournir une évaluation préalable, aussi complète, objective et factuelle que possible, de la norme envisagée.

Elle n'est pas une appréciation technocratique de l'opportunité de la norme qui viendrait se substituer à la décision politique. Elle n'est pas non plus un exercice formel de justification *a posteriori* d'une solution prédéterminée.

Il s'agit, au contraire, d'une approche destinée à éclairer le Gouvernement et le Parlement sur les choix possibles pour résoudre un problème déterminé. À cet effet, elle précise notamment la nature des difficultés à résoudre, les avantages et inconvénients des options possibles en fonction de l'objectif poursuivi, l'évaluation détaillée des conséquences qui peuvent être raisonnablement attendues de l'édiction de la norme pour les différentes catégories de personnes physiques et morales concernées.

Cette approche permet de faire une démonstration rigoureuse sur la nécessité d'un nouveau texte et la proportionnalité de la mesure envisagée, en vue d'assurer l'équilibre entre les objectifs d'intérêt général qui sous-tendent la réforme et la prise en compte des différents intérêts particuliers en présence.

La décision de procéder à une étude d'impact est prise au cours de la réunion d'examen des différentes options.

L'étude d'options est élaborée par le ministère responsable de la préparation et de la mise en œuvre du texte normatif envisagé.

Elle peut servir de base, le cas échéant, aux discussions entre les ministères concernés, afin de permettre de recueillir des données utiles pour la description de la situation de référence et de préciser le contenu ainsi que les avantages et inconvénients des différentes options en présence.

L'étude d'options peut aboutir à la nécessité **d'une étude d'opportunité et d'impact ou évaluation prospective,** lorsque les implications économiques, sociales, juridiques, administratives, environnementales ou autres du texte normatif à prendre sont, en première analyse, suffisamment complexes et, donc, incertaines pour nécessiter un approfondissement de la réflexion préalable.

L'étude d'opportunité et d'impact justifie, le plus souvent, l'externalisation d'une mission de service public avant la mise en œuvre du cadre légal et règlementaire.

Elle est un mécanisme privilégié de création d'agences ou de structures assimilées en vue de parvenir, à terme, à une rationalisation, à la fois, organisationnelle et budgétaire du secteur public.

II.— Champ d'application

Généralement, le champ d'application de l'obligation pour le Gouvernement de produire une étude d'impact accompagnant un projet de loi comprend :

- les projets de loi organique ;
- les projets de loi ordinaire ;
- les projets de loi de programmation, à l'exclusion de ceux des finances publiques ;
- les projets de loi de ratification ou d'approbation d'un traité ou d'un accord international, selon des modalités particulières.

En revanche, sont exclus du champ d'application :

- les projets de loi constitutionnelle ;
- les projets de loi de ratification d'une ordonnance, sauf s'ils comprennent des dispositions nouvelles allant au-delà de la ratification d'erreurs matérielles ou d'ajustements de cohérence juridique ;
- les projets de loi de programmation des finances publiques ;
- les projets de loi de règlement ;
- les projets de loi prorogeant les états d'urgence ou de siège.

L'étude d'impact est facultative en ce qui concerne :

- les propositions de loi ;
- les amendements des projets de loi ;
- les projets d'ordonnance.

III. — Le canevas de l'étude d'opportunité et d'impact

Le canevas de l'étude d'opportunité et d'impact, qui tient compte des spécificités du secteur concerné, pourrait être le suivant :

✓ L'identification des missions préexistantes ou nouvelles dont l'externalisation est proposée ;

✓ La justification de l'articulation de ces missions avec le document de planification stratégique et opérationnelle définie par le ministère assurant la tutelle du secteur en question ;

✓ L'analyse comparée des modèles de prise en charge des missions et de la gestion du secteur en question ;

- ✓ La présentation synthétique de la structure proposée comme solution alternative, des objectifs qui lui seront assignés, des résultats attendus et de l'estimation des moyens humains, financiers et matériels nécessaires à son fonctionnement.

En ce qui concerne l'analyse comparée qui vient d'être évoquée, celle-ci pourrait comprendre trois étapes, à savoir :

- ➢ le diagnostic détaillé du secteur basé sur des données chiffrées et des observations soigneusement étudiées et vérifiées, afin de permettre une meilleure appréciation des faiblesses. Cette démarche permet de prouver l'effectivité du problème et de montrer sa nature et son ampleur à travers l'analyse de facteurs socio-économiques actuels et futurs. Cet exercice permet de faire ressortir pour chaque problème identifié notamment ses caractéristiques (gravité, ampleur, etc.), ses causes et ses conséquences, ainsi que le niveau ou l'absence de prise en charge du problème par les pouvoirs publics ;
- ➢ la démonstration, après ce diagnostic, des avantages offerts par le nouveau mode de gestion relativement à l'efficience organisationnelle et budgétaire ;
- ➢ la précision du caractère inéluctable de la décentralisation technique pour la gestion du service ou secteur public en question. À cet effet, il s'agira :
  - ✓ de justifier la nécessité d'une impulsion et d'un développement plus approprié d'un ensemble d'activités nouvelles ou anciennes, d'un ou de plusieurs secteurs publics ;
  - ✓ de démontrer l'insuffisance, l'absence ou l'incapacité technique ou managériale des services centraux de prendre en charge un ensemble d'activités nouvelles ou anciennes ;
  - ✓ de relever les spécificités du type de gestion envisagé (souplesse, célérité, proximité, etc.) que l'Administration centrale ne garantit pas forcément.

Le choix entre la voie législative et la voie règlementaire pour élaborer un texte normatif est fait normalement en référence aux dispositions constitutionnelles relatives à la délimitation du domaine de la loi et du domaine règlementaire. À cet égard, à l'exception de celles adoptées pendant les périodes de transition, toutes les constitutions qui se sont succédé en Guinée depuis l'accession du pays à l'indépendance, ont prévu une telle délimitation.

En tout état de cause, un texte normatif n'est pas à voir seulement sous l'angle de l'institution ou de l'autorité dont il émane, mais plutôt sur son processus d'élaboration et d'adoption ou de signature en mettant l'accent sur un consensus ou la dynamique inclusive des parties prenantes.

Paragraphe 3 : Les méthodes d'évaluation

Il y a deux types de méthodes pour l'évaluation d'une loi : les méthodes qualitatives et les méthodes quantitatives.

Les méthodes quantitatives permettent de décrire avec précision la valeur prise par une variable ou l'intensité d'une mesure.

Les méthodes qualitatives, quant à elles, permettent, avec plus de nuances et de richesse, de décrire les situations et les processus résultant de l'application de la loi.

Il serait préférable d'utiliser les deux types de méthodes de manière complémentaire pour obtenir le résultat escompté. Toutefois, les unes et les autres peuvent être choisies selon la réalité que l'on veut, à proprement parler, décrire ou mesurer.

Qu'elles soient qualitatives ou quantitatives, les données sont recensées notamment dans trois types de registre : le registre constat, le registre démonstratif et interprétatif et le registre de l'opinion.

Le registre constat permet de mettre en lumière les résultats des constats induits par la mise en œuvre de la régulation. Ces constats peuvent être qualitatifs (activités exécutées dans le cadre de la mise en œuvre de la loi, comportement des destinataires de la régulation, etc.) et/ou quantitatifs (coût de la loi, nombre de destinataires, nombre de dossiers traités dans le cadre de la mise en œuvre de la loi, etc.).

Le registre démonstratif concerne les tests d'hypothèses, la recherche et la discussion des preuves de la réalité de l'application de la régulation. Il permet de mesurer les effets propres de la régulation.

Le registre de l'opinion permet de prendre en compte, dans l'évaluation, l'opinion des groupes concernés par la loi. Ce registre est très important, parce que l'opinion des acteurs chargés de mettre en œuvre la loi est une source très utile pour apprécier sa cohérence et pour identifier les dysfonctionnements qui pourraient nuire à son efficacité.

Paragraphe 4 : Les outils d'évaluation

Différents outils et techniques sont utilisés pour la collecte des informations nécessaires à la réalisation de l'évaluation. Ces outils concernent, à la fois, la qualité scientifique, le respect des règles déontologiques et la possibilité d'utilisation pratique des résultats.

On distingue quatre catégories de critères ou groupes d'outils d'évaluation : les critères d'utilité, les critères d'applicabilité, les critères d'exactitude et les critères de correction.

➢ **Les critères d'utilité** garantissent la satisfaction des besoins en informations des acteurs concernés par la loi évaluée. Ils se déclinent comme suit :

- Détermination du contexte de l'évaluation ;
- Identification des acteurs concernés ;
- Détermination de l'objet de l'évaluation ;
- Ciblage des intentions du commanditaire de l'évaluation ;
- Exposé clair de la démarche et des résultats de l'évaluation.

➢ **Les critères d'applicabilité** concernent la certitude de la réalisation pratique de l'évaluation. Il faut donc veiller à minimiser les perturbations liées à la collecte des données et à prendre en compte les points de vue des différents groupes touchés par la loi.

➢ **Les critères d'exactitude** se réfèrent au respect des règles de la démarche scientifique, notamment la définition précise de l'objet de l'évaluation, la détermination du type de démarche choisi, l'énonciation détaillée des sources d'informations.

➢ **Les critères de correction** concernent la dimension éthique et juridique de l'évaluation. Le commanditaire et le mandataire de l'évaluation doivent déterminer par écrit leurs obligations respectives et garantir la publicité des résultats. Le rapport d'évaluation doit être complet et expliquer aussi bien les points forts que les faiblesses de l'analyse.

Paragraphe 5 : Les modalités de réalisation de l'étude d'impact

Les travaux d'analyse d'impact ne sont pas seulement destinés à mesurer les impacts ; ils ont également pour objet de vérifier la pertinence du recours au texte normatif. Ils ont vocation à constituer le cœur des discussions préalables aux arbitrages.

Ces travaux d'évaluation préalable reposent, en particulier pour les projets de loi, sur trois étapes associant étroitement le Secrétariat général du Gouvernement.

La première étape de l'élaboration de l'étude d'impact consiste en l'organisation par le Secrétariat général du Gouvernement (service chargé de la Législation) d'une réunion de cadrage à la demande du ministère porteur, dès que le principe d'un nouveau projet de loi est envisagé.

La réunion de cadrage doit permettre l'identification et la désignation d'un coordonnateur de l'étude d'impact, la définition du projet de trame de celle-ci, la nature et la portée des contributions ministérielles à solliciter, la fixation du calendrier précis de l'élaboration de l'étude d'impact ainsi que le nombre et la nature des consultations devant être effectuées.

La deuxième étape, c'est qu'à l'issue de la réunion de cadrage, le ministère porteur rédige une première version de l'étude en collaboration, s'il y a lieu, avec les autres ministères directement concernés. Cette version initiale est adressée au Secrétariat général du Gouvernement qui contrôle le respect des règles applicables et du cadrage convenu et qui, au besoin, peut demander au ministère porteur de compléter le document ou de modifier la présentation de certains développements.

Par la suite – et c'est la troisième étape – la version éventuellement améliorée du document est communiquée, pour observations, aux autres ministères par le coordonnateur de l'étude d'impact.

Si un ou plusieurs ministères sont en désaccord avec certains développements, il leur appartient de proposer une rédaction ou des chiffrages alternatifs, accompagnés d'un argumentaire détaillé. Cette phase interservices doit intervenir, bien sûr, avant la tenue de la réunion interministérielle sur le projet de loi, de façon à pouvoir éclairer utilement les débats et éviter d'encombrer cette réunion avec des considérations de nature politique plutôt que technique.

CHAPITRE V

LES DOCUMENTS DE PRÉSENTATION DES TEXTES NORMATIFS

SECTION 1 : GÉNÉRALITÉS

Le projet de texte législatif ou règlementaire est accompagné d'un document de présentation destiné à éclairer l'autorité ou l'institution qui décide sur le sens et la portée des dispositions qui lui sont soumises.

Ce document énonce, de manière simple et concise, notamment le contexte historique, économique, social, juridique ou international dans lequel s'insère le projet de texte normatif, les raisons pour lesquelles celui-ci est proposé, l'esprit dont il procède, les objectifs qu'il se fixe, les modifications qu'il apporte au droit existant et sa teneur ou son économie générale.

Il n'est, en aucun cas, une paraphrase du texte normatif ni rédigé dans un style accessible aux seuls agents ayant participé à son élaboration.

Il ne comporte pas de formule d'appel.

Il est annoncé à la première page du projet de texte, au bas de l'intitulé de ce texte. Son appellation est alignée au centre et écrite en gras et en majuscule, sous l'intitulé du texte normatif.

Le document de présentation du texte normatif se termine par l'annonce des divisions – et non des subdivisions - de celui-ci et, s'il y a lieu, le résumé succinct de chaque division ainsi que la formule suivante : « *Telle est l'économie du présent projet de loi/décret/arrêté [...]* ».

Il n'excède pas normalement deux pages.

Il n'est pas partie intégrante du texte, et sa publication au Journal officiel est facultative.

SECTION 2 : LES TYPES DE DOCUMENT DE PRÉSENTATION DES TEXTES NORMATIFS

L'appellation du document de présentation des textes normatifs varie selon la nature du texte normatif. Ainsi, on parle d'« *exposé des motifs* », s'il s'agit d'une loi, de « *rapport de présentation* », s'il s'agit d'un décret, et de « *note de présentation* », s'il s'agit d'un arrêté.

Mais en France, par exemple, le rapport de présentation a été remplacé, pour les décrets règlementaires et certains arrêtés règlementaires, dont ceux concernant les entreprises, par la « *notice explicative* » qui s'intercale entre l'intitulé et les visas et qui se présente notamment comme suit :

« Intitulé du texte
« Publics concernés
« Objet
« Date d'entrée en vigueur
« Notice
« Références
« Le Président de la République/Le Premier ministre
« Texte du décret ou de l'arrêté réglementaire »

Paragraphe 1 : L'exposé des motifs

I. — LE CONTENU DE L'EXPOSÉ DES MOTIFS

Traditionnellement, les projets de loi sont toujours accompagnés d'un exposé des motifs destiné à éclairer le Parlement sur le sens et la portée des dispositions qui lui sont soumises et à mettre en valeur l'intérêt qui s'attache à leur adoption.

Une présentation plus détaillée des différents éléments pris en compte dans la conception du texte doit figurer dans l'étude d'impact.

L'exposé des motifs comprend, en général, deux parties :

✓ une partie générale présentant notamment le contexte historique, économique, social, juridique ou international dans lequel s'insère le projet de loi ainsi que les principaux objectifs qu'il poursuit ; cette partie peut renvoyer, le cas échéant, à l'étude d'impact qui est transmise Parlement en même temps que le projet de loi ;

✓ une partie exposant, pour les textes relativement courts, article par article, les dispositions proposées et, pour les textes longs, une explication par division de celles-ci.

L'exposé des motifs n'est pas soumis à la discussion des parlementaires et n'est pas publié au Journal officiel de la République. Toutefois, il figure habituellement dans la version imprimée mise en ligne sur le site du Parlement. Il constitue l'un des éléments des travaux préparatoires d'une loi, auquel le juge peut se référer en cas de doute sur les véritables intentions du législateur[16].

L'exposé des motifs n'est pas signé.

II. — Modèle d'exposé des motifs

Proposition de loi fixant la parité entre hommes et femmes pour l'accès aux mandats électoraux et aux fonctions publiques électives

EXPOSE DES MOTIFS

Selon [...], les femmes représentent 52 % de la population guinéenne, et elles produisent 60 à 80 % des aliments de base du pays. Malgré cet important poids démographique et économique, elles restent cependant encore très minoritaires quant à l'accès aux mandats électoraux et aux fonctions publiques électives.

En effet, selon le rapport de la Guinée sur l'évaluation de la mise en œuvre du Programme d'action de Beijing + 2, les femmes représentent seulement 29,84 % des députés, 13, 51 % des membres du Gouvernement, 12,5 % des membres de la Cour suprême, 28,57 % des membres du Conseil économique et social, 20 % des membres de la Commission électorale nationale indépendante, 18,15 % des maires, 6,06 % des préfets et 12, 5 % des gouverneurs de région.

Pourtant, la Constitution guinéenne du 7 mai 2010, en son article 8, proclame que les hommes et les femmes ont les mêmes droits et que nul ne doit être privilégié ou désavantagé notamment en raison de son sexe.

En plus, la Guinée a adhéré à la plupart des instruments juridiques régionaux et internationaux de protection et de promotion des droits des femmes. Il en est ainsi, par exemple, de la Convention des Nations-Unies du 18 décembre 1979 sur l'élimination de toutes les formes de discrimination à l'égard des femmes et du Protocole à la Charte

---

[16] *CE* français, *12 mars 1975, sieur Bailly, Rec. p. 183.*

africaine des droits de l'homme du 11 juillet 2003 relatif aux droits des femmes.

Il reste entendu que ces conventions établissent la responsabilité des gouvernements des États parties dans l'adoption et la mise en œuvre de mesures tendant à garantir l'égalité entre hommes et femmes, notamment en ce qui concerne leur participation à la prise de la décision politique.

La présente proposition de loi a justement pour objet de corriger la sous-représentation des femmes en matière politique en fixant l'égalité du nombre de candidatures des hommes et des femmes aux élections législatives et locales, ainsi que dans les institutions publiques, totalement ou partiellement électives.

Elle est articulée autour de sept articles :

- *L'article premier pose la règle de la parité et détermine le champ d'application de la loi ;*
- *L'article 2 fixe les règles de validité des listes de candidatures ;*
- *Les articles 3 et 4 définissent les mécanismes de mise en œuvre de la parité ;*
- *L'article 5 prévoit la situation particulière où la parité est impossible à observer, c'est-à-dire lorsque le nombre de candidatures à pourvoir est un chiffre impair ;*
- *L'article 6 prévoit les sanctions applicables en cas d'inobservation des dispositions de la loi, ainsi que les voies de recours disponibles ;*
- *L'article 7, enfin, concerne les dispositions finales.*

Telle est l'économie de la présente proposition de loi instituant la parité entre hommes et femmes pour l'accès aux mandats électoraux et aux fonctions publiques électives[17].

Paragraphe 2 : Le rapport de présentation

Tout en s'efforçant d'être bref, le rapport de présentation doit présenter une argumentation solide en faveur du texte proposé. À cet effet, il obéit aux règles suivantes :

- Il éclaire le signataire – le Président de la République – sur les raisons pour lesquelles le texte est proposé et sur son contenu ;

[17] Le modèle de loi correspondant à cet exposé des motifs figure plus bas à la sect. 4, Chapitre VII ci-dessous, intitulé ''Du corps du texte normatif ou dispositif''.

- Le cas échéant, il explique les raisons pour lesquelles la règlementation en vigueur est à modifier ainsi que les dispositions qui sont proposées à cet effet ;
- Il précise les principaux aspects du texte proposé, en insistant sur ceux qui sont originaux par rapport aux textes antérieurs.

En outre, lorsque le texte a un effet pratique sur la vie quotidienne des administrés, il convient de faire ressortir clairement dans le rapport de présentation :

- les objectifs poursuivis par le texte ;
- la description précise des mesures adoptées ;
- les conditions exigées pour bénéficier de ces mesures.

Si le texte a été soumis à l'avis de la Cour suprême et qu'il est intégralement conforme à l'avis de cette haute juridiction, il est d'usage que le rapport de présentation le précise.

Contrairement à l'exposé des motifs et à la note de présentation, le rapport de présentation est signé et ce, par le ministre dont le département a initié le projet de décret.

Le rapport de présentation doit être soigneusement rédigé, mais il n'a pas de portée juridique propre. Exemple : En France, il a été jugé ceci : « *Le rapport présenté au Président de la République en vue de l'examen d'une ordonnance en conseil des ministres, qui a pour objet de l'éclairer sur les raisons pour lesquelles le texte est proposé et sur son contenu, ne saurait être regardé, quels qu'en soient les termes, comme une décision susceptible d'être déférée au juge de l'excès de pouvoir* [18]».

Paragraphe 3 : La note de présentation

Au-delà des règles communes indiquées plus haut et à l'instar de l'exposé des motifs, la note de présentation n'est pas signée.

---

[18] CE français, Sect.,19 octobre 2005, Confédération générale du travail et autres, n° 283471.

CHAPITRE VI

LES MENTIONS LIMINAIRES DES TEXTES NORMATIFS

Les mentions liminaires d'un texte normatif (loi, ordonnance, décret, arrêté, décision) indiquent l'appellation officielle de l'État et le timbre, l'intitulé du texte, l'autorité ou l'institution qui décide, le préambule et, pour les textes règlementaires, le verbe central.

SECTION 1 : L'APPELLATION OFFICIELLE DE L'ÉTAT ET LE TIMBRE

Dans les textes législatifs et règlementaires, l'en-tête laisse apparaître l'appellation officielle de l'État et le timbre.

L'appellation officielle de l'État porte sur sa dénomination et la devise nationale.

La dénomination de l'État est « *République de Guinée* ».

La devise nationale est « *Travail – Justice – Solidarité* ».

L'appellation officielle de l'État est mentionnée à la première page du texte, sur une seule ligne, en majuscule et en gras. Elle figure en haut et à gauche de cette page.

Elle est suivie, en dessous et à gauche, de la devise nationale. Celle-ci est écrite en minuscule, en gras et en italique. Toutefois, la première lettre des substantifs s'écrit en majuscule.

Le timbre d'un texte législatif ou règlementaire permet d'identifier, avec précision, la structure dont celui-ci émane.

SECTION 2 : L'INTITULÉ

Paragraphe 1 : Le contenu et la portée de l'intitulé

Avant tout, on parle d'« *intitulé* » et non pas de « *titre* » d'un texte normatif, pour éviter la confusion avec les subdivisions de ce texte (titres, chapitres, sections, etc.).

L'intitulé d'un texte normatif indique, d'une manière aussi claire, précise et concise que possible, l'objet essentiel de ce texte.

Il sert à distinguer les textes législatifs et règlementaires des autres documents de même origine, pour en faciliter le contrôle, le traitement, le classement et la recherche ultérieure.

Il est dépourvu de portée normative ; il n'a pas d'incidence sur la légalité du texte, y compris pour manquement à l'objectif de clarté et d'intelligibilité de la norme dans le cas où il ne reflèterait pas fidèlement son champ d'application, ainsi que l'a souligné la jurisprudence française[19].

Il comprend la dénomination, le numéro d'enregistrement, le sigle du service d'origine et la date de promulgation ou de signature.

Paragraphe 2 : La dénomination

La dénomination d'un texte normatif indique la nature juridique de ce texte : loi, décret ou arrêté.

Toutefois, la dénomination d'une loi indique le type de loi : loi constitutionnelle, loi organique, loi référendaire, loi pour les lois ordinaires, loi uniforme, loi d'habilitation, loi de ratification, loi autorisant la ratification d'un traité ou d'une convention internationale, loi de finances, loi d'orientation, loi-cadre, loi de programme et loi de plan.

NB : Une loi ordinaire peut également prendre la dénomination de la personne qui l'a initiée.

Exemple : En France, la « loi Badinter » (abolissant la peine de mort).

Paragraphe 3 : Le numéro d'enregistrement et le sigle du service d'origine

Le numéro d'enregistrement d'un texte normatif fait corps avec la dénomination. Il est l'œuvre du Secrétariat général du Gouvernement.

Pour la loi et le décret, le premier nombre du numéro d'enregistrement est l'année de parution, et le second, un simple numéro d'ordre de sortie du texte.

---

[19] CE français, 7 oct. 2015, *Syndicat national des enseignants du second degré*, n° 386436, Lebon T.

Pour l'arrêté, le numéro d'enregistrement est un nombre unique qui correspond au numéro d'ordre de sortie du texte, et l'année de parution est portée après le sigle du ministère d'origine.

Le service d'origine du texte normatif est, selon les cas, le Parlement pour la loi, la Présidence de la République pour l'ordonnance et le décret, et la Primature ou le ministère sectoriel concerné pour l'arrêté.

Paragraphe 4 : L'autorité ou l'institution qui décide

Dans un texte normatif, l'autorité ou l'institution qui décide est mentionnée dès après l'intitulé du texte normatif et à la ligne. Pour la loi, il s'agit du Parlement ; pour le décret, il s'agit du Président de la République ; pour l'arrêté, il s'agit du Premier ministre ou du ministre ; pour l'arrêté interministériel ou conjoint, il s'agit des ministres concernés.

La mention relative à l'autorité ou à l'institution qui décide est centrée et écrite en gras et en majuscule, suivie d'une virgule.

Paragraphe 5 : Le mode de rédaction de l'intitulé

L'intitulé d'un texte normatif est centré et écrit à la première page du texte en lettres minuscules et en gras.

Dans l'intitulé d'un texte normatif, sont à éviter les mots et expressions qui reflètent un point de vue subjectif sur le texte, notamment ceux qui traduisent des jugements de valeur ou qui expriment une ambition, telle que « *[...]* portant modernisation (ou amélioration) ».

Dans l'intitulé du texte, sont également à éviter le style lourd et l'abus de substantifs.

Exemple : Les expressions, telles que « *[...] portant organisation* », « *[...] portant définition* », « *[...] portant modification* », qui paraissent sans doute plus solennelles pour certains rédacteurs, sont à remplacer par des formulations plus simples, telles que « *organisant* », « *définissant* » et « *modifiant* ».

L'intitulé d'un texte normatif est en principe intangible. Toutefois, il peut être modifié pour actualiser la dénomination d'un organisme ou d'un corps de fonctionnaires dont ce texte fixe le statut, afin de le mettre en cohérence avec les changements survenus dans le texte ou de retirer des mentions devenues erronées ou sans objet.

Exemple : « ***Article premier :*** *L'intitulé du décret [...] portant statut particulier des préposés sanitaires des services vétérinaires est remplacé par l'intitulé suivant : décret [...] portant statut particulier du corps des contrôleurs sanitaires des services du ministère de l'Agriculture* ».

Quand un texte normatif modifie ou complète plusieurs textes antérieurs, ceux-ci ne sont pas, en général, mentionnés dans son intitulé.

Dans ce cas, s'il est possible de dégager un thème dominant ou sur lequel l'attention mérite d'être appelée, l'intitulé est formulé de manière à faire apparaître ce thème.

Exemple : « *Loi [...] relative à la validation d'acquis professionnels pour la délivrance de diplômes et portant diverses dispositions relatives à l'Éducation nationale* ».

L'intitulé d'un texte normatif se présente, par exemple, comme suit :

- Loi n° 2018 - 025/AN du 3 juillet 2018 portant organisation générale de l'Administration publique ;

- Décret n° 2021 - 011/PRG/CNRD/SGG du 8 octobre 2021 portant structure du Gouvernement de la Transition ;

- Arrêté n° 23/MJDH/CAB/2022 du 8 octobre 2022 portant nomination de greffiers.

Toutefois, la première lettre de ce titre s'écrit en minuscule s'il est précédé de l'article ''le'' ou ''la''.

En outre, les redondances sont à éviter dans la présentation de l'intitulé des textes normatifs.

Exemple : « ***Loi L****/2020/[...]/AN du [...]* », expression dans laquelle le mot '*'loi'*' est écrit, à la fois, en lettres et en abrégé.

De même, c'est à tort que, dans l'intitulé d'un texte normatif, on place une virgule entre la date et le verbe, en l'absence d'une incise.

Exemple : L'expression « *Arrêté n° [...] du 8 octobre 2022, portant nomination de greffiers* » (avec une virgule).

Cela dit, pour l'indication de l'intitulé d'un texte normatif, le rédacteur de celui-ci a une marge de manœuvre, y compris dans l'emploi des termes « portant », « *relatif à* », « *de* », « *sur* », « *concernant* », etc. Mais il convient d'éviter des intitulés trop subjectifs, faisant directement écho à des annonces populistes ou des débats politiques ou d'ordre promotionnel.

Exemple : « *Décret n° [...] relatif à la promotion de la bonne gouvernance* ».

En ce qui concerne la date, celle-ci est portée à la dernière page du texte normatif au niveau du lieu de signature.

Dans la pratique, il est rare qu'un texte de portée générale soit daté d'un samedi, d'un dimanche ou d'un jour férié, contrairement aux actes individuels.

Paragraphe 6 : La date des textes normatifs - Suggestion quant à son emplacement

La date d'un texte normatif est celle de sa promulgation, s'il s'agit d'une loi, et de sa signature, s'il s'agit d'une ordonnance, d'un décret ou d'un arrêté.

Elle est portée à la dernière page du texte normatif, juste après l'indication du lieu de promulgation ou de signature.

Toutefois, en ce qui concerne les textes normatifs longs, la tendance aujourd'hui, dans la plupart des pays francophones d'Afrique, est de porter cette date non seulement à la première page du texte, au niveau de l'intitulé, mais également à la dernière page, juste après l'indication du lieu de promulgation ou de signature.

Cette tendance, qui répond à un souci d'efficacité, est cependant critiquable à un triple point de vue. D'abord, elle conduit à une redite, la date du texte étant répétée. Ensuite, elle amène à présenter différemment des textes normatifs qui sont, pourtant, de même nature juridique. De surcroît, elle n'indique pas le point de repère des textes normatifs qualifiés de longs pour permettre de savoir s'il faut ou non porter la date à deux niveaux.

Pour éviter ces écueils, il serait plus judicieux de porter la date de tous les textes normatifs, quelle que soit leur longueur, uniquement à la première page, au niveau de l'intitulé, mais aussi de mentionner le lieu de promulgation ou de signature, par exemple, comme suit : **« Conakry, les jour, mois et an que ci-dessus** (pas en gras).

À l'évidence, l'indication de la date d'un texte normatif à la première page de celui-ci permet à l'utilisateur d'éviter le travail fastidieux de se reporter à la dernière page du texte qu'il est amené à consulter pour en connaître la date, surtout s'il s'agit d'un texte relativement long. Autrement dit, la gêne et la perte de temps qui pourraient en découler sont contraires au souci d'efficacité qui doit présider à l'élaboration de tout texte émanant des pouvoirs publics.

SECTION 3 : LE PRÉAMBULE

Paragraphe 1 : Définition

Le préambule est la partie du texte normatif qui se trouve entre l'intitulé et le dispositif. C'est l'ensemble des visas et considérants d'un texte règlementaire, ainsi que les mentions qui annoncent la teneur d'un texte législatif.

Il est à noter que le préambule d'une loi ne comporte pas de visa et de considérant pour des considérations tirées de dispositions constitutionnelles. En effet, l'article 2, alinéa 1er, de la Constitution du 7 mai 2010, qui reprend les dispositions des constitutions précédentes en la matière, énonce :

« La souveraineté nationale appartient au Peuple qui l'exerce par ses représentants élus ou par voie de référendum. »

Donc sauf à méconnaitre sa souveraineté constitutionnelle, le Parlement en tant que représentant du peuple souverain n'a pas à viser la Constitution dans le préambule d'une loi.

Paragraphe 2 : Les fonctions du préambule

Le préambule a, pour le lecteur, une fonction d'information.

En particulier, le visa renseigne le lecteur sur des éléments essentiels relatifs à la validité du texte, à savoir : son fondement juridique et les formalités accomplies lors de son élaboration.

En outre, il lui permet de savoir directement les autres textes qui ont été éventuellement modifiés, sans que celui-ci ait à parcourir tous les articles du texte pour le savoir.

Il a, pour l'auteur du texte, une fonction de contrôle. La rédaction du préambule oblige, en effet, l'auteur à prendre en considération toutes les exigences requises pour l'élaboration du texte. Cette phase peut le conduire, par exemple, à constater que la liste des articles est incomplète ou qu'une formalité substantielle n'a pas été accomplie.

Pour l'essentiel, il précise qui a élaboré le texte, sur quels fondements, en modifiant quels textes et selon quelle procédure.

Paragraphe 3 : L'objet et la présentation des visas

Les visas, considérants et délibérations de certains organes constituent le préambule des projets d'ordonnance, de décret et d'arrêté.

Les visas ont notamment pour objet :

- de justifier la compétence de l'auteur du texte ; mais il ne suffit pas de viser, par exemple, la Constitution en écrivant : « *Vu la Constitution* ; » (tout court), ce qui serait vague au même titre que si un juge condamne un prévenu sur la seule base du Code pénal, sans autre précision, c'est-à-dire sans en indiquer les dispositions spécifiques qui fondent sa décision. Il faut donc, en plus, préciser les dispositions particulières de la Constitution qui fondent le pouvoir d'agir du signataire ;
- de mettre en exergue les normes que le projet de texte entend modifier ou transposer ou dont il est le texte d'application ;
- d'attester du respect des procédures consultatives, notamment les avis d'organes consultatifs et les délibérations en Conseil des ministres.

Paragraphe 4 : La portée du préambule

Les visas et considérants n'ont pas de portée normative. L'omission d'un visa ou d'un considérant, ou une erreur dans les visas ou considérants, ne met pas en cause la légalité du texte normatif. Les rédacteurs veillent, tout de même, à ce que les visas soient toujours bien présentés.

Par exception, certains visas se voient reconnaître une portée particulière lorsqu'il s'agit, par exemple, d'un décret pris sur le rapport d'un ministre.

Par ailleurs, les visas et considérants d'un texte sont propres à celui-ci à la date à laquelle il intervient. On ne peut donc les modifier par la suite ; les éventuels visas et considérants complémentaires qui seraient requis en cas de modification figureront dans ceux du texte modificatif.

Paragraphe 5 : L'ordre des visas et considérants

L'ordre à respecter pour les visas et considérants, qui se réfère à la hiérarchie des normes juridiques, est le suivant :

- la Constitution (actuellement, Charte de la Transition) ;
- les conventions, accords et traités internationaux ;
- les lois organiques ;
- les codes ;
- les lois ;
- les ordonnances ;
- les décrets ;

- les arrêtés ;
- les avis des organes consultatifs ;
- les délibérations du Conseil des ministres.

Les visas sont, s'il y a lieu, suivis des considérants. Ceux-ci, contrairement à ceux-là, portent sur ce qui est abstrait, comme l'urgence et les nécessités de service. Exemples : *Considérant l'urgence* [...] / *Considérant les nécessités de service* [...]

Paragraphe 6 : Le mode de rédaction des visas

L'écriture des visas obéit à un ordre chronologique lorsqu'il s'agit de textes normatifs d'une même catégorie juridique. Les textes sont alors classés en commençant par les plus anciens et en terminant par les plus récents.

L'énumération des visas et considérants se termine par une virgule, juste avant le verbe central.

Dans le cas particulier du décret, celui-ci est pris d'office ou « sur proposition » ou « sur le rapport » du chef du département initiateur.

Les visas sont annoncés par le mot « *Vu* » dont la première lettre s'écrit en majuscule.

Les textes sont visés en reprenant leur intitulé tel qu'il figure dans leur version publiée, en y incluant donc leur numéro, leur date et leur dénomination suivie d'un point-virgule à la fin, s'ils sont suivis d'un autre visa ou considérant. Les codes sont désignés par leur nom, sans indication de date.

Les avis des organismes consultés sont mentionnés avec leur numéro et leur date.

Dans un texte normatif, en plus des textes en vigueur pertinents, sont visés les textes jusque-là en vigueur que le nouveau texte normatif abroge partiellement, mais pas ceux qu'il abroge en intégralité.

Lorsque le texte visé comporte des modifications, il est mentionné les textes modificatifs dans la limite de trois, avec l'indication de leurs numéros et de leurs dates respectives, mais non de leurs intitulés.

Lorsque le texte visé a subi plus de trois modifications, il suffit d'ajouter la mention « *modifié(e)* » après la date et l'intitulé du texte en question.

Exemple : « *Vu la loi organique n° 2016 – 055/AN du 26 octobre 2016 portant Code de procédure pénale, modifiée* ».

La mention du visa concernant le décret portant nomination du Premier ministre, Chef du Gouvernement, de celui concernant le décret

portant structure du Gouvernement et de celui concernant le décret portant nomination des membres du Gouvernement n'est nécessaire que si le projet de texte normatif a un lien avec ces différents décrets.

De son côté, **la règle des consultations préalables ou demandes d'avis** est posée notamment par les formules suivantes : « […] est saisi, pour avis » ; « Il peut solliciter l'avis de […] » ; « […] après avis de […] » ; « […] après avis conforme de […] » ; « […] donne un avis motivé sur les […] » ; « Un décret, pris après avis de […] fixe […] ».

L'observation de la règle des consultations préalables est consacrée notamment par les formules suivantes : « *Sur avis de* […] » ; « *Sur proposition de* […] » ; « *Vu l'Avis explicite du […] de la Cour suprême » ; « La Cour suprême, saisie suivant la lettre […] de Monsieur le Président de la République, a par arrêt n° […] déclaré conforme à la Constitution* […] ».

Paragraphe 7 : Le mode de rédaction du préambule

I. — Le mode de rédaction du préambule d'une loi

Le préambule d'une loi se présente, par exemple, comme suit :

« *Le Conseil national de la Transition* (ou toute autre institution équivalente en place),

« *Après en avoir délibéré, après examen, en sa séance du […] ;*

« *Adopte la loi dont la teneur suit : […] ».*

Mais, s'il y a lieu, l'expression « après en avoir délibéré […] pourrait être précédée du visa suivant : « Vu l'arrêt n°[…] du […] de la Cour constitutionnelle (ou toute autre juridiction supérieure ayant le contentieux constitutionnel dans ses attributions) ».

II. — Le mode de rédaction du préambule d'un texte règlementaire

Le préambule d'un texte règlementaire se présente, par exemple, comme suit :

« Vu la Charte de la Transition (ou de la Constitution, selon le cas) notamment en son article 38 ;

« Vu la loi n° 2019 - 0027/AN du 7 juin 2019 portant Statut général des agents de l'État ;

« Vu le décret n° 2021 - 011/PRG/CNRD/SGG du 8 octobre 2021 portant structure du Gouvernement de la Transition ;

« Vu le décret n° 2022-387/PRG/CNRD/SGG du 20 août 2022 portant remaniement partiel du Gouvernement de la Transition ;

« Vu l'avis consultatif n° 7 juillet 2022 de [...] ;

« Le Conseil des ministres entendu en sa session du 3 février 2023, ».

SECTION 4 : LE VERBE CENTRAL

Paragraphe 1 : Des verbes utilisés comme verbe central

La loi ne comporte pas de verbe central.

Dans les textes règlementaires, les verbes suivants sont utilisés comme verbe central :

- « *ORDONNE* : », pour les ordonnances ;
- « *DECRETE* : », pour les décrets ;
- « *ARRETE* : », pour les arrêtés ;
- « *DECIDE* : », pour les décisions.

Paragraphe 2 : Le mode de rédaction du verbe central

Dans un texte règlementaire, le verbe central est conjugué au présent de l'indicatif et placé au-dessus du dispositif normatif.

Il est écrit en caractères gras et en majuscule, aligné au centre et suivi de deux points.

CHAPITRE VII

LE CORPS DU TEXTE NORMATIF OU DISPOSITIF

SECTION 1 : LE PLAN DES TEXTES NORMATIFS

Il n'y a pas de plan type pour l'élaboration d'un texte normatif ou, plus exactement, de son dispositif. Chaque texte (ou son dispositif) est organisé de la façon la plus adaptée à son objet. Toutefois, il y a des exceptions.

Toutefois, des plans types sont consacrés à certaines catégories de textes normatifs, tout comme en cas de modification de certaines dispositions d'un texte normatif.

Paragraphe 1 : Les plans consacrés

Des plans consacrés sont réservés aux catégories de textes ci-après :

— **un texte normatif fixant le régime juridique d'un corps d'agents publics** traite, avant tout, à travers des dispositions générales, notamment des missions du corps et des emplois auxquels ses membres ont vocation à être nommés, ensuite, du recrutement, du déroulement de carrière et, le cas échéant, des dispositions relatives au classement ainsi que des dispositions finales ;

— **un texte créant un établissement public** traite successivement des dispositions générales, notamment dénomination, nature et missions, de l'organisation et du fonctionnement, du régime financier et des dispositions transitoires et finales ;

— **un texte créant un organisme ou fixant les règles applicables à un organisme créé par la loi** traite successivement des missions ou attributions, de la composition, du fonctionnement et des dispositions transitoires et finales.

Si un texte normatif entend traiter de règles applicables à plusieurs catégories d'organismes, de services, d'agents ou de

domaines, dont certaines sont communes et d'autres différenciées, il y a lieu de commencer par les « *dispositions communes* », puis de présenter successivement les dispositions relatives à chaque catégorie.

Dans un texte normatif, il y a toujours lieu de traiter en premier ce qui en constitue l'objet principal, le plus souvent, sous la rubrique « *Dispositions générales (ou communes)* » ; par la suite, les différents types de dispositions particulières viennent en fonction du sujet traité.

Lorsqu'un texte normatif comporte des dispositions particulières ou isolées à côté des dispositions relevant de rubriques clairement identifiables et regroupées sous ces rubriques, il est toujours possible de prévoir dans le plan une rubrique spéciale intitulée « *Dispositions diverses* », mais dont il ne faut pas abuser au risque d'aller à l'encontre de la clarté du texte.

Les dispositions diverses sont à distinguer des « *dispositions transitoires et finales* », lesquelles regroupent les dispositions relatives à l'entrée en vigueur et aux modalités d'exécution du texte, ainsi qu'aux abrogations éventuelles de textes normatifs antérieurs.

Le cas échéant, les dispositions pénales figurent à la fin du texte, mais avant les dispositions transitoires et finales.

Paragraphe 2 : Le plan en cas de modification d'un texte

Lorsqu'il s'agit de modifier un texte normatif et plus spécialement des dispositions codifiées, le plan à adopter est celui du texte à modifier et selon l'ordre des articles concernés.

Toutefois, s'il s'agit d'une modification de dispositions d'un code, il peut être procédé à un regroupement des articles modificatifs par thème, même si cela conduit à s'écarter de l'ordre des articles retenus par ce code.

SECTION 2 : LA PRÉSENTATION DU DISPOSITIF

Le corps du texte normatif ou dispositif est la partie qui contient les règles qui modifient l'ordonnancement juridique. C'est l'ensemble des règles prises en vue de la réalisation des buts et objectifs du texte.

Le dispositif du texte normatif est structuré en ordre logique et, selon l'importance du texte, en parties, livres, titres, chapitres, sections, paragraphes, articles, I, II, III, A, B, C, 1°, 2°, 3° ; a), b), c), etc. Il commence avec l'article 1er et finit avec le dernier article du texte.

Il comporte généralement plusieurs types de dispositions, à savoir :

- une disposition qui énonce l'objet du texte ;
- des dispositions autonomes qui énoncent des règles nouvelles sans intervenir formellement dans des textes normatifs existants ;
- des dispositions modificatives qui interviennent formellement dans un ou plusieurs textes existants, soit en les complétant, soit en supprimant des dispositions, soit en ajoutant de nouvelles dispositions ;
- des dispositions qui suppriment totalement un ou plusieurs textes existants, soit pour l'avenir (abrogation), soit rétroactivement à compter de leur date d'adoption ou de signature (retrait) ;
- des dispositions transitoires qui facilitent le passage de l'application des règles anciennes à celle des règles nouvelles ;
- une disposition fixant le moment de l'entrée en vigueur du texte ;

- une disposition relative au champ d'application temporel des règles nouvelles qui leur donne effet à une date antérieure à leur publication ;
- une disposition désignant les autorités chargées de l'exécution du texte.

SECTION 3 : LE MODE DE RÉDACTION DU DISPOSITIF

Paragraphe 1 : Généralités

La rédaction du dispositif obéit au respect du principe constitutionnel de l'égalité de tous devant la loi.

Les dispositions d'un même texte normatif s'accordent entre elles et ne se contredisent pas.

En outre, elles ne se répètent pas et ne sont pas en contradiction avec celles d'autres textes normatifs de même valeur juridique ou de valeur juridique supérieure.

Elles sont formulées de manière à exclure tout doute quant à leur applicabilité.

Paragraphe 2 : Les divisions et subdivisions du texte normatif

Comme le dit un adage bien connu, si la force d'une armée peut se mesurer notamment en nombre de divisions, celle du rédacteur d'un texte normatif se révèle, entre autres, dans le maniement des divisions et subdivisions du texte : parties, livres, titres, chapitres, sections, paragraphes, articles et autres I, II, III, A, B, C, 1°, 2°, 3° ou a), b), c), etc. Il est à noter que la forme I, II, III, A, B, C, est suivie d'un point sans espacement, puis d'un tiret après espacement, tous en gras. Ainsi, on écrit : **I. —** ; **II. —** ; **III. —** ; **A. —** ; **B. —** ; **C. —** ; **1°** ; **2°** ; **3°** ; **a)** ; **b)** ; **c)**.

Dans cette logique, un texte normatif court, relatif à un seul sujet, peut être subdivisé en articles seulement.

En revanche, un texte normatif long, traitant des questions multiples, peut être divisé, selon les cas, en titres, chapitres, sections, paragraphes et articles. Il peut même, s'il s'agit d'un texte particulièrement long, tel qu'un code, être divisé en « *parties* » et en « *livres* », puis en « *titres* » et autres. Dans ce cas, les sections peuvent même être subdivisées en sous-sections.

Hormis les codes, si une seule division permet une bonne répartition des articles, on recourt aux chapitres et non aux titres. S'il y a besoin de deux niveaux de structure, on choisira des chapitres, puis des sections. S'il y a trois niveaux de structure, on retiendra des titres, puis des chapitres et, ensuite, des sections.

Dans un même texte, un chapitre peut comporter des sections et un autre, non. De même, une section peut comporter des paragraphes et une autre, non.

Les divisions et subdivisions d'un texte normatif s'écrivent en gras. Il n'y a pas de ponctuation à la fin de l'intitulé d'un texte, ainsi que de ses divisions et subdivisions.

En outre, les parties, livres, titres et chapitres s'écrivent en majuscule, avec une numérotation en chiffres romains, c'est-à-dire sous la forme I, II, III, IV, suivie de deux points et d'une lettre majuscule au premier mot qui suit, tous en gras.

Exemple : « ***CHAPITRE II : DU FONCTIONNEMENT*** ».

Les sections, paragraphes et articles s'écrivent en lettres minuscules, sauf en ce qui concerne la première lettre et les noms ou substantifs qui commencent par une majuscule. En plus, ils s'écrivent avec une numérotation en chiffres arabes, c'est-à-dire sous la forme 1, 2, 3, 4, suivie de deux points et d'une lettre majuscule au premier mot qui suit, tous en gras. Exemple : « ***Section 5 : De la technique de renvoi*** ».

Paragraphe 3 : L'article

I. — Définition et écriture

L'article est l'unité de base d'un texte normatif. Il s'écrit en toutes lettres tout le long du texte normatif.

L'article ne commence ni par un pronom personnel ni par une subordonnée. Il peut commencer par un pronom impersonnel.

Dans un texte normatif, le premier alinéa de chaque article s'écrit en face de celui-ci après les deux points en commençant par une lettre majuscule. Il est énoncé une règle par article.

Le premier mot de chaque nouvel alinéa est aligné par rapport aux lignes qui précèdent et à celles qui suivent.

II. — La numérotation

Dans un texte normatif, le numéro de l'article premier s'écrit en lettres et non en chiffre.

Toutefois, quand il s'agit, dans le même texte normatif, d'un renvoi à l'article premier, le numéro de celui-ci s'écrit en chiffre. Il en va de même quand il est fait référence à l'article premier d'un autre texte normatif.

Le numéro des articles autres que l'article 1er, ainsi que celui des divisions et subdivisions d'un texte normatif, s'écrit en chiffres.

Les articles sont numérotés dans l'ordre croissant. Une énumération n'est jamais numérotée sous la forme I, II, III, IV, c'est-à-dire en chiffres romains.

III. — Les subdivisions de l'article ou alinéas

Composants de base des articles, les alinéas sont formés par tout retour à la ligne sous forme d'une ou de plusieurs phrases.

L'alinéa est la partie de l'article qui, à l'exception du premier alinéa, commence à la ligne, précédée ou non de guillemets, d'un tiret, d'un point ou d'une numérotation, et qui comporte une ou plusieurs phrases complètes, tout en se terminant avec un point-virgule si l'énumération continue et, dans le cas contraire, par un point, tout en se séparant du contexte par un blanc. Un tableau constitue un seul alinéa.

Le contenu des articles comportant plusieurs alinéas est agencé en utilisant, en tête d'alinéa, des chiffres ou des lettres et en excluant les simples tirets. Les renvois à ces alinéas se font alors par référence à un chiffre ou à une lettre. Exemple : « *Les dispositions du b) du 2° de l'article [...] entrent en vigueur à compter du [...]* ».

Les subdivisions d'articles prennent, le cas échéant, la forme de « paragraphes » identifiés par des lettres ou des numéros présentés de la manière suivante : I, II, III [...] (suivis d'un point, d'une espace et d'un tiret), A, B, C, D [...] (suivis d'un point, d'une espace et d'un tiret), 1°, 2°, 3° [...] a), b), c), (i) [...] (en italique). Exemples : I. — ; A. — ; *2° ; a) ; (i)*.

Toutefois, dans les annonces des insertions ou des nouvelles rédactions, il est d'usage de ne pas faire suivre I, II, III ... A, B, C ... du point et du tiret, et les a), b), c) ... de leur parenthèse. Exemple : « *Le II de l'article 6 de la loi [...] est remplacé par [...]* ».

Paragraphe 4 : Les renvois et les références

Un texte normatif peut contenir des renvois ou faire des références à un autre texte normatif ou à un acte conventionnel.

I. — Les renvois et les références à un autre texte normatif

Le dispositif d'un texte normatif peut faire des renvois ou des références à un autre texte normatif en vigueur.

Le renvoi permet d'éviter les répétitions. Il peut porter sur un texte de valeur juridique inférieure destiné à le compléter ou à le préciser ou sur un texte de même valeur juridique pour éviter des redondances.

Un texte normatif ne peut faire de renvoi à un autre de valeur juridique supérieure.

La législation par référence permet d'étendre une situation nouvelle à des règles de droit existantes, c'est-à-dire qu'une norme se réfère à une autre.

Toutefois, on ne peut se référer à des textes dépourvus de caractère normatif ou à des textes d'une intensité normative supérieure ou égale qui n'existent pas dans l'ordre juridique interne, notamment les conventions internationales non encore ratifiées par la Guinée.

Lorsqu'au sein d'un même article, il est fait référence dans un alinéa donné à l'alinéa qui précède ou à celui qui suit, il convient d'éviter l'expression « *alinéa qui précède* » ou « *alinéa qui suit* » en précisant le numéro de l'alinéa en question.

Il en est de même lorsqu'il est fait référence, dans un article donné, à l'article qui précède ou à celui qui suit.

S'il s'agit de faire référence à un texte qui comporte les signes *bis, ter, quater, quinquies, sexies, septies, octies, nonies* et *decies,* par exemple, on reprend ce texte avec les mêmes signes. Ceux-ci s'écrivent en italique.

<u>Exemples</u> : Entre les articles 10 et 11, on peut insérer, le cas échéant, les articles 10 *bis,* 10 *ter*, 10 *quater,* 10 *quinquies.*

Dans les lois comportant de nombreux articles, le renvoi général est souvent opportun pour faciliter l'identification des mesures d'application à prendre. La formule généralement employée, à cet effet, est la suivante :

« Les modalités d'application du présent article (titre, chapitre ou toute autre division) sont fixées par voie de décret » ou

*« Un décret fixe (*ou *détermine) les modalités d'application du présent [...] ».*

L'ajout de l'expression « *en tant que de besoin* », parfois utilisée, ne change rien à l'état du droit et doit être évité.

II. — Le renvoi à un accord négocié

Ainsi que le rappellent les dispositions **du point 5 du préambule de la Charte de la Transition du 27 septembre 2021**, le peuple de Guinée est soucieux de maintenir la cohésion nationale, de consolider les bases de la démocratie et de promouvoir le développement et la prospérité des Guinéennes et des Guinéens. Cela se traduit par le fait que le législateur et le pouvoir règlementaire peuvent renvoyer à un acte conventionnel la mise en œuvre de la loi, pour le premier, et du règlement, pour le second.

A— Le renvoi à un accord négocié pour la mise en œuvre d'une loi

Aux termes des dispositions de **l'article 51, alinéa 3, de la Charte de la Transition du 27 mai 2021**, le Premier ministre assure l'exécution des lois et règlements.

Toutefois, en matière sociale, ainsi que l'a admis la jurisprudence française, par exemple, le législateur, après avoir défini les droits et obligations relatifs aux conditions et aux relations de travail, pouvait laisser aux employeurs et aux salariés ou à leurs organisations représentatives le soin de préciser, après une concertation appropriée, les modalités concrètes de mise en œuvre des normes qu'il édicte [20].

Le législateur peut également renvoyer à la négociation la détermination des modalités concrètes de mise en œuvre des lois et, en même temps, prévoir qu'en l'absence de convention collective, ces modalités seront fixées par décret[21].

Cependant, ajoute la même jurisprudence, lorsque le législateur entend permettre aux parties de déroger par la voie conventionnelle à une règle d'ordre public, il doit définir de façon précise l'objet et les conditions de forme et de fond de cette dérogation[22].

B.— Le renvoi à un accord négocié pour la mise en œuvre d'un règlement

En principe, **lorsqu'une situation est réglée par une loi ou un acte règlementaire, elle ne peut plus faire l'objet d'accord négocié**. Ainsi, comme l'a souligné la jurisprudence française, par exemple, l'accord éventuellement signé par un ministre et qui comporterait des stipulations affectant cette situation légale ou règlementaire serait entaché d'illégalité[23].

Plus exactement, **les accords qui seraient conclus entre le Premier ministre ou un ministre et les organisations syndicales constituent une déclaration d'intention dépourvue de valeur juridique et de force contraignante[24]. Ils constituent néanmoins des engagements politiques dont il est tenu compte au moment de l'élaboration des textes règlementaires.**

Paragraphe 5 : Les modifications

Il est rare qu'un texte normatif intervienne dans un domaine qui n'est pas règlementé. Aujourd'hui, l'idée de modification suppose une nécessité au regard du but poursuivi et, le cas échéant, il faudra de

---

[20] CC français, n° 89-257 DC du 25 juillet 1989, cons. 10 et 11.

[21] CC français, n° 2004-507 DC du 9 décembre 2004, cons. 11.

[22] CC français, 2004-494 DC du 29 avril 2004, cons. 8.

[23] CE français, Sect., 20 janvier 1978, Syndicat national de l'enseignement technique agricole public, n° 99613.

[24] CE français, 27 juin 1997, Union des personnels de surveillance d'encadrement pénitentiaire et postulants, n° 158740.

préférence le faire par incorporation dans un texte préexistant et selon une certaine technique.

I. — Les modifications au regard du but poursuivi

Avant tout, il faut éviter de reprendre un texte, même en partie, si on ne lui apporte que des changements limités ; dans ce cas, il vaut mieux procéder aux seules modifications, insertions et abrogations nécessaires. Cette façon de faire conduit à un texte modificatif moins lisible, mais plus bref et présentant l'avantage de faire apparaître clairement les changements apportés.

La réécriture, en totalité ou en partie, d'un texte ne se justifie que si les modifications, insertions et abrogations sont notamment nombreuses et substantielles.

Le choix entre ces deux techniques de rédaction doit se faire au cas par cas. Autrement dit, il n'est justifié d'abroger et de réécrire entièrement un texte normatif que si le maintien de ce texte était artificiel compte tenu de l'importance des changements apportés tant en la forme qu'au fond ; en revanche, il est souvent meilleur de réécrire une phrase, par exemple, plutôt que d'y apporter plusieurs modifications ponctuelles.

S'agissant des projets de loi, la reprise, en totalité ou en partie, d'un texte dans un but de clarté et de facilité de lecture de celui-ci aura pour conséquence de soumettre à nouveau au débat parlementaire, sans nécessité juridique et avec les aléas qui peuvent en résulter, des dispositions dont la modification n'est nullement envisagée. Cet élément est à prendre en considération dans le choix de la technique de rédaction.

Sont également à éviter les améliorations de détail ou de pure forme qui ne sont pas nécessaires à la bonne compréhension du texte, *a fortiori* si celui-ci est ancien et bien connu des usagers et ne soulève pas des difficultés d'application.

De même, il y a lieu de s'abstenir, sauf exception justifiée, d'apporter au texte des modifications touchant seulement à la ponctuation, aux majuscules, aux minuscules ou aux mots en italique. C'est ainsi que la suppression du dernier élément d'une énumération ne doit pas conduire à dire de remplacer, à la fin de l'avant-dernier élément de cette énumération, qui sera désormais le dernier, le point-virgule par un point.

Exemple : On écrira : « *Le 5° de l'article 9 est abrogé* » sans avoir à préciser ceci : « *À la fin du 4° du même article, le point-virgule est remplacé par un point* ».

II. — L'INCORPORATION PRÉFÉRENTIELLE DANS UN TEXTE PRÉEXISTANT

Généralement, lorsqu'il est question de prendre des dispositions normatives, il convient de rechercher dans quel support préexistant elles pourront s'intégrer : code, loi ou décret traitant de la même matière.

En effet, le regroupement des dispositions applicables à un domaine déterminé facilite l'accès à ces dispositions par tous ainsi que leur application, limite les risques d'erreurs, de contradictions et de double emploi et conduit à plus de cohérence et de clarté.

Exemple : *Le décret du 26 octobre 2022 fixant les règles d'application du Code de procédure pénale*[25] *a rassemblé en son sein l'ensemble des dispositions des 65 textes règlementaires (décrets et arrêtés) initialement prévus par ce code. Il est aujourd'hui annexé à celui-ci.*

III. — LES TECHNIQUES DE MODIFICATION

A. — Les modifications d'éléments de dispositions existantes

La modification d'un texte normatif suppose la nécessité de se référer aux dispositions sur lesquelles va porter l'opération. Il suffit, en général, d'indiquer les références de l'article à modifier sans préciser qu'il appartient à telle ou telle division.

Exemple : **Au lieu de** « *Au paragraphe 4 de la section 3 du chapitre II, l'article 2 de la loi* […] *est ainsi modifié* : […] », **écrire :** « *L'article 2 de la loi* […] *est ainsi modifié :* […] ».

Toutefois, si on entend créer un nouvel article en début ou en fin de cette division, pour exprimer alors le rattachement à celle-ci plutôt qu'à celle qui précède ou qui suit, on écrira : « Il est ajouté au *paragraphe 4 de la section 3 du chapitre II de la loi* […] *un article 2.1 ainsi rédigé :* […] ».

---

[25] Il s'agit précisément du décret D/2022/0514/PRG/CNRD/SGG du 26 octobre 2022.

B. — Les modifications en série

Pour une question d'économie de moyens, on peut chercher à modifier, par un nombre limité de dispositions, les modifications identiques de plusieurs textes :

➢ en principe, de manière ciblée pour les modifications les plus simples en veillant à ce que l'expression soit bien technique et substituable dans chaque texte que l'on entend modifier.

Exemple : « *Dans l'intitulé et aux articles 7 et 8 du décret du 3 juin 2021* […], *ainsi qu'aux articles 23 et 24 du décret du 8 septembre 2022* […], *l'expression '' agence médicale préfectorale » est remplacée par ''agence préfectorale de Santé''* » ;

➢ **les formules balai** n'identifiant pas les dispositions précisément modifiées sont à éviter, car elles font courir le risque d'apporter des changements à des textes que l'on n'aura pas précisément identifiés. Néanmoins, lorsqu'on a identifié certains des textes dont l'abrogation est nécessaire, il convient de les faire apparaître par l'emploi de la formule suivante : *« Sont abrogées toutes dispositions antérieures contraires à la présente loi, notamment celles de l'article* […] *du code* […] *»*

C. — L'insertion

Pour insérer une ou plusieurs dispositions dans un article du texte normatif, on ajoute à cet article un point et un numéro additionnel. Exemples : Entre les articles 23 et 24, on peut insérer les articles 23.1, 23.2 et 23.3 ; entre les articles 32.2 et 32.3, on peut insérer les articles 32.2.1 et 32.2.2.

Les dispositions nouvelles sont insérées au moyen de l'expression « *ainsi rédigée(s)* » lorsqu'il s'agit d'une phrase, d'un alinéa ou plus.

L'insertion de plusieurs dispositions qui se suivent se fait en bloc et non en ajoutant les dispositions ou divisions nécessaires. **On écrira ainsi** : « *Après l'article 15 du décret* […] *susvisé, sont insérés les articles 15.1 à 15.6 ainsi rédigés :* […] ».

Lorsqu'un alinéa inséré ou simplement rédigé se termine par une ponctuation (point ou point-virgule), celle-ci n'est pas doublée après le guillemet.

Toutefois, il y a une double ponctuation lorsque la seconde doit être différente de celle qui est utilisée avant le guillemet fermant. Exemple : « Entre le deuxième et le troisième tirets de l'alinéa 4 de l'article 23 […], il est inséré un tiret ainsi rédigé […] ; »

L'opération d'insertion s'écrit de la façon suivante :

✓ en début de disposition : « *au début* », « avant » ou « *précédé de* » ;

✓ en milieu de disposition : « *inséré* » ou, lorsqu'on réutilise une subdivision laissée vacante après une précédente suppression, « *rétabli* » ;

✓ en fin de disposition : « *est ajouté* » ou « *est complété par* ».

L'indication « *le reste sans changement* » est à réserver aux dispositions normatives où l'on modifie seulement le début d'une phrase ou d'un alinéa.

D. — La substitution

L'opération de substitution de dispositions s'écrit comme suit : « *[...] est remplacé(e) par les dispositions suivantes* : *[...]* » et non « *[...] est ainsi rédigé (e)* : *[...]* ».

Lorsqu'il s'agit d'un article, d'un alinéa ou de toute autre division ou subdivision, les nouvelles dispositions seront précédées de la mention du texte de référence. On écrira ainsi : « *L'article 26 de la loi [...] est remplacé par les dispositions suivantes :* '' *Article 26* : [...]'' ».

E. — Le transfert

L'opération tendant au transfert de dispositions est rare ; mais lorsqu'elle est incontournable, on peut écrire : « *L'article* [...] *devient l'article* [...] » ou « [...] *est devenu l'article* [...] ».

F. — L'abrogation et la suppression

L'opération d'abrogation ou de suppression d'une disposition s'écrit comme suit :

➢ « ***abrogé*** » pour le texte (loi, ordonnance, décret, arrêté), ses parties matérialisées (titre, chapitre, section, article), de même que les éléments des articles précédés d'un signe (1, 1°, a). Exemple : « *Les dispositions du 2° de l'article 5 de la loi [...] sont abrogées » ;*

➢ « ***supprimé*** » dans les autres cas (alinéas précédés ou non d'un tiret, phrases, mots).

Exemple : « *Article premier : Les dispositions des articles 9, 43 et 65 du décret [...] sont remplacées par les dispositions suivantes :*

« Article 9 : [...] ;

« Article 43 : [...] ;

« Article 65 : […] ».

Paragraphe 6 : Les dispositions transitoires et finales

I. — Les dispositions abrogatoires et d'annulation

Outre l'abrogation de certaines dispositions d'un texte normatif, telle que spécifiée plus haut, un texte normatif peut abroger un autre texte normatif antérieur. Dans ce cas, il lui enlève pour l'avenir sa force obligatoire.

La formule abrogatoire spécifie le texte normatif ou les dispositions de ce texte qui font l'objet d'abrogation.

Exemples :

- « *Le présent décret abroge le décret n°* […] *du* […] » ;
- « *Le présent décret abroge toutes dispositions antérieures contraires, notamment celles du décret n°* […] *du* […] » ;
- « *La présente loi abroge les dispositions des articles* […] *de la loi ...* ».

Les dispositions relatives à l'abrogation d'un ou de plusieurs textes normatifs dans leur intégralité sont expresses, précises et regroupées sous un seul article à part.

Un texte normatif, qui rapporte un autre texte normatif antérieur, lui enlève sa force obligatoire avec effet rétroactif à la date de son entrée en vigueur, de sorte que le texte rapporté ou annulé est censé n'avoir jamais produit ses effets. Exemple : « *Est et demeure rapporté l'arrêté n°* […] ».

II. — Les dispositions transitoires

Les dispositions transitoires sont placées à la suite d'éventuelles dispositions abrogatoires et font l'objet d'un article distinct.

Lorsque le dispositif comporte plusieurs mesures transitoires, celles-ci sont toutes regroupées sous cet article.

Les dispositions transitoires visent à aménager le passage d'un régime antérieur vers un régime nouveau, et ce, dans les cas où la norme nouvelle s'applique directement aux effets futurs des situations nées sous le régime de la règlementation antérieure.

Les dispositions transitoires peuvent également prévoir, soit que l'ancienne règlementation continue à produire ses effets pendant un temps déterminé afin de permettre aux administrés de se conformer aux nouvelles prescriptions, soit que ce qui était conforme à la norme ancienne demeure acquis sous l'empire de la norme nouvelle.

III. — Les dispositions finales

Les dispositions finales d'un texte normatif, qui font partie intégrante du dispositif d'un texte normatif, terminent celui-ci.

Elles contiennent principalement les dispositions relatives aux modalités d'exécution du texte normatif, notamment l'indication des autorités chargées de l'application du texte, l'ordre d'exécution et l'ordre de publication de celui-ci.

L'ordre d'exécution est mentionné comme suit :

- *« La présente loi sera exécutée comme loi de l'État » pour une loi ;*
- *« La présente ordonnance sera publiée au Journal officiel de la République et exécutée comme loi de l'État » pour une ordonnance ;*
- *« [...] sont chargés, chacun en ce qui les concerne, de l'exécution du présent [...] » (pour un décret, un arrêté et une décision) ;*

« Le présent décret, qui abroge toutes dispositions antérieures contraires, prend effet à compter de sa date de signature et sera enregistré et publié au Journal officiel de la République ».

L'article d'un texte normatif contenant la formule exécutoire énumère les autorités chargées de l'exécution des mesures prévues par ce texte.

Exemple : *« Le Garde des Sceaux, Ministre de la Justice et des droits de l'homme, le ministre de la Santé et de l'Hygiène publique sont chargés, chacun en ce qui les concerne, de l'application du présent décret ».*

Cette énumération obéit à l'ordre protocolaire, tel que défini par le décret portant nomination des membres du Gouvernement en vigueur.

IV. — Les mentions finales

La rédaction d'un texte normatif se termine par les mentions relatives au lieu d'édiction, à la date et aux prénoms et nom de l'autorité signataire de ce texte.

Ces mentions sont portées après le dispositif, à droite.

Le lieu et la date sont écrits en minuscule et suivis de la signature ainsi que de l'indication des prénoms et nom de l'autorité signataire.

La signature comporte le cachet du service ou de l'institution d'origine du texte.

Le nom de l'autorité signataire est écrit en gras et souligné.

Paragraphe 7 : Les annexes

Des annexes peuvent compléter un texte normatif. Il s'agit de documents matériellement distincts, mais liés à lui. On en distingue quatre catégories.

Une première catégorie qui comprend **les annexes qui sont partie intégrante du texte normatif**, c'est-à-dire de même nature que celui-ci auquel elles sont attachées et n'en sont matériellement sorties que pour des raisons éditoriales de lisibilité.

Exemples : *Les annexes ayant la même origine que le texte normatif lui-même, tel qu'un statut type, un formulaire, une liste, des tableaux et cartes ou annexes, qui ratifie, valide ou approuve des dispositions préexistantes ou un contrat ou qui publie un traité international.*

Une deuxième catégorie qui comprend les annexes ayant une nature juridique propre, unilatérale ou conventionnelle, et qui **est seulement approuvée par le corps du texte normatif**.

Exemples :

- *agréments de conventions conclues entre les organismes d'assurance maladie et les professions médicales ou paramédicales ;*
- *arrêtés d'extension des conventions collectives et approbation de statuts d'organismes notamment certaines sociétés du secteur public.*

Une troisième catégorie qui comprend **les annexes mises à disposition par le texte normatif**, c'est-à-dire qui sont livrées à titre indicatif et qui constituent souvent de simples modèles.

Exemples : *contrats types, actes types ou formulaires types que les usagers peuvent décider de reprendre ou non.*

Dans ce cas, le texte est normatif puisqu'il a une portée juridique en approuvant un modèle, mais l'annexe elle-même reste non contraignante.

Une quatrième catégorie, enfin, qui comprend **les annexes contenant des réflexions ou prévisions officialisées par le texte normatif,** mais dépourvues de toute portée normative et qui sont même facultatives pour les intéressés.

Exemple : *rapports d'étude ou d'analyse faisant le diagnostic d'une situation et traçant des perspectives et des orientations, à l'instar notamment des lois de programmation.*

SECTION 4 : MODÈLE DE PROJET DE LOI

LOI n° 2022 - […] /CNT

(ou le sigle de tout autre organe législatif en place)

fixant la parité entre hommes et femmes pour l'accès aux mandats électoraux et aux fonctions publiques électives

LE CONSEIL NATIONAL DE LA TRANSITION

(ou toute autre institution équivalente en place),

Après en avoir délibéré, en sa séance du […] ;
Adopte la loi dont la teneur suit :

Article premier : *La présente loi fixe la parité entre hommes et femmes pour l'accès aux mandats électoraux et aux fonctions publiques électives.*

Elle s'applique aux listes de candidatures aux élections législatives et locales, ainsi que pour l'exercice de fonctions au sein des institutions publiques, totalement ou partiellement électives.

Article 2 : *Pour les élections législatives et locales, les listes de candidatures visées à l'article 1er ci-dessus sont celles présentées par les partis politiques, les coalitions de partis politiques et les candidatures indépendantes.*

Les institutions publiques électives concernées sont :
— le Conseil de district ou de quartier, son bureau et ses commissions ;
— le Conseil communal, son bureau et ses commissions ;
— l'Exécutif régional ;
— le Parlement, son bureau et ses commissions ;
— le bureau du Conseil économique et social ;
— le bureau du haut conseil des collectivités locales.

Article 3 : *Les listes de candidatures aux élections législatives et locales, ainsi que pour l'exercice de fonctions au sein des institutions publiques totalement ou partiellement électives, sont établies selon l'ordre suivant : un homme, une femme ou une femme, un homme, et ce, jusqu'à épuisement du nombre de candidatures à pourvoir ou de celui de l'un des sexes.*

Sur les listes de candidatures, la mention du sexe du candidat est mentionnée à la suite de son nom.

Article 4 : *Pour les élections à l'uninominal, les suppléants sont du sexe opposé à celui des candidats.*

Article 5 : *Lorsque le nombre de candidatures à pourvoir est un chiffre impair, le dernier candidat à inscrire sur la liste est, à titre exceptionnel, de sexe opposé à celui de la tête de liste.*

Article 6 : *Les listes de candidatures sont établies conformément aux dispositions de l'article 3 et, s'il y a lieu, à celles des articles 4 et 5 ci-dessus, sous peine d'irrecevabilité, prononcée d'office par l'autorité administrative compétente.*

Toutefois, la décision de l'autorité administrative peut être déférée par tout intéressé devant le tribunal de première instance territorialement compétent qui statue, alors, dans les mêmes conditions que celles prévues à l'article 112 du Code électoral.

Article 7 : *La présente loi, qui abroge toutes dispositions antérieures contraires et qui prend effet à compter de sa date de promulgation, sera enregistrée au Secrétariat général du Gouvernement, publiée au Journal officiel de la République, insérée au Code électoral et exécutée comme loi de l'État.*

Conakry, le [...] 2018

Pour la Plénière

Le Secrétaire de séance — *Le Président de séance*
(signature) — *(signature)*

(Prénoms et NOM du signataire) — *(Prénoms et NOM du signataire)*

Cependant, s'il fallait prendre en compte la suggestion faite plus-haut à propos de l'emplacement de la date du texte normatif, il conviendrait alors d'écrire l'intitulé des textes de loi, par exemple, comme suit : « **LOI n° 2018 - [...] /CNT du [...]** ***fixant*** **[...]** » (en gras). En plus, à la fin du texte, au lieu de « Conakry, le [...] 2022 », écrire : **« Conakry, les jour, mois, et an que ci-dessus »** (pas en gras).

CHAPITRE VIII

LA PROCÉDURE D'ÉLABORATION ET D'ADOPTION OU DE SIGNATURE DES PROJETS DE TEXTE NORMATIFS ET L'ENTRÉE EN VIGUEUR DES TEXTES NORMATIFS

SECTION 1 : LA PROCÉDURE D'ÉLABORATION ET D'ADOPTION OU DE SIGNATURE DES PROJETS DE TEXTE NORMATIFS

La procédure d'élaboration, d'adoption ou de signature des projets de texte normatifs comprend une phase administrative et une phase législative.

Paragraphe 1 : La phase administrative d'élaboration, d'adoption ou de signature des projets de texte normatifs

Le ministère qui prend l'initiative d'un texte législatif ou règlementaire en prépare un avant-projet avec ses services techniques compétents et en concertation avec les partenaires sociaux concernés.

Ensuite, il transmet l'avant-projet de texte au Secrétariat général du Gouvernement en un exemplaire accompagné de sa version électronique en format Word. Selon qu'il s'agit d'un avant-projet de loi ou d'un avant-projet de décret, l'avant-projet de texte est accompagné d'un exposé des motifs ou d'un rapport de présentation, lui aussi, en un exemplaire accompagné de sa version électronique en format Word.

Après avoir requis le visa du Premier ministre, le Secrétaire général du Gouvernement procède à la ventilation des exemplaires de l'avant-projet de texte à tous les départements ministériels, en vue de recueillir leurs observations dans un délai de 15 jours.

Les départements qui n'ont aucune observation particulière à formuler doivent le signaler à temps. Les autres transmettent également à temps leurs observations au ministère, maître d'œuvre par l'intermédiaire du Secrétariat général du Gouvernement. À son tour, le ministère maître d'œuvre tient compte des observations pertinentes éventuelles et transmet la version corrigée à celui-ci.

Par la suite, le Secrétaire général du Gouvernement transmet, pour avis, le projet de texte au ministre Conseiller à la Présidence de la République chargé des relations avec les institutions.

En cas d'objection sérieuse non prise en compte par le ministre maître d'œuvre, le Secrétaire général peut convoquer un comité technique chargé d'examiner les points de désaccord. Si le désaccord persiste, il est procédé à l'arbitrage du Premier ministre et, au besoin, à celle du Président de la République.

Une fois l'avant-projet de texte mis au point et au cas où il y a lieu de recueillir l'avis consultatif de la Cour suprême, le Secrétariat général du Gouvernement transmet le projet de texte à celle-ci qui statue en Assemblée générale consultative. À ce niveau, la loi devait plutôt prévoir que le Secrétaire général du Gouvernement désigne le Commissaire général du Gouvernement chargé de défendre l'avant-projet de texte devant la Cour suprême.

L'avis de la Cour suprême est transmis au Secrétariat général du Gouvernement.

Le ministère maître d'œuvre transmet la version finale de l'avant-projet de texte avec son exposé des motifs ou rapport de présentation au Secrétariat général du Gouvernement en un exemplaire, accompagné de la version électronique des deux documents, pour son inscription à l'ordre du jour de la réunion du Conseil des ministres. Celui-ci adopte ou rejette l'avant-projet de texte. En cas d'adoption, ce dernier devient alors un projet de texte normatif.

S'il s'agit d'un projet de décret, le Secrétaire général du Gouvernement le soumet à la signature du Président de la République.

S'il s'agit d'un projet de loi ordinaire, le Secrétaire général du Gouvernement le transmet avec l'exposé des motifs au Parlement, pour examen et vote, et ce, en cent exemplaires, accompagnés de la version électronique des deux documents en format Word.

S'il s'agit d'un projet de loi organique, la Cour suprême (chambre constitutionnelle) est obligatoirement saisie, pour examen de conformité à la Constitution (Charte de la Transition), par lettre du Président de la République.

Par ailleurs, les textes d'application éventuellement prévus dans les avant-projets de loi sont transmis au Secrétariat général du Gouvernement en même temps que ceux-ci. De même, ceux éventuellement prévus dans les projets de loi sont transmis au Parlement en même temps que ces projets de loi.

Paragraphe 2 : La phase législative d'examen et de vote des projets et propositions de loi

Celle-ci correspond à la phase de contrôle de constitutionnalité *a priori* (dit préventif) des projets et propositions de loi. Autrement dit, le contrôle *a priori* consiste à examiner la conformité d'un texte législatif à la Constitution avant sa promulgation.

En pratique, après sa transmission avec son exposé des motifs par le Secrétariat général du Gouvernement au Parlement, le projet de loi est transmis, pour examen, à la Commission des lois, puis à l'inter commission, avant la plénière. Les propositions de loi sont, quant à elles, communiquées au Gouvernement, pour avis, avant d'être retournées au Parlement pour examen et vote.

À cet égard, **l'article 43, alinéa 4, de la loi organique n° 2022/001/CNT du 25 février 2022** portant Règlement intérieur du Conseil national de la Transition (Parlement) prévoit qu'aucun projet de texte ne peut être soumis aux délibérations de celui-ci sans avoir, au préalable, fait l'objet d'un examen par le Bureau, à l'exception des questions d'actualité, des questions écrites et, à titre exceptionnel, toute autre affaire dont il n'est pas nécessaire qu'une commission parlementaire ait à connaître.

En outre, **l'article 44 de la même loi organique** ajoute qu'avant ou au cours d'un débat, tout parlementaire peut demander la parole pour soulever une motion d'ordre, une motion de procédure, une motion d'information, une motion préjudicielle ou une motion « incidentielle ».

Il est à noter que le même texte de loi définit ces différents types de motion comme suit :

- **Une motion d'ordre** est celle qui concerne l'ordre à établir dans la série des questions à discuter, la clôture des débats sur un point en discussion ou la levée de la séance. Elle ne peut porter sur le fond de la matière débattue ;
- **Une motion de procédure** concerne un point du Règlement intérieur ou la manière dont la réunion est conduite ;
- **Une motion d'information** concerne un complément d'information, essentiel pour l'orientation des débats ;

➢ **Une motion préjudicielle** est celle qui est soulevée à l'occasion de l'examen d'une matière et dont la solution relève d'un organe extérieur au Parlement ;

➢ **Une motion « incidentielle »** est celle qui intervient au début ou au cours des débats et sur laquelle le Parlement doit se prononcer avant de commencer ou de poursuivre les débats sur une question principale.

S'agissant de la procédure de vote des projets ou propositions de loi soumis à l'examen du Parlement, l'article 47, alinéa 1er, de la même loi dispose que ceux-ci, ainsi que toutes autres questions soulevées, font l'objet d'une seule délibération en séance plénière.

Il est, avant tout, procédé à l'audition du rapporteur de la commission parlementaire saisie au fond, précédée éventuellement de l'intervention du président de la Commission.

Après la lecture du rapport, tout parlementaire, à l'exception des membres de la Commission de fond, peut soulever une question préalable tendant à décider qu'il y ait lieu à délibérer. Il peut verbalement motiver sa demande, sur laquelle ne peuvent intervenir que le président de séance et le rapporteur de la Commission de fond.

Si la question préalable est adoptée, le projet de texte est rejeté. Et si elle est rejetée, la discussion générale du rapport s'engage.

À tout moment, au cours de cette discussion générale et jusqu'à la clôture des débats, il peut être présenté des motifs préjudiciels tendant soit à l'ajournement du débat jusqu'à la réalisation de certaines conditions, soit au renvoi de l'ensemble du projet de texte devant la commission saisie du fond ou à l'examen, pour avis, d'une autre commission.

Après la clôture de la discussion générale, le Président de séance consulte la plénière sur le passage à la discussion des articles du projet de texte présenté par la Commission.

Si la Commission conclut au rejet du projet de texte, le président de séance, immédiatement après la clôture des débats, met aux voix l'avis de rejet.

Si la commission ne présente pas de conclusions, le président de séance consulte l'Assemblée sur le passage à la discussion du projet de texte, article par article.

Dans tous les cas où la plénière décide de ne pas passer à la discussion des articles, le président de séance déclare que le projet de texte n'est pas adopté.

Mais s'il y a lieu de passer à la discussion des articles, cette discussion va porter sur chaque article et sur les amendements éventuels qui s'y rattachent.

Après le vote de tous les articles, il est procédé au vote sur l'ensemble du projet de texte. Toutefois, les lois de finances sont votées dans les conditions prévues par la loi organique relative aux lois de finances.

Il résulte de la lecture de cette procédure parlementaire que le premier contrôle susceptible d'être opéré en cours de procédure législative porte sur le caractère suffisant de l'étude d'impact accompagnant éventuellement les projets de loi. Ce contrôle est applicable à tous les projets de loi, sauf les projets de loi de finances.

Le rapport de la commission parlementaire saisie au fond ou un parlementaire, sous forme de question préalable, peut suggérer le rejet du projet de texte. Si cela est confirmé par la plénière, il appartiendra alors au Gouvernement d'en saisir la Cour suprême. Mais, à ce jour, aucun projet de loi ne semble avoir été soumis à une telle procédure.

En outre, s'il apparaît, au cours de la procédure législative, qu'une proposition de loi ou un amendement ne relève pas du domaine de la loi, le Gouvernement ou le Parlement peut lui opposer l'irrecevabilité. En cas de désaccord entre le Gouvernement et le Parlement sur ce point, la Cour suprême (chambre constitutionnelle) peut en être saisie à la demande du plus diligent. L'irrecevabilité peut être soulevée en tout état de la procédure.

De même, si le Parlement estime, au cours de la discussion des articles du projet de loi, qu'il y en a dont les dispositions ne sont pas conformes à la Charte de la Transition (Constitution), elle écarte ces dispositions du projet de loi avant son adoption, au risque d'exposer les mêmes dispositions au contrôle de constitutionnalité prévu à l'issue de la procédure législative. On parle alors de contrôle *a posteriori* (dit répressif).

SECTION 2 : L'ENTRÉE EN VIGUEUR DES TEXTES NORMATIFS

Paragraphe 1 : Le moment de l'entrée en vigueur

Aux termes des dispositions de **l'article 1er du Code civil,** *« [l]es lois, au lendemain de leur publication au Journal officiel de la République ou à la date qu'elles fixent, sont exécutoires sur toute* *l'étendue du territoire national, en vertu de la promulgation qui en est faite par le Président de la République ».*

Autrement dit, la promulgation d'un texte normatif permet de le rendre exécutoire en attestant officiellement et formellement de son existence.

Un texte règlementaire entre en vigueur à compter de sa date de signature, sauf disposition contraire.

L'article 3 du même code dispose : *« La publication est l'opération qui porte la loi (ou le règlement) à la connaissance du public. Elle se fait au moyen d'une insertion au Journal officiel de la République. »*

La promulgation et la publication des textes normatifs sont, en réalité, l'œuvre des services techniques du Secrétariat général du Gouvernement après l'adoption ou la signature des projets de texte, selon le cas.

Paragraphe 2 : Les formules de promulgation

La formule type de promulgation d'une loi est la suivante :

« LE PRÉSIDENT DE LA TRANSITION (ou DE LA RÉPUBLIQUE),

« Vu la Charte de la Transition (ou la Constitution) *notamment en ses articles* […] »

« **DÉCRÈTE :**

*« **Article premier :** Le Conseil national de la Transition* (ou toute autre institution équivalente en place) *a adopté à la majorité de ses membres, en sa séance du […] ;*

*« Le Président de la Transition (*ou de la République) *promulgue la loi dont la teneur suit : (*texte intégral de la loi).

*« **Article 2 :** La présente loi sera exécutée comme loi de l'État ».*

Cette formule de promulgation est suivie des mentions suivantes :

« Conakry, le ……………

(Signature et cachet)

(Prénoms et NOM du signataire) »

Toutefois, l'expression « *Le Conseil national de la Transition (*ou toute autre institution équivalente en place) *a adopté à la majorité de* *ses membres, en sa séance du [...]* », contenue à l'article 1er de la formule type de promulgation, est remplacée, selon les cas, comme suit :

- Lorsque la loi a été adoptée à la suite d'une nouvelle délibération du Parlement à la demande du Président de la Transition (ou de la République), cette expression est remplacée par : « *Le Conseil national de la Transition (*ou toute autre institution équivalente en place*) a adopté à la majorité des trois cinquièmes de ses membres, en sa séance du [...] » ;*
- Lorsque la loi adoptée est une loi organique, cette expression est remplacée par : « *Le Conseil national de la Transition (*ou toute autre institution équivalente en place*) a adopté à la majorité absolue de ses membres, en sa séance du [...] » ;*
- Lorsque la loi adoptée par le Parlement est une loi constitutionnelle approuvée par référendum, cette expression est remplacée par les expressions suivantes :

*« Le Conseil national de la Transition (*ou toute autre institution équivalente en place) *a adopté en sa séance du [...] ;*

« Le peuple guinéen a approuvé par référendum du [...] » ;

- Lorsque la loi adoptée est une loi constitutionnelle non présentée au référendum, la même expression est remplacée par : *« Le Conseil national de la Transition (*ou toute autre institution équivalente en place) *a adopté à la majorité des trois cinquièmes de ses membres, en sa séance du [...] » ;*
- Lorsque la loi adoptée a été soumise à l'examen de la juridiction constitutionnelle, le préambule du décret de promulgation est, en outre, complété par le visa suivant : *« Vu l'arrêt n° [...] (*de la juridiction constitutionnelle) *déclarant conforme à la Charte de la Transition [ou à la Constitution] [...] ».*

CHAPITRE IX

LE TEXTE NORMATIF APRÈS SON ENTRÉE EN VIGUEUR

Quels que soient les soins que l'on peut apporter à l'élaboration d'un texte normatif, il est impossible de prévenir toutes les ambiguïtés ou de prévoir tous les cas auxquels il devra s'appliquer. Il reste donc toujours une part d'interprétation. En outre, le texte pourra être contesté devant le juge et annulé ou paralysé dans ses effets. Il pourra même sortir de vigueur pour laisser la place à un autre texte ou même disparaître purement et simplement.

SECTION 1 : L'INTERPRÉTATION

L'interprétation d'un texte normatif est un travail d'analyse qui est encadré par un certain nombre de règles. Et lorsque celles-ci ne suffisent pas, il y a lieu de mobiliser les sources d'interprétation externes au texte pour en mesurer la portée.

Paragraphe 1 : Les règles d'interprétation

Pour l'interprétation des textes normatifs, il y a des techniques d'interprétation et des principes orientant cette interprétation.

I. - LES TECHNIQUES D'INTERPRÉTATION

On pourrait distinguer trois types d'interprétation des textes normatifs : l'interprétation classique, l'interprétation des silences et l'interprétation des contradictions.

A. — L'interprétation classique

Traditionnellement, on distingue l'interprétation littérale et l'interprétation exégétique ou téléologique.

L'interprétation littérale repose sur la lettre du texte, tandis que **l'interprétation exégétique** ou **téléologique** repose sur la finalité de celui-ci ; pour cette raison, elle mobilise d'autres éléments pour en restituer le sens, en particulier le contexte et l'intention véritable de l'auteur du texte.

L'interprétation littérale l'emporte en principe sur l'interprétation téléologique, évidemment sous réserve que la lettre du texte soit claire : la lettre de la disposition à interpréter est lue à la lumière de l'intitulé ou du plan du texte. Lorsque la lettre du texte n'est pas claire, on a recours à l'interprétation téléologique.

B. — L'interprétation des silences

Lorsqu'un texte ne traite pas, de façon explicite, une question, on pourra recourir à l'un des trois types de raisonnement, à savoir : le raisonnement par analogie, le raisonnement par *a fortiori* ou par à plus forte raison et le raisonnement *a contrario*, par la raison du contraire.

1° Le raisonnement par analogie,

On parle de raisonnement par analogie, lorsque le cas à traiter est similaire à un autre qui se trouve réglé par le texte et que ce cas semble appeler la même solution.

Exemple : *Pour être élu en qualité de député, le candidat doit être de bonne moralité.*

Par analogie, *pour être élu en qualité de maire, le candidat doit être de bonne moralité.*

Par ailleurs, le raisonnement par analogie en tant que forme particulière du raisonnement inductif est très productif notamment sur le plan scientifique s'il peut être conforté par l'expérience.

Exemple du raisonnement de Benjamin Franklin : *La foudre et l'étincelle électrique se ressemblent ; elles ont la même couleur, la même odeur, le même comportement sur les corps organisés. L'étincelle électrique est attirée par les pointes. Franklin a supposé que la foudre était une décharge électrique et que la foudre est attirée par les pointes comme le courant électrique ; ce qui conduisit à l'invention du paratonnerre.*

2° Le raisonnement par *a fortiori* ou par à plus forte raison

Le raisonnement par *a fortiori*, par à plus forte raison, est utilisé lorsqu'on se trouve face à un cas (*Situation B*) non explicitement prévu par la loi. On fait alors appel à une situation voisine (*Situation A*) où une loi donne une solution afin de réaliser une interprétation de cette règle de droit. Si le cas d'espèce (*Situation B*) est encore plus net ou plus caractérisé que le cas particulier (*Situation A*), le juge peut alors appliquer (ou l'avocat défendre) la même solution au cas d'espèce (*Situation B*) que ce que prévoit la loi pour la situation A. Il interprète la loi en restant dans l'esprit que lui a donné le législateur ;

Exemple : « *Dans son arrêt du 2 avril 1998, la cour d'appel de Toulouse a jugé que la vitamine C 1000 ne pouvait pas être vendue librement, puisque la vitamine C 800, moins faiblement dosée, était nécessairement vendue en pharmacie, car qualifiée de médicament par la cour d'appel de Versailles le 22 janvier 1996* »[26] ;

3° Le raisonnement *a contrario* ou par la raison du contraire

Le raisonnement a contrario, par la raison du contraire, intervient lorsque le cas à traiter est à l'opposé de celui réglé par le texte et qu'il semble, dès lors, appeler une solution inverse.

Toutefois, le raisonnement *a contrario* peut conduire à des conclusions erronées, car deux hypothèses contraires peuvent avoir, toutes les deux, la même conséquence.

Exemple : L'arrêté *[...]* dispose notamment : « *Les chiens sont tenus en laisse sur la plage* ».

Le raisonnement a contrario voudrait ceci : « *Les tigres, qui ne sont pas des chiens, n'ont pas à être tenus en laisse sur la plage* ».

Dans cet exemple, la conséquence commune est la dangerosité des deux animaux ; ce qui devrait donc être visé par l'auteur du texte.

Autrement dit, ce dernier devrait être formulé comme suit : « *Les animaux dangereux sont tenus en laisse sur la plage* ».

A— L'interprétation de dispositions contradictoires

Dans certains cas, le flou du texte ne vient pas de son silence, mais du fait que deux dispositions se contredisent. Dans ce cas, deux méthodes se combinent :

✓ *L'une temporelle* : étant donné que les deux textes n'ont généralement pas la même date, c'est le texte nouveau qui s'impose et qui, au besoin, est réputé avoir implicitement abrogé l'ancien ;

---

[26] Introduction générale au droit : L'acquisition, la preuve et la protection des droits contre l'État ou contre les particuliers – Clotaire Mouloungui – Publibook, 2004.

✓ *L'autre matérielle* : si les deux textes ne traitent pas exactement de la même question, on peut chercher à distinguer parmi les règles en conflit une règle générale et l'autre spéciale, la seconde dérogeant alors à la première ; cette approche se combine ainsi avec un autre principe d'interprétation selon lequel les exceptions à un principe sont d'interprétation stricte.

II. — Les principes orientant l'interprétation

Deux principes gouvernent l'interprétation des textes normatifs : l'un consiste à donner une portée au texte, tandis que l'autre, à lui donner une portée légale.

« Donner une portée au texte » signifie qu'en cas de difficulté, il convient :

➢ d'une part, de donner du sens, c'est-à-dire une signification, au texte au-delà de la complexité et des contradictions internes de celui-ci ; en cas d'impossibilité d'y parvenir et lorsque le texte est attaqué sur ce point devant le juge, celui-ci pourra l'annuler pour ce motif comme c'est le cas en droit français[27], par exemple ;

➢ d'autre part, de donner une portée utile au texte, c'est-à-dire lorsque celui-ci est redondant ou semble répéter un autre, de trouver son apport et en tirer des conséquences ; entre une interprétation qui neutralise et une autre qui donne une portée pratique à une disposition, c'est en principe la seconde qui doit l'emporter.

Quant à **« donner une portée légale au texte »**, cela signifie que lorsque plusieurs interprétations sont envisageables et que certaines seraient contraires à des normes supérieures, ce sont les interprétations conformes qui doivent l'emporter, sauf lorsqu'il résulte incontestablement de l'économie générale de la disposition ou de l'intention véritable de son auteur que cette disposition doit être lue comme méconnaissant ces normes supérieures.

Paragraphe 2 : Les sources d'interprétation externes au texte

Les sources d'interprétation externes au texte sont multiples et peuvent être antérieures ou postérieures au texte à interpréter. Autrement dit, elles peuvent être tirées du processus d'élaboration du texte ou de la jurisprudence et de la doctrine.

---

[27] AJDA 2014, 1722, *note F. Blanco.*

I — Les sources tirées du processus d'Élaboration du texte

Il s'agit des documents issus des travaux préparatoires administratifs et de ceux issus des travaux parlementaires.

A. — Les documents issus des travaux préparatoires administratifs

On distingue cinq types de documents issus des travaux préparatoires administratifs pouvant aider à l'interprétation d'un texte normatif dont les termes ne sont pas clairs :

- les documents d'instruction et d'arbitrage du projet de texte notamment les rapports d'inspection ou autres études ayant analysé une question, une note administrative et les procès-verbaux de réunions ; ces documents peuvent être particulièrement riches, mais ne sont pas toujours accessibles ou susceptibles d'être diffusés même pour les besoins de l'interprétation ;
- les documents issus de la procédure consultative et les résultats des consultations ainsi que le document contenant la position prise par l'Administration à leur sujet ;
- les documents de présentation du projet de texte (exposé des motifs, rapport de présentation, note de présentation) ; leur autorité et leur portée dans l'interprétation sont assez fortes, car ils expriment l'intention même de leur auteur ;
- les documents d'évaluation notamment les études d'impact sur les projets de loi et les fiches d'impact des décrets ;
- les communiqués de presse, qui accompagnent la diffusion du texte, qui

sont quasi-systématiques pour les textes examinés en conseil des ministres.

B. — Les documents issus des travaux parlementaires

Les documents issus des travaux parlementaires pourraient servir à l'interprétation des textes. L'on peut ainsi exploiter :

- ✓ les documents liés à l'initiative du texte, notamment l'exposé des motifs des propositions de loi ou de l'exposé sommaire des amendements aux différents stades de la procédure ;
- ✓ les rapports des commissions parlementaires saisies au fond et ceux des commissions s'étant saisies pour avis qui exposent le

dispositif, rappellent les étapes antérieures, livrent des éléments sur les modifications apportées et synthétisent les discussions en commissions sur le texte ;

- ✓ les comptes rendus de débats en séance publique.

II. — Les sources tirées de la doctrine et de la jurisprudence

La doctrine peut constituer un éclairage utile dans l'interprétation des textes.

C'est ainsi que **la doctrine universitaire** constituée des analyses des professeurs, maîtres de conférences et autres chercheurs ou enseignants de l'Université qui commentent les textes, en identifient la logique interne et les faiblesses et peuvent prendre parti sur certaines questions d'interprétation dans des articles, codes commentés, manuels ou encyclopédies ; elle n'a pas de valeur autre que sa force de persuasion et celle qui s'attache à l'autorité de ses auteurs.

La doctrine administrative, de son côté, est la vision que l'Administration elle-même a du texte ; elle a le mérite de révéler cette interprétation, mais elle n'a pas de valeur autre que celle de l'une des parties en cas de litige ; elle peut être exprimée à travers des instructions ou dans des réponses à des questions parlementaires soit écrites (d'ordre technique), soit orales (plus politiques) ou encore sur les sites Internet des administrations.

La jurisprudence peut également fournir un éclairage pour l'interprétation des textes. Mais, pour bien exploiter cette jurisprudence, il convient de tenir compte notamment du niveau de la juridiction qui a pris la décision, étant entendu que ce sont les décisions de la Cour suprême, contrairement à celles des juridictions du fond, qui sont revêtues d'une réelle autorité.

Section 2 : Le contentieux des textes normatifs

Dans un souci de mieux protéger les droits des citoyens par rapport aux textes normatifs après leur entrée en vigueur, il est important de connaître les voies de droit offertes aux requérants potentiels pour les contester, le type d'argumentation qu'ils peuvent faire valoir et la manière dont le juge pourrait y répondre. Dans cette perspective, il convient de distinguer le contrôle de constitutionnalité des lois et le contrôle de légalité des règlements.

Paragraphe 1 : Le contrôle de constitutionnalité des lois

En Guinée, après la prise du pouvoir par les Forces de Défense et de Sécurité, le 5 septembre 2021, la Cour constitutionnelle a été dissoute, et ses attributions, transférées, à titre transitoire, à la Cour suprême par ordonnance du Président de la République[28], confirmée par **l'article 79 de la Charte de la Transition du 27 septembre 2021** et ratifiée par la loi n° 003/2022/CNT du 30 mars 2022. Du coup, en plus de ses attributions traditionnelles, la Cour suprême est aujourd'hui la juridiction compétente pour connaître du contentieux de la constitutionnalité des lois, du contentieux référendaire et du contentieux électoral des élections législatives et de l'élection présidentielle.

Une telle réorganisation, exceptionnelle par sa nature et qui consacre une nouvelle étape dans l'histoire institutionnelle de la Guinée, signifie qu'en ce qui concerne le contrôle de constitutionnalité des lois, la Cour suprême va provisoirement assurer ce contrôle soit en cours de procédure législative comme cela a été indiqué plus haut, soit à l'issue de la procédure législative. On parle dans ce dernier cas de contrôle de constitutionnalité *a posteriori.*

Le contrôle de constitutionnalité est obligatoire pour les lois organiques et facultatif pour les traités internationaux et les lois ordinaires.

Par analogie à ce qu'en dit la jurisprudence française[29], la Cour suprême en tant que juridiction constitutionnelle peut contrôler l'ensemble des griefs d'inconstitutionnalité, y compris de compétence et de procédure, et donc le caractère suffisant de l'étude d'impact s'il a été contesté en amont dans le cadre de la procédure parlementaire et que cette contestation n'a pas débouché sur la saisine de cette juridiction.

En revanche, l'empiètement sur le domaine règlementaire n'est pas un motif d'inconstitutionnalité, ajoute la même jurisprudence française[30].

---

[28] Il s'agit de l'Ordonnance O/2021/002/PRG/CNRD/SGG du 18 septembre 2021.

[29] CC. français, 13 août 2015, n° 2015-718 DC.

[30] CC. français, 30 juill. 1982, n° 82-143 DC.

La préparation des observations du Gouvernement par rapport à la loi attaquée, y compris d'origine parlementaire, est assurée par le Secrétariat général du Gouvernement (SGG) normalement en trois étapes, à savoir :

- ➢ une première étape consistant en une réunion préparatoire organisée au SGG pour convenir des moyens de défense avec les ministères concernés et le Cabinet du Premier ministre ;
- ➢ une deuxième étape consistant en une réunion d'instruction organisée à la Cour suprême avec les représentants du SGG et des ministères intéressés pour examiner les griefs et poser des questions au Gouvernement ; et
- ➢ une troisième étape consistant en une réunion au SGG pour une mise au point du projet d'observations avant sa transmission à la Cour suprême.

À l'issue de la procédure de contrôle, la Cour suprême rend l'un des 4 types d'arrêt ci-après :

- ➢ un arrêt de déclaration de conformité des dispositions contestées qui, sauf changement de circonstances, fera obstacle à une nouvelle saisine de la Cour sur les mêmes dispositions ;
- ➢ un arrêt de déclaration de conformité assorti de réserves qui s'imposeront alors au pouvoir règlementaire et au juge ;
- ➢ un arrêt de déclaration d'inconstitutionnalité partielle, à la suite duquel le Président de la République peut promulguer ce qu'il reste du texte ou demander une nouvelle délibération ; ou
- ➢ un arrêt de déclaration d'inconstitutionnalité totale faisant obstacle à la promulgation de la loi.

La décision de la Cour est publiée au Journal officiel de la République.

Paragraphe 2 : Le contrôle de légalité des règlements

I — La spécificité de la justice administrative en Guinée

En Guinée, à l'instar de la plupart des autres pays francophones d'Afrique, lorsqu'au cours d'un procès devant une juridiction de première instance, l'une des parties exhibe un acte administratif (un arrêté d'attribution de parcelle de terrain, par exemple) à l'appui de ses prétentions, l'autre partie peut lui opposer l'exception d'illégalité de cet acte.

En pareilles circonstances, la pratique devant les juridictions guinéennes révèle que le tribunal saisi renvoie le plus souvent l'affaire, s'il y a lieu, à la plus prochaine audience pour permettre à la partie qui conteste l'acte administratif de saisir la Cour suprême (chambre administrative) d'un recours en annulation ou en appréciation de légalité contre cet acte.

Si le demandeur à l'exception n'agit pas dans le délai ainsi imparti, le juge passe outre et statue au fond comme si l'exception n'avait pas été soulevée.

Et au cas où il exerce le recours dans le délai imparti, ou s'il l'avait déjà exercé au moment de l'incident, le même tribunal prononce le sursis à statuer sur le fond en attendant la décision de la Cour suprême, au motif que « [l]*e juge de l'ordre judiciaire n'a pas compétence pour apprécier la régularité des actes administratifs* ».

La conséquence en est évidemment un encombrement inutile de la Cour suprême et des lenteurs souvent considérables dans le règlement des affaires, notamment la plupart des litiges fonciers et domaniaux dont l'importance n'est pas à démontrer, aussi bien en ce qui concerne les campagnes où la population vit essentiellement de l'agriculture qu'en ce qui concerne les villes où la croissance démographique est préoccupante.

Face à cette situation, il n'est pas rare de voir certains plaideurs — surtout ceux de l'intérieur du pays — s'abstenir par ignorance, découragement ou crainte de complications diverses de poursuivre le règlement de leur affaire.

À l'évidence, le motif invoqué plus haut, mais à tort, suppose le principe de la séparation des juridictions administratives et judiciaires, c'est-à-dire le système de la dualité des ordres de juridictions, comme c'est le cas en France, par exemple, où l'ordre judiciaire comprend les juridictions du premier degré (juridictions civiles, pénales et tribunaux spécialisés), la cour d'appel et la Cour de cassation, tandis que l'ordre administratif comprend les tribunaux administratifs, les cours administratives d'appel et le Conseil d'État.

Aujourd'hui, en Guinée, **la loi n° 2022/003/CNT du 30 mars 2022** a ratifié huit ordonnances, prises par le Président de la Transition, dont l'ordonnance n° 2021/001/PRG/CNRD/SGG du 17 septembre 2021 portant prorogation des lois nationales, des conventions, traités et accords internationaux en vigueur à la date du 5 septembre 2021[31], y compris donc **la loi n° 2015-019/AN du 13 août 2015** portant organisation judiciaire en République de Guinée.

Or, cette loi de 2015 a maintenu et renforcé le principe de l'unité de juridictions qui existait auparavant en édictant, **en son article 27, alinéa 1er**, que le tribunal de première instance est compétent pour connaître de toutes les affaires civiles, administratives, commerciales, sociales et pénales pour lesquelles compétence n'est pas expressément et exclusivement attribuée à une autre juridiction.

D'ailleurs, **l'alinéa 3** du même article prend soin de préciser que, sous réserve des dispositions de la loi organique portant attributions, organisation et fonctionnement de la Cour suprême, le tribunal de première instance est, en premier ressort, juge de droit commun du contentieux administratif ; ce qui signifie qu'en matière administrative, ce tribunal est compétent pour connaître du contentieux de pleine juridiction, du contentieux de l'interprétation et de l'appréciation de légalité et du contentieux de la répression.

Est-il besoin de rappeler que le contentieux de pleine juridiction comprend les recours au moyen desquels on demande à la Justice de reconnaître un droit méconnu ou de réparer un dommage causé par l'Administration.

Exemple : *Un contribuable demande à être dégrevé d'une taxe qu'il prétend ne pas lui être applicable*.

Le contentieux de la répression, quant à lui, tend à la répression des contraventions de voirie (empiètement de la voie publique, par exemple).

En matière administrative, le tribunal de première instance est donc compétent pour connaître de la responsabilité contractuelle et extracontractuelle impliquant l'État ou ses démembrements, du contentieux fiscal, du contentieux individuel de la Fonction publique et du contentieux de l'interprétation et de l'appréciation de légalité.

Il n'existe ainsi en Guinée, à l'instar d'ailleurs de la plupart des autres pays francophones d'Afrique, qu'un seul ordre de juridictions, à la tête duquel sont placées la Cour commune de justice et d'arbitrage (en matière économique au niveau sous régional) et la Cour suprême (en matière civile, pénale, sociale et administrative).

---

[31] Cette date correspond à la prise du pouvoir par les Forces de Défense et de Sécurité, sous l'enseigne du Comité national de Rassemblement pour le Développement et la conduite du colonel, à l'époque, Mamadi DOUMBOUYA.

Ces deux hautes juridictions, par la voie du pourvoi en cassation, ou exceptionnellement en premier et dernier ressort en ce qui concerne la Cour suprême (en cas de recours pour excès de pouvoir), exercent le contrôle du fonctionnement de l'ensemble des juridictions et assurent ainsi, chacune dans leur domaine de compétence, l'unité de la jurisprudence.

Cet ordre unique de juridictions a donc compétence pour connaître de tous les types de contentieux, y compris le contentieux administratif, c'est-à-dire qu'il applique, selon la nature du contentieux, le droit privé ou le droit public.

Au demeurant, l'ordre administratif en tant qu'ensemble de juridictions organiquement autonomes n'a jamais existé en droit guinéen.

Si donc en droit français, par exemple, en raison même du principe de la séparation des juridictions administratives et judiciaires, le problème posé plus haut constitue une « **question préjudicielle** » pour les tribunaux de l'ordre judiciaire qui doivent alors surseoir à statuer et renvoyer les parties devant la juridiction administrative — ce qui est par ailleurs source de lenteurs, de complexité, de conflits de compétences et de manque de lisibilité pour le justiciable —, il en va autrement en droit guinéen où ce principe est tenu en échec, ainsi qu'il vient d'être démontré.

Le principe de l'unité de juridictions implique, en effet, que pour les questions incidentes tirées du contentieux administratif, *« [l]e juge du principal est le juge de l'exception »*. En d'autres termes, les juridictions ont, au cours de l'instance dont elles sont saisies, compétence non seulement pour apprécier la légalité des décisions des autorités administratives, mais également pour les interpréter.

Une lecture des dispositions de **l'article 27, alinéa 1er, de la loi du 13 août 2015** indiquée ci-dessus, ensemble avec le principe de l'unité de juridictions, laisse apparaître que le tribunal de première instance connaît à titre principal du contentieux administratif, à l'exception du contentieux de l'annulation (recours en cassation contre les arrêts de la cour d'appel et de la Cour des comptes et recours pour excès de pouvoir contre les décisions des autorités administratives), tandis que la justice de paix, qui existe d'ailleurs à titre transitoire[32], ne peut connaître d'un tel contentieux que par voie d'exception, c'est-à-dire de façon incidente à l'occasion de l'examen d'une autre affaire.

[32] En vertu des dispositions de l'article 83 de la loi du 13 août 2015 précitée.

Le recours pour excès de pouvoir est directement porté devant la Cour suprême en raison de son importance juridique et politique, c'est-à-dire en ce qu'il met en cause un acte administratif unilatéral en tant que décision exécutoire de la puissance publique.

Cela dit, l'exception d'illégalité est en droit guinéen comme en droit sénégalais, par exemple, une simple « **question *préalable*** » pour le juge : celui-ci n'a pas à surseoir à statuer ; il doit se prononcer lui-même sur la régularité de l'acte administratif en cause. S'il estime l'acte régulier, il tranche le litige en se fondant sur l'acte ; dans le cas contraire, il doit quand même trancher le litige non pas en prononçant l'annulation de l'acte, mais en écartant son application à l'affaire dont il est saisi.

Dans ce dernier cas, le recours en appréciation de légalité, contrairement au recours pour excès de pouvoir, est un recours incident qui a pour objet non pas l'annulation de l'acte, mais simplement une déclaration relative à sa légalité.

S'il s'agit d'un problème d'interprétation, le juge applique l'acte avec le sens qu'il entend lui donner.

Bref, les juridictions ont, au cours de l'instance dont elles sont saisies, compétence non seulement pour interpréter les décisions des diverses autorités administratives, mais aussi pour apprécier leur régularité.

À vrai dire, la pratique judiciaire exposée plus haut, qui sous-entend l'intégration de la justice administrative au sein de la Cour suprême, a le défaut de vouloir éloigner le juge administratif des justiciables. En plus, elle dénote en quelque sorte un déni de justice, dans la mesure où les tribunaux de première instance se déclarent incompétents en matière administrative, alors que la loi leur attribue expressément compétence en cette matière.

De même, ce serait à tort que la Cour suprême est saisie en premier et dernier ressort du recours en interprétation ou en appréciation de légalité contre des actes administratifs, d'autant plus que sa compétence en matière de contentieux administratif est limitée par la loi au pourvoi en cassation contre les décisions juridictionnelles prises en dernier ressort en matière administrative et au recours pour excès de pouvoir contre les actes administratifs.

En revanche, la plénitude de compétence du juge du fond présente l'avantage de rapprocher la justice administrative des justiciables, de simplifier la procédure, d'alléger le coût du procès et de rendre effective l'idée de justice administrative. Est ainsi satisfaite la préoccupation relative à une bonne administration de la justice qui est le fondement même du principe de l'unité de juridictions[33].

II — Le contenu du contrôle de la légalité des règlements

Le contrôle de la légalité d'un règlement consiste à vérifier sa conformité aux normes constitutionnelles (Constitution et autres textes à valeur constitutionnelle), aux conventions et traités internationaux dûment ratifiés par la Guinée, au droit communautaire (celui de la Communauté économique des États de l'Afrique de l'Ouest, qui se présente sous forme de règlements — qui s'appliquent directement à tous les États membres — ou de directives, qui nécessitent une transposition en droit interne) et aux principes généraux du droit.

Il est à noter qu'un acte règlementaire conforme à la loi qu'il applique ne peut pas être annulé par le juge statuant en matière administrative pour la violation d'une disposition constitutionnelle. Le juge statuant en matière administrative ne peut pas sanctionner l'inconstitutionnalité de la loi, qui relève de la compétence de la Cour suprême à travers sa chambre constitutionnelle.

De même, les règlements doivent toujours être conformes aux conventions et traités internationaux dûment ratifiés par la Guinée, même lorsqu'une loi qui leur est contraire est adoptée ensuite.

Il est également à noter que les principes généraux du droit ne sont pas expressément formulés dans des textes, mais qu'ils sont plutôt dégagés par le juge et consacrés par lui.

En outre, il existe une hiérarchie entre les actes administratifs : les actes règlementaires ont une valeur supérieure aux actes individuels (arrêté de nomination, par exemple). D'ailleurs, au sein d'une même catégorie d'actes (les arrêtés, par exemple), il existe une hiérarchie en fonction de l'autorité administrative signataire (Premier ministre, ministre sectoriel).

III. — Les personnes physiques ou morales habilitées à assurer le contrôle de la légalité des règlements

Le contrôle de légalité des règlements est exercé par :

- l'Administration elle-même ;

[33] Hassane II DIALLO, La réforme de la justice guinéenne — Défis et stratégie, éd. l'Harmattan, Paris, janvier 2011, 205 pages, pp. 62 et suivants.

- le juge statuant en matière administrative (faute de juge administratif en tant que tel, en raison de l'unicité de juridictions) ;
- en matière pénale, le juge répressif qui est compétent, aux termes des dispositions de **l'article 4 du Code pénal**, pour interpréter et apprécier la légalité des actes administratifs, réglementaires et individuels, lorsque la solution du procès qui lui est soumis dépend, selon le cas, du sens ou de la légalité de l'acte en question.

IV. — LES MODES DE CONTRÔLE DE LA LÉGALITÉ DES RÈGLEMENTS

Les actes administratifs peuvent être mis en cause de deux manières : par voie d'action ou par voie d'exception.

A– Le contrôle par voie d'action

Par voie d'action, c'est-à-dire en cas de recours direct dit « *recours pour excès de pouvoir* », il est possible de contester tout texte de forme règlementaire (ordonnances non ratifiées, décrets, arrêtés, actes des autorités de régulation, circulaires), dès lors qu'il présente un caractère impératif. Il en est ainsi des actes de droit souple qui remplissent les conditions requises, les instructions et les actes non formalisés qui ont tendance à se développer, surtout avec le développement de l'outil Internet et la facilité d'utilisation qu'il offre, et qui s'analyseraient comme des décisions. Ces mesures peuvent notamment prendre la forme **de guide, de forum, de foires aux questions ou de page de site Internet**.

B– Le contrôle par voie d'exception

Le recours par voie d'exception, contrôle toujours *a posteriori*, est celui par lequel un plaideur invoque l'illégalité de l'acte administratif qui lui est opposé devant le juge par son adversaire. Il ne s'agit donc pas d'une demande d'annulation de l'acte. Ce procédé est, bien sûr, plus souple que le contrôle par voie d'action ; le juge écartera l'application du texte règlementaire s'il l'estime illégal, mais celui-ci continuera d'exister juridiquement. Un tel contrôle est dit « *concret* » ou « *subjectif* », puisqu'il s'exerce à l'occasion de litiges particuliers et de cas concrets.

V. — CAS D'OUVERTURE DU CONTRÔLE DE LÉGALITÉ

Le contrôle de légalité de l'acte administratif peut s'exercer dans le cadre de l'examen d'une *exception d'illégalité*, d'un *recours en déclaration d'inexistence*, bien rare, ou dans *les contentieux de pleine juridiction.* Toutefois, le *recours pour excès de pouvoir* demeure le principal moyen de contestation de la légalité des textes règlementaires.

Les cas d'ouverture du contrôle de légalité peuvent être regroupés autour de deux causes juridiques : les moyens de légalité externe et les moyens de légalité interne de l'acte.

Au demeurant, cette distinction est importante puisque le débat juridique engagé par le requérant est souvent focalisé sur la date à laquelle le délai de recours a expiré, étant entendu que les conclusions présentées après ce délai sont en principe irrecevables.

En outre, le juge doit déclarer irrecevables les moyens nouveaux présentés après l'expiration du délai de recours.

Cependant, la jurisprudence française, par exemple, a décidé qu'à l'exception des moyens d'ordre public, seuls les moyens tirés d'une cause juridique nouvelle seront déclarés irrecevables[34].

Ainsi, le requérant a tout intérêt à soulever dans le délai de recours, à l'appui de sa requête, au moins un moyen de légalité externe et un moyen de légalité interne pour s'offrir la possibilité de soulever, pendant l'instruction, de nouveaux moyens relevant de l'une ou de l'autre de ces causes juridiques.

A– Les moyens touchant à la légalité externe de l'acte attaqué

Le contrôle de légalité externe d'un acte règlementaire consiste à faire vérifier par le juge que cet acte a été pris par l'autorité compétente et dans le respect des règles de forme et de procédure requises. Ainsi, les moyens de légalité externes sont l'incompétence et le vice de forme et de procédure.

1° L'incompétence

Constitue **un moyen de légalité externe tiré de l'incompétence** le fait, par exemple, de prendre un arrêté ou une circulaire fixant une règle nouvelle ne relevant pas de la compétence du ministre qui la signe.

---

[34] CE français, Sect. 20 février 1953, requête n° 9772, Société Intercopie : Rec., p. 88 ; S. 1953, III, p. 77, note M.L.

L'incompétence de l'auteur de l'acte règlementaire est un moyen d'ordre public qui doit être soulevé d'office par le juge. Elle peut être soulevée en tout état de la procédure. La partie qui y a intérêt peut également la soulever.

Il existe trois types d'incompétence : l'incompétence *ratione materiae* (matérielle), l'incompétence *ratione loci* (territoriale) et l'incompétence *ratione temporis* (temporelle).

Il reste entendu que lorsqu'une personne souhaite agir en justice, elle doit saisir la juridiction compétente et que cette compétence dépend :

- de la nature du litige, qui détermine **la compétence matérielle** de la juridiction ;
- de critères géographiques permettant de rattacher le litige au ressort du tribunal, c'est-à-dire de **la compétence territoriale** de la juridiction.

Quant à **la compétence *temporelle***, celle-ci est une expression d'origine jurisprudentielle dont la signification varie selon le contexte dans lequel elle se trouve employée. Telle qu'elle apparaît dans les décisions des juridictions internationales, elle désigne d'abord la durée de l'habilitation à exercer le pouvoir juridictionnel que l'on associe à la durée de validité de l'engagement juridictionnel de l'État.

La compétence temporelle désigne également le domaine temporel d'exercice du pouvoir de juger, les États précisant bien souvent les catégories de litiges *ratione temporis* pour lesquels ils peuvent être attraits en justice.

En ce qui concerne **l'incompétence négative,** celle-ci concerne les hypothèses où une autorité administrative reste en deçà des limites de sa propre compétence, particulièrement si elle considère agir dans le cadre d'une compétence liée alors qu'elle dispose d'un pouvoir discrétionnaire ; elle est constitutive, comme on le verra plus bas, d'une erreur de droit et, donc, d'un moyen de légalité interne.

2° Le vice de procédure

Constitue un moyen de légalité externe tiré du vice de procédure, par exemple, le défaut de consultation obligatoire ainsi que le manquement à un avis de conformité.

Il y a donc vice de procédure, lorsque l'auteur d'une décision méconnaît l'une des règles organisant la procédure d'élaboration des actes administratifs.

En outre, depuis l'arrêt de 2007[35] par lequel le Conseil d'État français, pour des raisons d'impartialité, ne se considère plus comme le coauteur des décisions sur lesquelles il rend un avis, l'absence de saisine de cette juridiction, dans les cas où cette saisine est obligatoire, n'est plus assimilable à un vice d'incompétence ; elle constitue plutôt un vice de procédure qui entache systématiquement d'illégalité l'acte contesté et qui, en raison de sa gravité, doit être soulevé d'office par le juge statuant en matière administrative.

De même, **l'article 70 de la loi française n° 2011-525 du 17 mai 2011** de simplification et d'amélioration de la qualité du droit[36] marque l'abandon de la distinction entre **vices de procédure substantiels et vices de procédure non substantiels**.

Il dispose, en effet, que désormais, lorsque l'autorité administrative, avant de prendre une décision, procède à une consultation d'un organisme, seules les irrégularités susceptibles d'avoir exercé une influence sur le sens de la décision prise au sens de l'avis rendu peuvent, le cas échéant, être invoquées à l'encontre de cette décision.

En vertu donc de ces dispositions, le juge doit avoir une démarche très judicieuse qui l'emmène à évaluer l'influence réelle de la règle violée sur la décision qui a été prise. En d'autres termes, cette évolution **« place le juge en arbitre subjectif des intentions plutôt qu'en marqueur des irrégularités »**[37]. Ainsi, toute violation d'une règle de procédure n'est pas nécessairement sanctionnée par le juge.

3° Le vice de forme

Alors que le vice de procédure entache le processus même de l'élaboration de l'acte, le vice de forme, quant à lui, concerne la présentation extérieure de l'acte.

Exemple : *L'omission du contreseing du ministre chargé des Finances pour les arrêtés d'autres ministres sectoriels engageant le budget de l'État.*

En outre, contrairement à la question des vices de procédure, la distinction entre les vices de forme substantiels et les vices de forme non substantiels reste maintenue.

---

[35] CE français, 11 juillet 2007, requête n° 30204, Union syndicale des magistrats administratifs : Rec. Tables, p. 638.

[36] Journal officiel français du 11 mai 2011.

[37] EDCE 2011, p. 126.

Sur cette question, le Conseil d'État français[38] a constaté, au sujet d'un certain permis de construire, que celui-ci mentionnait bien la qualité de son auteur, en l'occurrence le maire de la commune d'Auvers-sur-Oise, mais qu'il ne comportait pas l'indication du nom et du prénom de ce maire et que ni la signature manuscrite, qui est illisible, ni aucune autre mention du document en question ne permettait d'identifier l'auteur. En conséquence, il a annulé le permis de construire pour vices de forme substantiels.

B– Les moyens touchant à la légalité interne de l'acte attaqué

Les juges contrôlent la légalité interne des actes administratifs unilatéraux à trois niveaux différents : *le contenu de l'acte attaqué, les mobiles de son auteur et les motifs de cet acte.*

1° Le contrôle du contenu de l'acte

Par le contrôle du contenu de l'acte attaqué, le juge contrôle **« la violation directe d'une norme supérieure »**, c'est-à-dire qu'il confronte le contenu de l'acte attaqué aux dispositions des textes normatifs qui sont de valeur juridique supérieure à cet acte, qu'il s'agisse d'une norme constitutionnelle, internationale, législative, règlementaire ou encore d'un principe général du droit, ce qui ne présente pas de difficulté majeure.

Exemple : *Une mesure de suspension d'un magistrat ou d'un fonctionnaire n'est pas une sanction disciplinaire. Il s'ensuit qu'une loi d'amnistie ne saurait être applicable à un tel cas.*

2° Le contrôle des mobiles de l'auteur de l'acte

Dans le cadre du contrôle des mobiles de l'auteur de l'acte attaqué, on distingue le *détournement de pouvoir et le détournement de procédure.*

a) Le détournement de pouvoir

Avant tout, il convient de rappeler que le détournement de pouvoir aurait été visé pour la première fois en 1875[39]. Dans un tel cas, l'acte

[38] CE français, 11 mars 2009, requête n° 307656, commune d'Auvers-sur-Oise (Rec. Tables, p. 607).

[39] V. arrêt du Conseil d'État Pariset du 26 novembre 1875 (requête numéro 47544 : Rec., p. 934, concl. David).

contesté a toutes les apparences de la légalité. Il est toutefois censuré s'il apparaît que l'auteur de l'acte a utilisé ses pouvoirs dans un but autre de celui pour lequel ils lui ont été conférés.

C'est ainsi que, dans certains cas, le pouvoir est utilisé **dans l'intérêt personnel de l'auteur de l'acte ou pour favoriser un tiers ou nuire à d'autres intérêts privés.**

Exemple : *Une opération d'expropriation pour cause d'utilité publique visant, en réalité, à satisfaire exclusivement les intérêts privés d'un habitant de la localité concernée en permettant le désenclavement de sa propriété.*

Dans d'autres cas, **l'acte administratif est pris dans un intérêt public, mais qui n'est pas celui pour lequel l'auteur de l'acte est habilité à agir.**

Exemple : *La déclaration d'utilité publique prise par l'autorité compétente au seul motif que cette décision avait pour objet de faire réaliser des économies à l'État en lui permettant de s'affranchir des clauses d'un bail. À cet égard, il y a lieu de noter que même s'il s'agit à l'évidence d'un intérêt public, cet intérêt n'est pas celui pour la défense duquel une telle procédure a été instituée*[40].

b) Le détournement de procédure

Dans le cas du **détournement de procédure**, l'Administration utilise, pour arriver à un but précis, une procédure réservée par les textes à des fins autres que celles qu'elle poursuit ; ce qui lui permettra d'éviter d'accomplir les formalités plus lourdes prévues par la procédure qui aurait normalement dû être utilisée.

Exemples :

✓ *La déclaration d'utilité publique prononcée dans le seul but de modifier les règles applicables à un lotissement, en vue d'éviter d'utiliser la procédure normale qui aurait engendré davantage de difficultés pour l'Administration.*

✓ *le fait de mettre fin à un appel d'offres sur performance en se prévalant de l'incohérence d'une offre présentée par un candidat, un tel motif ne constituant pas un motif d'intérêt général, mais plutôt d'intérêt personnel.*

---

[40] CE français, 20 mars 1953, Bluteau (Rec, p. 590 ; S. 1953, III, p. 80).

3° Le contrôle des motifs de l'acte attaqué

Dans le cadre du contrôle des motifs de l'acte attaqué, le juge peut censurer *une erreur de droit, une erreur de fait et une erreur sur la qualification juridique des faits.*

a) L'erreur de droit

Un premier cas de figure d'erreur de droit, fréquemment sanctionné par le juge statuant en matière administrative, **est celui résultant d'un détournement de procédure** lorsque l'auteur de l'acte n'est pas mu pas une intention coupable, c'est-à-dire lorsque l'erreur résulte exclusivement d'une mauvaise interprétation des textes[41].

Toutefois, le détournement de pouvoir est très difficile à prouver, dès lors que l'illégalité repose non pas sur un élément matériel, mais plutôt sur un élément psychologique, étant entendu que celui-ci n'apparaît pas dans l'acte lui-même, mais dans les intentions de son auteur.

Un deuxième cas de figure est celui **d'un défaut de base légale de la décision contestée**, dans l'hypothèse où l'Administration a mis en œuvre une norme inexistante ou, le plus souvent, inapplicable.

Exemple : *Un décret qui résilierait le contrat de concession d'une chaîne de télévision privée fondé sur un projet de loi non encore adopté ou sur une loi déjà abrogée.*

Un autre cas de figure est celui où l'Administration a pris une décision, conformément à une norme qui est elle-même illégale en raison de sa non-conformité avec une norme supérieure.

Exemple : *Un arrêté de reconduite à la frontière, pris sur le fondement d'une décision elle-même illégale, refusant au requérant la délivrance d'un certificat de résidence.*

Il y a également erreur de droit lorsque l'Administration a pris une décision sur le fondement d'unc norme régulière, mais qu'elle a mal interprétée.

Exemple : *le refus d'admission d'un candidat à un concours pour cause de non-satisfaction à des épreuves de sélection, lorsque les textes y afférents ne prévoient pas de telles épreuves.*

Une autre variante de l'erreur de droit concerne le cas dit « **d'incompétence négative** » où une autorité administrative méconnaît l'étendue de sa compétence en faisant une confusion entre « **pouvoir**

---

[41] CE français, 18 mars 2005, requête n° 238752, Société Cyclergie (Contrats-Marchés publ. 2005, comm. 150, note Olivier).

discrétionnaire » et « **compétence liée** » en se croyant, à tort, tenue de prendre une décision dans un sens donné.

Exemple : *Dans une affaire mettant en cause un magistrat, le ministre de la Justice, après avoir fait savoir publiquement qu'il se conformerait à l'avis du Conseil supérieur de la magistrature, s'est entièrement approprié, dans sa décision, les motifs et la portée de l'avis rendu par cette institution. Il a ainsi méconnu l'étendue de sa compétence et entaché sa décision d'une erreur de droit. On peut, en effet, considérer qu'il a renoncé à exercer le pouvoir discrétionnaire d'appréciation qui lui est reconnu par les textes pour se prononcer dans le cadre d'une compétence liée*[42].

b) L'erreur de fait

L'acte administratif contesté est annulé s'il apparaît que les faits qui servent de fondement à la décision sont erronés, ainsi que l'a décidé la jurisprudence française[43].

Dans l'affaire en question, le Conseil d'État français était saisi d'un recours contre une décision gouvernementale révoquant un maire, au motif que celui-ci n'a pas veillé, comme la loi le lui impose, à la décence d'un convoi funèbre. En effet, il aurait fait passer le cercueil par une brèche ouverte dans le mur d'enceinte du cimetière et fait creuser une fosse trop petite pour marquer son mépris vis-à-vis du défunt. Or, ces faits étaient matériellement inexacts ; ce qui explique l'annulation de l'acte de révocation.

c) L'erreur sur la qualification juridique des faits

La qualification juridique des faits est l'opération par laquelle l'Administration décide d'appliquer une règle de droit déterminée aux faits de l'espèce. Si les faits sont mal qualifiés, l'acte contesté sera annulé par décision de justice[44].

Pour préciser cette notion, le Conseil d'État français était saisi d'un recours pour excès de pouvoir dirigé contre une décision rejetant une demande de permis de construire. Cette décision était motivée par le fait que la construction projetée aurait porté atteinte à une perspective monumentale.

---

[42] CE français Sect., 20 juin 2003, requête n° 248242, Stilinovic (Rec., p. 258, concl. Lamy ; AJDA 2003, p. 1334, chron. Donnat et Casas).

[43] CE français, dans son arrêt Camino du 14 janvier 1916, requête n° 59619, requête numéro 59679 : Rec., p. 15 ; RDP 1917, p. 463, concl. Corneille, note Jèze.

[44] Cette notion a été précisée par le Conseil d'État français, dans son arrêt du 4 avril 1914 Gomel (requête numéro 55125 : Rec., p. 488 ; S. 1917, III, p. 25, note Hauriou).

La question qui se posait alors était de savoir si la place Beauveau sur laquelle était projetée la construction formait une perspective monumentale, et dans l'affirmative si la construction projetée portait atteinte à cette perspective.

Autrement dit, le problème consistait à déterminer si les faits de l'espèce avaient été correctement qualifiés par le préfet de la Seine et justifiaient ainsi sa décision.

Le juge français a estimé, en l'espèce, que la place Beauveau ne pouvait être regardée dans son ensemble comme présentant une perspective monumentale. Par conséquent, il a décidé que le préfet de la Seine avait excédé ses pouvoirs en refusant l'autorisation de construire un immeuble sur cette place, au motif qu'il serait porté atteinte à une perspective monumentale.

SECTION 3 : LA SORTIE DE VIGUEUR NON CONTENTIEUSE DES TEXTES NORMATIFS

La sortie de vigueur non contentieuse d'un texte normatif fait référence aux procédures par lesquelles ce texte cesse de produire ses effets juridiques sans qu'il y ait de contentieux.

En effet, certaines circonstances peuvent y concourir. Il en est ainsi lorsque l'autorité compétente décide de remplacer des normes en vigueur par de nouvelles normes. De même, lorsqu'elle prend conscience de ce qu'un texte normatif en vigueur viole les dispositions d'un autre texte normatif de valeur juridique supérieure, elle peut décider d'en tirer les conséquences sans attendre un procès. Elle y procède soit par le retrait de la norme, soit par son abrogation.

Paragraphe 1 : Le retrait d'un texte normatif

Le retrait, pour les actes administratifs, correspond à la disparition juridique d'un acte pour l'avenir comme pour le passé. Il a donc un effet rétroactif qui ne peut être admis que par dérogation au principe général du droit de non-rétroactivité de ces actes.

Mais ce principe n'est pas opposable au législateur, dès lors qu'une loi nouvelle peut toujours l'écarter expressément.

En effet, **l'article 7 du Code civil** dispose : « *La loi ne dispose que pour l'avenir ; elle n'a point d'effet rétroactif, sauf si elle est déclarée expressément rétroactive ou s'il s'agit d'une loi interprétative d'une loi ancienne.* »

Le retrait n'est pas une mesure obligatoire ni pour le pouvoir législatif ni pour le pouvoir règlementaire. Néanmoins, le juge peut prononcer une mesure équivalente, en l'occurrence l'annulation, ou en écartant toute application du texte *ab initio* dans le cadre d'un contentieux de la conventionnalité[45].

Il est à noter que l'annulation est, par principe, rétroactive en cas de recours pour excès de pouvoir et exceptionnelle pour les questions prioritaires de constitutionnalité. C'est ainsi qu'en cas de recours direct en fin de procédure législative, il n'y a pas de situation assimilable à un retrait, car le texte n'est pas entré en vigueur.

Quant à ses effets, le retrait d'un texte signifie, pour le texte lui-même, que celui-ci est censé n'avoir jamais existé. Nul ne peut s'en prévaloir, y compris pour le passé.

Il signifie, pour les textes subséquents, que les décisions prises sur le fondement du texte retiré se trouvent rétroactivement privées de base juridique, mais ne disparaissent pas de ce seul fait. Si l'on souhaite les faire disparaître à leur tour, il faudra alors les attaquer conformément au droit commun.

Exemple de formule de retrait : « *Est et demeure rapporté l'arrêté* [...] *portant répression des infractions en matière d'environnement* ».

Paragraphe 2 : L'abrogation d'un texte normatif

I. — Le contenu de l'abrogation

L'abrogation d'un texte normatif (législatif ou règlementaire) signifie sa disparition juridique pour l'avenir. Elle se distingue donc du retrait par son caractère non rétroactif.

L'article 6 du Code civil dispose : *« La loi s'applique tant qu'elle n'est pas abrogée.*

*« L'abrogation est **expresse**, lorsqu'un texte nouveau décide formellement que tel texte ancien est abrogé ».*

*« Elle est **tacite**, lorsque les dispositions d'une loi nouvelle sont incompatibles avec celles d'une loi ancienne ayant le même objet. »*

Il convient de noter que l'abrogation tacite correspond au remplacement d'une disposition ou subdivision existante par une

---

[45] Charles Touboul, Concevoir un texte normatif — Comprendre la légistique, 1re édition, Dalloz, 2020-2021, p. 204.

disposition ou subdivision nouvelle, sans qu'il y ait lieu de préciser que celle-ci abroge celle-là.

Dans ce cas, on peut également parler **d'abrogation implicite**, souvent, traduite par la formulation suivante : « *Toutes dispositions antérieures contraires sont abrogées* ». Mais il faut reconnaître que cette formulation, qui ratisse large, traduit bien souvent une méconnaissance de l'état exact du droit en vigueur ou une analyse insuffisante de celui-ci. Toutefois, elle peut aussi traduire l'impossibilité, en pratique, de recenser tous les textes en vigueur contenant des dispositions contraires.

Il y a lieu de rappeler, un principe ancien selon lequel un texte règlementaire peut toujours être modifié ou même abrogé, et cette mesure peut, le cas échéant, être suivie de l'édiction de **dispositions transitoires**.

Quant à la loi, celle-ci peut être abrogée à la suite d'une déclaration d'inconstitutionnalité prononcée par le juge constitutionnel en réponse à une question prioritaire de constitutionnalité.

L'abrogation d'une loi n'entraîne pas automatiquement celle de ses textes d'application qui restent conciliables avec la nouvelle législation[46].

II. — LES CAUSES D'ABROGATION D'UN TEXTE NORMATIF

Les causes d'abrogation d'un texte normatif sont notamment :

- **L'obsolescence**, lorsqu'il n'est plus adapté aux réalités sociales ou aux avancées technologiques et qu'il doit être remplacé par une nouvelle règlementation plus pertinente ;
- **L'incompatibilité**, lorsqu'il peut entrer en conflit avec d'autres textes normatifs de valeur juridique supérieure ou de même valeur juridique et plus récents, au point que son abrogation est nécessaire pour éviter des contradictions juridiques ;
- **L'inapplicabilité**, lorsqu'il peut se révéler difficile à appliquer ou à faire respecter, rendant son maintien inefficace ;
- **Le besoin de simplification**, lorsque, dans le cadre de réformes, il y a lieu d'abroger certaines normes pour réduire la complexité de l'arsenal juridique ;

[46] CE français, Ass., 16 avril 1943, Lanquetot, Rec. P. 100.

➢ **Des attentes sociales ou le changement de politiques publiques** peuvent rendre obsolètes ou inappropriées certaines normes, justifiant ainsi leur abrogation.

III. — Les modalités d'abrogation

Au titre des modalités d'abrogation des textes normatifs, on distingue l'abrogation pure et simple et l'abrogation par modification ou remplacement.

A– L'abrogation pure et simple

Un texte normatif peut faire l'objet d'une abrogation pure et simple notamment lorsqu'il est illégal ou inconstitutionnel. Toutefois, l'entrée en vigueur de l'abrogation peut être différée compte tenu de situations particulières en cours.

Mais une loi ne peut renvoyer à un texte règlementaire le soin de fixer la date d'entrée en vigueur d'une abrogation. On ne peut donc se limiter à écrire dans une loi ceci : « *Les dispositions de l'article x sont abrogées à compter d'une date fixée par décret* », afin d'éviter que cette date n'arrive jamais.

Il serait plutôt préférable d'écrire : *« Les dispositions de l'article x sont abrogées à compter d'une date fixée par décret* <u>et au plus tard le</u> [...] *»*

B– L'abrogation par modification ou remplacement

S'agissant de l'abrogation par modification ou remplacement, on en évoquera, d'abord, le contenu, puis des modèles et, enfin, des cas pratiques.

1° Le contenu

La réécriture d'un texte normatif emporte nécessairement l'abrogation de ce texte dans sa version antérieure, sans qu'il soit besoin de le préciser. C'est ainsi qu'**il convient d'écrire** : « *Les dispositions de l'article* [...] *sont remplacées par les dispositions suivantes : "*[...]*".* » **au lieu de :** « *Les dispositions de l'article* [...] *sont abrogées et remplacées par les dispositions suivantes* : "[...]". »

Cette abrogation n'entre en vigueur qu'à la date à laquelle le texte ainsi modifié entre lui-même en vigueur. Cette date peut être soit la date d'entrée en vigueur explicitement indiquée, soit, lorsque des textes d'application sont nécessaires, la date à laquelle ces textes entreront eux-mêmes en vigueur.

2° Modèle d'avant-projet de loi d'abrogation par modification ou remplacement et de son exposé des motifs

Il est ici présenté un modèle d'avant-projet de loi qui a pour objet d'assurer une meilleure protection des enfants mineurs en matière successorale[47]. Cet avant-projet de loi est accompagné de son exposé des motifs et suivi de cas pratiques.

a) Modèle d'exposé des motifs de l'avant-projet de loi modifiant les dispositions de l'article 680, alinéa 2, du Code civil, relatives au mode de partage de la succession entre les enfants d'un défunt

Exposé des motifs

Souvent en Guinée, tout comme ailleurs, au décès d'une mère ou d'un père de famille, il se trouve que certains de ses enfants sont déjà majeurs et économiquement autonomes, alors que d'autres sont simplement conçus ou encore tout jeunes et qu'ils éprouvent de réels besoins d'assistance pour leur santé, leur éducation et leur bien-être.

D'ailleurs, certains enfants majeurs profitent de leur position dominante pour tenter, souvent à l'occasion de la dernière maladie du défunt, d'accaparer certains biens de celui-ci. D'autres, après le décès, s'autoproclament administrateurs de la succession. Cela est encore plus vrai s'ils ont en face d'eux de tout jeunes enfants issus d'un autre père, en cas de décès de la mère, ou d'une autre mère, en cas de décès du père. Parfois même, ils ne sont pas réellement affectés par le décès, s'ils n'en sont pas, d'une manière ou d'une autre, à l'origine.

À l'évidence, cela peut arriver aussi bien dans les familles polygames que dans les familles monogames recomposées après le divorce ou le décès du mari ou de la femme.

Cependant, en matière de partage de succession, l'article 680, alinéa 2, du Code civil, prévoit que les enfants ou leurs descendants succèdent à leurs père et mère, aïeuls ou autres ascendants par égales portions et par tête, quand ils sont tous au premier degré et appelés de

---

[47] Voir Avant-projet de loi initié par Hassane II DIALLO, JuriGuinée n°3, oct.-déc.. 2029, pp. 25 à 35.

leur chef ; ils succèdent par souche, lorsqu'ils viennent tous ou en partie par représentation.

Autrement dit, en cette matière, la loi ne tient compte ni des intérêts supérieurs des enfants mineurs, même de ceux en très bas âge, ni des efforts non négligeables déjà fournis par le défunt de son vivant en faveur des enfants devenus majeurs, voire économiquement autonomes.

La présente loi a justement pour objet d'y remédier en assurant une protection particulière des enfants moins âgés, les uns par rapport aux autres. À cet effet, elle se réfère à une formule mathématique qui se veut simple, objective, dissuasive et applicable à tous les cas de figure.

– Simple, parce qu'elle est facile à appliquer même par des non-mathématiciens comme la plupart des juges, souvent appelés à statuer sur des affaires de succession impliquant des enfants mineurs et des enfants majeurs, voire économiquement autonomes ;

– Objective, parce qu'elle permet de partager la succession de telle sorte que la part de chaque enfant habile à succéder au défunt est inférieure à celle de ses cadets, égale à celle de ses jumeaux et supérieure à celle de ses aînés, tous individuellement pris ;

– Dissuasive à l'égard des enfants majeurs dont certains sont, parfois, mal intentionnés. En effet, ceux-ci, sachant qu'ils gagneront moins que leurs cadets le moment venu, n'auront plus intérêt à avoir de quelconques velléités. Du coup, tous les enfants auront, en réalité, intérêt à ce que leurs ascendants vivent aussi longtemps que possible ;

– Applicable à tous les cas de figure, c'est-à-dire, quel que soit le nombre d'enfants et de classes d'âge des jumeaux éventuels.

Cela dit, le présent projet de loi est articulé autour de deux articles.

L'article 1er remplace les dispositions de l'article 680, alinéa 2, du Code civil, relatives au mode de partage de la succession des père et mère ou autre ascendant entre leurs enfants, par quatre nouveaux articles, en l'occurrence les articles 680.2.1 à 680.2.4 nouveaux qu'il convient donc d'insérer dans le code.

Il est à noter que le nouvel article 680.2.1 du code définit le mode de succession pour les enfants et, au moyen d'une formule mathématique dont les inconnues sont définies au cas par cas, détermine en pourcentage la part de chacun d'eux dans la succession.

Les articles 680.2.2 à 680.2.4 nouveaux du même code, quant à eux, sont consacrés aux modalités de calcul de la part de chaque enfant, qu'importe le nombre d'héritiers et de classes d'âge d'éventuels jumeaux.

L'article 2 de l'avant-projet de loi, de son côté, est consacré aux dispositions finales.

Telle est l'économie du présent avant-projet de loi remplaçant les dispositions de l'article 680, alinéa 2, du Code civil, relatives au mode de partage de la succession entre les enfants d'un défunt.

b) Modèle d'avant-projet de loi modifiant les dispositions de l'article 680, alinéa 2, du Code civil, relatives au mode de partage de la succession entre les enfants d'un défunt

....

....

Article premier : *Les dispositions de l'article 680, alinéa 2, du Code civil, relatives au mode de partage de la succession entre les enfants d'un défunt sont remplacées par les dispositions suivantes :*

*« **Article 680.2.1 :** Les enfants ou leurs descendants succèdent à leurs père et mère, aïeuls ou autres ascendants par souche, lorsqu'ils viennent tous ou en partie par représentation ; quand ils sont tous au premier degré et appelés de leur chef à la succession, la part de chacun d'eux est calculée conformément à la formule suivante :*

$$X = \frac{R \times 100}{S}$$

« Dans cette formule :

"— X, exprimé en pourcentage au regard de la part héréditaire globale des enfants ayant la qualité d'héritier, représente la portion qui revient à l'enfant considéré ou à ses descendants ;

"— R, le rang de cet enfant dans le classement opéré en application des dispositions de l'article 680.2.2 ci-dessous ;

"— S, la somme des rangs des enfants dans ce classement.

*"**Article 680.2.2 :** Pour déterminer le rang (R) de chacun d'eux à partir de la formule prévue à l'article 680.2.1 ci-dessus, les enfants habiles à succéder au défunt sont classés, du plus âgé au plus jeune, de 1 au nombre d'enfants concernés.*

"Toutefois, dans ce classement, les jumeaux, s'il en existe, occupent des rangs consécutifs dans leur classe d'âge, sous réserve des dispositions de l'article 680.2.3, alinéa 2, ci-dessous.

*“**Article 680.2.3 :** Une fois le rang (R) et la somme des rangs (S) déterminés, chaque enfant habile à succéder au défunt reçoit une portion de la succession, calculée par l'application de la formule prévue à l'article 680.2.1 ci-dessus.*

“Toutefois, les jumeaux, s'il en existe, se partagent à égalité, selon leur classe d'âge, la somme des portions correspondant à leurs rangs dans le classement prévu à l'article 680.2.2, alinéa 2, ci-dessus.

*“**Article 680.2.4 :** Lorsqu'à l'issue de l'application de la formule prévue à l'article 680.2.2 ci-dessus, la portion qui revient en définitive à un enfant correspond à un nombre décimal, celui-ci est :*

“— arrondi au nombre entier immédiatement inférieur si le chiffre décimal est inférieur à 0,50 ;

“— arrondi au nombre entier immédiatement supérieur si le chiffre décimal est supérieur à 0,50 ;

“— maintenu si le chiffre décimal est égal à 0,50.

***Article 2 :** La présente loi, qui entre en vigueur à compter de sa date de promulgation, sera enregistrée et publiée au Journal officiel de la République et exécutée comme loi de l'État.*

3° Quelques cas pratiques

Ici, il sera question de trois cas de figure.

a) <u>Premier cas de figure</u> : Les enfants habiles à succéder au défunt sont au nombre de trois

Conformément aux dispositions de l'article 680.2.2, alinéa 1er, de l'avant-projet de loi, il convient avant tout de procéder au classement des enfants pour déterminer, en l'espèce, les inconnues « R » et "S". Il reste entendu qu'aux termes de ces dispositions, pour déterminer les rangs des enfants, ceux-ci sont classés, du plus âgé au plus jeune, de 1 au nombre d'enfants concernés, c'est-à-dire en l'espèce de 1 à 3.

Autrement dit, en l'espèce, « R » égale :

- ✓ 1, pour le plus âgé des 3 enfants ;
- ✓ 2, pour le deuxième ;
- ✓ 3, pour le 3e et moins âgé.

Du coup, S = 1+ 2 + 3 = 6.

Ensuite, pour déterminer la part de chaque enfant, il convient de remplacer « R » et « S'', dans la formule prévue à l'article 680.2.1, par leurs valeurs respectives. On obtient alors :

➢ Pour le plus âgé, $x = \frac{1 \times 100}{6} = 16{,}66\ \%$ qu'il convient d'arrondir à 17 %
(article 680.2.4, point 2) ;

➢ Pour le 2e enfant, $x = \frac{2 \times 100}{6} = 33{,}33\ \%$ qu'il convient d'arrondir à 33 %
(article 680.2.4, point 1) ;

➢ Pour le 3e et plus jeune enfant, $x = \frac{3 \times 100}{6} = 50\ \%$.

NB : La loi en vigueur n'aurait permis à ce plus jeune enfant d'avoir que 33,33 % de la part globale des enfants habiles à succéder au défunt.

b) <u>Deuxième cas de figure</u> : Le défunt a laissé derrière lui 6 enfants dont 2 (le 1er et le 3e) ont été déclarés indignes à lui succéder (pour avoir tenté de lui donner la mort)

Étant donné que sur les 6 enfants, il y a seulement 4 qui sont habiles à succéder au défunt, il va sans dire que le classement prévu à l'article 680.2.2, alinéa 1er, ne concernera que ces 4 enfants ; ce qui signifie que « R » égale, en partant du plus âgé au plus jeune enfant :

- ✓ 1, pour le 2e enfant ;
- ✓ 2, pour le 4e ;
- ✓ 3, pour le 5e ;
- ✓ 4, pour le 6e.

Du coup, S = 1 + 2 + 3 + 4 = 10.

Pour déterminer la part de chaque enfant, il convient de remplacer, dans la formule, » R » ' et « S'' par leurs valeurs respectives ; ce qui donne :

– Pour R = 1, c'est-à-dire le 2e enfant, $x = \frac{1 \times 100}{10} = 10\ \%$.

– Pour R = 2, c'est-à-dire le 4e enfant, $x = \frac{2 \times 100}{10} = 20\ \%$.

– Pour R = 3, c'est-à-dire le 5e, $x = \frac{3 \times 100}{10} = 30\ \%$.

– Pour R = 4, c'est-à-dire le 6e et plus jeune enfant,

$$x = \frac{4 \times 100}{10} = 40\ \%.$$

NB : La loi en vigueur n'aurait permis à ce cadet d'avoir que 25 % de la part globale des enfants habiles à succéder au défunt.

c) <u>Troisième cas de figure</u> : Le défunt a laissé derrière lui 6 enfants, tous habiles à lui succéder, dont deux jumeaux (issus du premier geste) et des triplés (le 4e, le 5e et le 6e)

Tout d'abord, pour le classement de ces 6 enfants, « R » égale :

- ✓ 1, pour l'un des deux premiers jumeaux ;
- ✓ 2, pour l'autre ;
- ✓ 3, pour l'enfant qui vient après ces deux jumeaux ;
- ✓ 4, pour l'un des triplés ;
- ✓ 5, pour le 2e ;
- ✓ 6, pour le 3e.

Du coup, S = 1 + 2 +3 + 4 + 5 + 6 = 21.

En remplaçant, dans la formule, «R" et « S'' par leurs valeurs respectives, on obtient :

– Théoriquement, pour le premier jumeau,

$$x = \frac{1 \times 100}{21} = 4{,}76\ \%\ ;$$

– Théoriquement, pour l'autre jumeau,

$$x = \frac{2 \times 100}{21} = 9{,}52\ \%.$$

Mais en réalité, sur le fondement des dispositions de l'article 680.2.4, alinéa 2, la part de chacun de ces jumeaux sera de :

$$x = \frac{4,76\ \% + 9,52\ \%}{2} = 7,19\ \%$$ qu'il convient

d'arrondir à 7 %.

Pour l'enfant qui vient après ces jumeaux, sa part sera

$$x = \frac{3 \times 100}{21} = 14,28\ \%$$

qu'il convient d'arrondir à 14 % .

Théoriquement, la part de l'un des triplés sera

$$x = \frac{4 \times 100}{21} = 19,04\ \%\ ;$$

Théoriquement, la part du 2e triplé sera de

$$x = \frac{5 \times 100}{21} = 23,80\ \%\ ;$$

Théoriquement, la part du 3e triplé sera de

$$x = \frac{6 \times 100}{21} = 28,57\ \%.$$

Cependant, sur le fondement des dispositions de l'article 680.2.4, alinéa 2, la part de chacun de ces triplés devrait normalement être :

$$x = \frac{19,04\ \% + 23,80\ \% + 28,57\ \%}{33} = \frac{71,41\ \%}{33} = 23,80\ \%$$

qu'il convient d'arrondir à 24 %.

NB : La loi en vigueur n'aurait permis à ces triplés d'avoir, chacun, que 16,66 % de la part globale des enfants habiles à succéder au défunt.

CONCLUSION

De ce qui précède, l'on retiendra ceci, comme le disait Serge LASVIGNES[48] : « Chaque fonctionnaire, chaque magistrat abrite en son *for intérieur* l'image d'un âge d'or du droit. Un droit formé de quelques règles, en nombre compté, à la stabilité remarquable, à la légitimité incontestée. Voilà un idéal auquel il ne faut sans doute pas renoncer. C'est lui qui anime nos efforts réitérés (ceux des pouvoirs publics) pour simplifier le droit, maîtriser le flux de la réglementation, réduire son volume. »

En d'autres termes, en s'appropriant le contenu du présent ouvrage qui rappelle bien de règles, principes et méthodes normalement observés dans la préparation d'un texte administratif et normatif, les agents du secteur public vont, à n'en pas douter, améliorer la qualité communicationnelle de l'Administration et, du coup, renforcer l'efficacité et la sécurité de la règle de droit.

Et l'on sait que derrière ces principes, on trouve des enjeux plus immédiatement évocateurs, comme la vitalité démocratique ou l'attractivité du pays.

D'ailleurs, dans un contexte marqué par la refondation de l'État, articulée autour de la gestion axée sur les résultats (GAR), l'Administration doit notamment avoir ses propres règles d'écriture, c'est-à-dire des règles qui sont contraignantes.

À l'évidence, cela sous-entend l'adoption ou la signature d'un texte normatif adéquat, en l'occurrence un règlement autonome et, précisément, un décret, compte tenu de l'importance de la question. Ce décret pourrait également consacrer notamment l'existence de la charte typographique nationale pour plus de détails et lui donner une base juridique qu'elle ne semble pas avoir aujourd'hui.

La raison du choix du décret comme niveau du texte normatif adéquat, en l'espèce, en est que la rédaction des écrits de l'Administration et des textes normatifs dont il s'agit ne figure pas au nombre des matières relevant du domaine de la loi et en nombre limité,

---

[48] Serge LAVIGNES (1954-2025) était le Secrétaire général du Gouvernement en France de 2006 à 2015.

étant entendu que tout ce qui n'est pas du domaine de la loi relève du domaine réglementaire.

Alors, il appartiendra au Gouvernement, le cas échéant, de fixer les modalités d'application de ce décret à travers des circulaires, des instructions, voire des guides de légistique.

Aussi, d'autres initiatives seraient-elles également salutaires, notamment :

- La création, au sein du Secrétariat général du Gouvernement, d'un comité technique d'examen et de validation des projets de texte législatifs et règlementaires, chargé de statuer sur toutes les questions de forme, de procédure et de fond liées à l'élaboration et à l'adoption de ces projets de texte ;
- La création, au sein du Secrétariat général de chaque département ministériel, d'une cellule juridique et légistique ;
- La mise en place d'un mécanisme de contrôle et d'évaluation de l'exécution des lois ;
- L'uniformisation des formulaires judiciaires et administratifs ainsi que leur mise à disposition respectivement des juridictions et des services centraux et déconcentrés.

BIBLIOGRAPHIE

I. — Ouvrages

– BERGEAL Catherine, *Rédiger un texte normatif, Manuel de légistique, Paris, Berger-Levrault, 2012, 433 p. ;*

– CAPELOVIC Jacques, *Le français sans fautes, Répertoire des difficultés de la langue française écrite et parlée,* L'Archipel, 2001, 295 p. ;

– CATHERINE Robert, *Le style administratif,* paris, A. Michel, 2005, 282 p. ;

– CJFI, *La légistique ou l'art de rédiger le droit,* Numéro spécial, juin 2008, 95 p. ;

– CHARLES Touboul, *Concevoir un texte normatif — Comprendre la légistique,* 1re édition, Dalloz, 2020-2021, 262 p. ;

- FALL Ismaïla Madior, *Les décisions et avis du Conseil constitutionnel du Sénégal,* Dakar, Credila, 2008, 565 p. ;

– FRANDIS Yolande, *La rédaction administrative en pratique,* 2e éd., Paris, Eyrolles, 2000, 208 p. ;

– GIRODET Jean, *Pièges et difficultés de la langue française,* Paris, Bordas, 1988, 896 p. ;

– Groupe de travail animé par le Président Weber, *Droit et pratique de la cassation en matière civile*, 3e éd., Paris, LexisNexis, juin 2012, 551 p. ;

– *Guide de légistique*, 3e éd., Paris, La Documentation française, 2017, 721 p. ;

– KADYSS Roseline, NISHIMATA Aline, *Rédiger avec succès lettres, courriels et documents administratifs,* 3e édition, Paris, Giuliano, 2008, 216 p. ;

– Meïssa DIAKHATÉ, *La rédaction administrative au Sénégal,* 2e édition, Dakar, Credila, avril 2017, 287 p. ;

– REMY Dominique, *Légistique. L'art de faire les lois,* Paris, Romilat, 1994, 350 p. ;

– TREMBALY Richard (dir.), *Eléments de légistique. Comment rédiger les lois et les règlements,* Québec, Editions Yvon Blais, 2010, 957 p.

II. — Textes normatifs et autres

– Exposé sur *le contrôle de constitutionnalité des lois* du Pr Babacar KANTÉ, Expert de l'Union européenne et de l'Organisation internationale de la Francophonie ;

– Charte africaine sur les valeurs et principes du service public et de l'Administration, adoptée par la XVIe session ordinaire de la Conférence de l'Union africaine tenue à Addis-Abeba, Éthiopie, le 31 janvier 2011 ;

– Charte de la Transition du 27 septembre 2021 ;

– Code civil ;

– Code pénal ;

– Décret n° 514/PRG/CNRD/SGG du 26 octobre 2022 fixant les règles d'application du Code de procédure pénale ;

– Jurisprudence française.

TABLE DES MATIÈRES

Structures éditoriales du groupe L'Harmattan

L'Harmattan Italie
Via degli Artisti, 15
10124 Torino
harmattan.italia@gmail.com

L'Harmattan Hongrie
Kossuth l. u. 14-16.
1053 Budapest
harmattan@harmattan.hu

L'Harmattan Sénégal
10 VDN SICAP AMITIE 3
BP 45034 Dakar-Fann
direction@senharmattan.com

L'Harmattan Cameroun
Tsinga/Derrière polyclinique FECAFOOT
BP 11486 Yaoundé
Jacques.koukam@harmattan.fr

L'Harmattan Burkina Faso
Villa 281, secteur 23 623, rue 14.32
Ouagadougou
zagbie@outlook.fr

L'Harmattan Guinée
Almamya, rue KA 028 OKB Agency
BP 3470 Conakry
harmattanguinee@yahoo.fr

L'Harmattan RDC
185, avenue Nyangwe
Commune de Lingwala – Kinshasa
matangilamusadila@yahoo.fr

L'Harmattan Congo
219, avenue Nelson Mandela
BP 2874 Brazzaville
deunovmikhael@gmail.com

L'Harmattan Mali
Immeuble Mgr Jean Marie Cissé
Aci Hamadallaye
BP 145 Bamako
syllaka@yahoo.fr

L'Harmattan Togo
Djidjole – Maison Amela
face EPP BATOME
02 BP 20680 Lomé
didieramela11@gmail.com

L'Harmattan Côte d'Ivoire
Résidence Karl – Cité des Arts
Abidjan-Cocody
03 BP 1588 Abidjan
harmattan.ivoire@gmail.com

L'Harmattan Bénin
Rue 604, (Immeuble à l'entrée
de la rue UCAO- Cite de Saint-Jean)
Cotonou
stepcorpus@gmail.com

Nos librairies en France

Librairie internationale
16, rue des Écoles
75005 Paris
librairie.internationale@harmattan.fr
01 40 46 79 11
www.librairieharmattan.com

Librairie des savoirs
21, rue des Écoles
75005 Paris
librairie.sh@harmattan.fr
01 46 34 13 71
www.librairieharmattansh.com

www.ingramcontent.com/pod-product-compliance
Lightning Source LLC
LaVergne TN
LVHW011252061026
849535LV00005B/1230